TRAUNER VERLAG

GASTRONOMIE

Bildung, die begeistert!

Süße Kunst

LEO FORSTHOFER
ERNST LIENBACHER

Dekor in Konditorei und Patisserie
Marzipan • Schokolade • Zucker • Gebackenes

2. Auflage 2016
Copyright © 2016 by TRAUNER Verlag + Buchservice GmbH
Köglstraße 14, 4020 Linz, Austria
Layout und Gestaltung: Bettina Victor, Elisabeth Stöttner
Lektorat und Produktmanagement: Claudia Kraml
Korrektorat: Mag. Silvia Wiedemann
Coverbild: Mag. Bernhard Bergmann, Hartberg (www.reportagefotografie.com)
Filme: Werner Steinkellner, Pischelsdorf (www.lightone.net)
Herstellung: TRAUNER Druck GmbH & Co KG, Linz
ISBN 978-3-99033-604-5

LEO FORSTHOFER
ERNST LIENBACHER

Süße Kunst

Dekor in Konditorei und Patisserie
Marzipan • Schokolade
Zucker • Gebackenes

INHALTSVERZEICHNIS

VON DER ANTIKE BIS INS 21. JAHRHUNDERT — 16

Design süßer Produkte	18
Wie alles begann	18
Das weiße Gold des Mittelalters	20
Zuckerkunst im Barock	20
Dekorgenuss aus dem alten Orient	23
Ein wunderbarer Beruf entwickelt sich	24
Historische Techniken und Rezepte	25

RUND UM DIE SPRITZTÜTE — 34

Vom Dreieck zur Tüte	37
Dekormassen	43
Schriften	48
Randverzierungen	50
Klassisches Hochzeitstortendekor	53
Einlass- und Emailtechnik	60
Tellerdekor	66

MARZIPAN — 68

Die Basis	71
Grundformen	74
Körperformen	76
Köpfe und Gesichtsausdruck	78
Obst und Gemüse	82
Relieftechnik	86
Marzipan in Kombination mit einer kulinarischen Komponente	88
Selbst hergestellte Silikonformen	94
In Serie produzierte Figuren	97
Blumen	100
Tellerdekor	114

SCHOKOLADE — 116

Die Basis	120
Schokoladenteile gießen	124
Selbst hergestellte Schokoladenformen	128
Schokoladenteile ausschneiden	137
Schokoladenteile zusammensetzen	139
Schokoladenrohre, Schokoladenstäbe, Schokoladenstanitzel	148
Klassisches Schokoladendekor	153
Oberflächeneffekte	158
Schokoladendrusen	170
Blumen	172
Grafische Schokoladentechniken	193
Modellierschokolade (Schokoplastik)	200
Tellerdekor	202

ZUCKER 204

Die Basis	207
Zucker ziehen	217
Zucker blasen	232
Zucker gießen	239
Blasenzucker	250
Spinnzucker	252
Felsenzucker	254
Zuckerkristalle	255
Gelatinezucker (Pastillage)	258
Tragantzucker	268
Tellerdekor	274

GEBACKENES DEKOR 276

Dekor aus Hippenmasse	279
Tuilles	283
Dekor aus Brandmasse	286
Dekor aus Windmasse	288
Dekor aus Makronenmasse	294
Dekor aus zweimal Gebackenem (Zwieback)	296
Spezialitäten	299
Teller- und Speiseeisdekor	304

SCHAUSTÜCKE 308

Schokoladenschaustücke	310
Zuckerschaustücke	321

TIPPS & TRICKS AUS 20 JAHREN WETTBEWERBSERFAHRUNG 328

Philosophische Überlegungen	330
Vor der Teilnahme	332
Teilnahmebedingungen und Wettbewerbsablauf	333
Desserts für Kochkunstausstellungen	340
Verpackung und Transport	344

MATERIALIEN UND BEZUGSQUELLEN 348

DAS KLEINE WÖRTERBUCH 351

FOTOGALERIE 355

EIN HERZLICHES DANKESCHÖN 363

Stichwortverzeichnis	365
Rezeptverzeichnis	368
Bildverzeichnis	368

FILMVERZEICHNIS – FILM AB

Wo Fotos nicht reichen, helfen Filme weiter. Durch Eingabe des Links „http://www.trauner.at/redirect/süßekunst ..." gelangen Sie zum jeweiligen Video. Die QR-Codes zum Scannen mit dem Smartphone oder Tablet finden Sie im Buch beim entsprechenden Dekor.

RUND UM DIE SPRITZTÜTE

Vom Dreieck zur Tüte	Seite 39	http://www.trauner.at/redirect/süßekunst1
Rosen aus Spritzglasur	Seite 41	http://www.trauner.at/redirect/süßekunst2
Kuppel aus Spritzglasur	Seite 58	http://www.trauner.at/redirect/süßekunst3
Einlasstechnik	Seite 61	http://www.trauner.at/redirect/süßekunst4
Emailtechnik	Seite 62	http://www.trauner.at/redirect/süßekunst5

MARZIPAN

Marzipanfigur	Seite 76	http://www.trauner.at/redirect/süßekunst6
Marzipanobst schminken	Seite 83	http://www.trauner.at/redirect/süßekunst7
Marzipanrosen	Seite 101	http://www.trauner.at/redirect/süßekunst8
Seerose aus Marzipan	Seite 107	http://www.trauner.at/redirect/süßekunst9

SCHOKOLADE

Temperieren von Kuvertüre – Tabliermethode	Seite 122	http://www.trauner.at/redirect/süßekunst10
Temperieren von Kuvertüre – Impfmethode	Seite 123	http://www.trauner.at/redirect/süßekunst11
Gießen von Schokoladenhohlkörpern mit eingelegter Gelatineform	Seite 125	http://www.trauner.at/redirect/süßekunst12
Tiefziehformen – Blattformen	Seite 132	http://www.trauner.at/redirect/süßekunst13

Klebetechnik für abstehende Schokoladenteile	Seite 146	http://www.trauner.at/redirect/süßekunst14
Schokoladenrohr	Seite 148	http://www.trauner.at/redirect/süßekunst15
Schokoladenbögen	Seite 153	http://www.trauner.at/redirect/süßekunst16
Schokoladen-Holzeffekt	Seite 164	http://www.trauner.at/redirect/süßekunst17
Dahlien	Seite 173	http://www.trauner.at/redirect/süßekunst18
Fantasieblume Rosalia	Seite 183	http://www.trauner.at/redirect/süßekunst19
Schokoladenblüten mit Messertechnik – Kleiner Sonnstern	Seite 185	http://www.trauner.at/redirect/süßekunst20
Kakaomalerei	Seite 194	http://www.trauner.at/redirect/süßekunst21
Modellierschokolade	Seite 201	http://www.trauner.at/redirect/süßekunst22

ZUCKER

Zucker – Die Basis	Seite 212	http://www.trauner.at/redirect/süßekunst23
Zucker kochen	Seite 214	http://www.trauner.at/redirect/süßekunst24
Rose aus Seidenzucker	Seite 218	http://www.trauner.at/redirect/süßekunst25
Chrysantheme	Seite 221	http://www.trauner.at/redirect/süßekunst26
Masche aus Seidenzucker	Seite 229	http://www.trauner.at/redirect/süßekunst27
Zucker blasen – Kugel	Seite 233	http://www.trauner.at/redirect/süßekunst28
Zucker blasen – Schwan	Seite 236	http://www.trauner.at/redirect/süßekunst29
Blasenzucker	Seite 250	http://www.trauner.at/redirect/süßekunst30
Spinnzucker	Seite 252	http://www.trauner.at/redirect/süßekunst31
Felsenzucker	Seite 254	http://www.trauner.at/redirect/süßekunst32

GEBACKENES DEKOR

Dekor aus Brandmasse	Seite 287	http://www.trauner.at/redirect/süßekunst33
Fruchtkristalle	Seite 299	http://www.trauner.at/redirect/süßekunst34
Schwammbiskuit	Seite 301	http://www.trauner.at/redirect/süßekunst35

IM FOKUS
DER FACHWELT

Ein äußerst wertvolles Fachbuch von Leopold Forsthofer und Ernst Lienbacher, das in einzigartiger und diffiziler Weise die verschiedenartigsten, großteils wenig bekannten, vor allem aber auch neue Arbeitstechniken in der Verarbeitung von Schokolade, Marzipan und Zucker zu Tortendekor, als Saison- oder Ganzjahresware sowie bei Schaustücken zeigt.

Hervorzuheben ist die sparsame Verwendung von Farben und Formen, die den kulinarischen Wert beeinträchtigen könnten. So wird beispielsweise bei der Herstellung unterschiedlicher, nach Saison- und Anlässen gestalteter Marzipanfiguren darauf geachtet, dass ein wesentlicher Bestandteil der Figuren immer konfektähnlich hergestellt wird, um nicht nur originelle kleine Schaustücke darzustellen, sondern auch kulinarisch Freude zu bereiten.

Präzise und detailgetreu werden die Arbeitsschritte bei den einzelnen Techniken gezeigt, die dem Benutzer die Möglichkeit geben, sie sich nach und nach zu erarbeiten.

Ein Buch, das Freude an unserer wunderbaren Profession vermittelt!

KARL SCHUHMACHER

Wegbereiter der modernen österreichischen Konditorei

Autor mehrerer Fachbücher

Leo, es ist mir eine besondere Ehre und ein Privileg, Dir ein paar anerkennende Worte zu Deinem außerordentlichen und so breit gefächerten Kunstwerk zu widmen.

Durch Dein unermüdliches Arbeiten an Dir selbst und durch Deine Kreativität hast Du es geschafft, Tradition und Fortschritt in origineller Weise zu verbinden. Nicht mit Neid, aber mit viel Freude und Stolz durfte ich über Jahre hinweg beobachten, wie Du Dir einen unverwechselbaren Stil erschaffen hast und mit Humor und Schalk uns oft die berühmte Nasenlänge voraus warst.

Bei Ausstellungen und Wettbewerben hast Du mit viel Geduld, Einfühlungsvermögen und Fachkompetenz unzähligen Konditoren zum Erfolg verholfen und bist ihnen dadurch zum Vorbild geworden.

Dein Buch „Süße Kunst", ein exzellentes Fach- und Inspirationsbuch für alle, wird nie staubig werden, dafür aber viele fettige Fingerabdrücke sammeln – bitte sei stolz darauf!

Dein Freund

EWALD NOTTER

Weltmeister beim Coupe du Monde de la Pâtisserie in Lyon,

Autor mehrerer Fachbücher

Lieber Leo!
Wenige Länder der Erde haben ein so großes kulinarisches Erbe in der Konditorei wie Dein Heimatland Österreich. Dieses Erbe weiter zu beleben, ist eine große Herausforderung. Du packst es an und zeigst mit diesem Buch Dein vielfältiges Talent und Können.

Es ist der Traum vieler kreativer Fachleute, einmal ihre eigenen Kreationen in gebundener Form in der Hand zu halten. Dafür braucht es nicht einfach nur eine oder zwei gute Ideen. Es braucht einen riesigen Rucksack an Material, welches in einem Leben zusammengetragen wurde und neu erarbeitet wird.

Ich habe innerlich mehrfach den Hut gezogen, als ich Deine Entwürfe gesehen habe. Egal welches Thema Du anpackst, Du hast die Fähigkeit, es mit Deinem Genie zur Perfektion zu bringen. Man wird versuchen, Dich in eine Schublade zu stopfen, um Dein Wirken fassbar zu machen. Dein Talent fängt nicht mit Dekorationen an und hört schon gar nicht damit auf. Du bist vielschichtiger und breiter gefächert.

Deine bescheidene und freundliche Art macht es Deinen Schülern einfach, den von Dir vermittelten Stoff anzunehmen und Dich als Vorbild zu akzeptieren.

Ich danke Dir, dass Du in diesem Buch Deine Begabung mit uns teilst. Wir zahlen es Dir zurück mit unserer Bewunderung.

Viel Erfolg mit Deinem Erstlingswerk.

FRANZ ZIEGLER

Jurymitglied und Präsident der Patisserie-Weltmeisterschaften in Nashville, Tennessee, USA, Autor mehrerer Fachbücher

Der Erfolg ist das Ziel
Als ehemaligem Konditoreichef der renommierten Richemont-Fachschule in Luzern und Autor mehrerer Bücher waren mir permanente Weiterbildung sowie Berufskontakte im In- und Ausland eine unentbehrliche Unterstützung für die berufliche Laufbahn.

Bei einem Wienaufenthalt als Kursleiter lernte ich Karl Schuhmacher kennen und schätzen. Der private und berufliche Kontakt hat mich beruflich entscheidend beeinflusst. Durch ihn habe ich auch Leo Forsthofer von der Konditorei Oberlaa als junges Talent mit viel Potenzial kennengelernt. Seine Leidenschaft für den Beruf, seine Schaffenskraft und sein unermüdliches Streben nach Qualität machten mich auf ihn aufmerksam. So konnte ich relativ früh die gesamte Entwicklung von Leo Forsthofer mitverfolgen.

Wir trafen uns regelmäßig bei internationalen Ausstellungen, am Anfang als Wettbewerbsteilnehmer, später waren wir gemeinsam in der Jury von Konditorei-Weltmeisterschaften. Als Anerkennung und Wertschätzung seines Könnens habe ich ihn als Kursreferenten an die Richemont-Fachschule eingeladen, wo er mit viel Erfolg Teile seines gesammelten Wissens weitergab.

Jetzt kommt ein neuer Schritt dazu, indem er aktuelles Wissen in Form eines Buches zusammen mit einem Berufskollegen publiziert. Für die Entwicklung des Konditorberufes ist es von Bedeutung, Wissen nachhaltig in Fachbüchern weiterzugeben. Nur so können sich junge Berufsleute orientieren und letztlich weiterentwickeln.

Ich wünsche den beiden Autoren viel Erfolg.

FREDY EGGENSCHWILER

A mainte reprise, j'ai eu la chance de découvrir les immenses qualités artistique et le trés grand professionnalisme de Leopold Forsthofer. C'est avec beaucoup de plaisir aujourd'hui, que je partage avec vous ce magnifique ouvrage autour des décors en pâtisserie. Ce livre est un incroyable concentré de techniques et de recettes visant les amoureux de notre beau métier.

Je suis particulièrement fier de pouvoir rendre hommage à Léopold qui communique sans relâche sa passion au quotidien dans son entreprise et au travers des formations qu'il donne dans le monde entier.

Je ne doute pas que vous aurez beaucoup de plaisir, comme moi, à feuilleter ce magnifique concentré d'informations.

Félicitation et bravo à toi Léopold pour tout le travail que tu accompli.

OLIVIER BAJARD

Champion du monde des Métiers du Dessert
Meilleur Ouvrier de France Pâtissier

Immer wieder habe ich die Gelegenheit, Leopold Forsthofers immense künstlerische Fähigkeit und sein außerordentliches Fachwissen entdecken zu können. So ist es mir jetzt eine besondere Freude, mit Ihnen dieses wunderbare Werk rund um das Thema Dekor in der Patisserie zu teilen. Das Buch ist eine unglaubliche Sammlung von Techniken und Rezepten für alle, die unseren wunderschönen Beruf lieben.

Ich bin besonders stolz, diese Huldigung für Leopold verfassen zu dürfen, der unermüdlich und täglich seine Leidenschaft in seinem Betrieb lebt und durch seine Kurse in der ganzen Welt weitergibt.

Ich zweifle nicht daran, dass Sie so wie ich große Freude dabei haben werden, dieses wunderbare Fachwerk durchzublättern.

Glückwunsch und Bravo an Dich, Leopold, für Deine Arbeit, die Du hier geleistet hast.

OLIVIER BAJARD

Weltmeister der Konditoren
Bester Handwerker (Konditor) Frankreichs

‚Kompas naar succes'

Is het niet wonderlijk dat je met enkele heel vanzelfsprekende ingrediënten zoals boter, suiker, bloem en eieren zo oneindig veel lekkernijen kunt maken? Dat je mensen werkelijk kunt verrassen met een zelfgemaakte taart rijkelijk gedecoreerd met verse vruchten, maar ook met een eenvoudig vers gebakken boterkoekje?

Steeds meer mensen ontdekken bakken en patisserie als een bevredigende hobby maar ook het beroep van patissier maakt heden een geweldige opleving door en wint alsmaar aan populariteit. Door de enorme technische ontwikkelingen welke nu in in volle gang zijn binnen de professionele patisserie wordt de vraag naar scholing en informatie steeds groter.

Collega Meesterpatissier Leopold Forsthofer zet met dit boek onevenaarbaar en definitief het patisserievak in de spotlights! Leo's hele ziel en zaligheid, meer dan 30 jaren aan internationale ervaring zijn werkelijk meegebakken in zijn boek. ‚Susse Kunst' is een prachtig inspirerend boek om bij weg te dromen, maar bovenal voor de gebruiker een kompas voor de weg naar succes.

Ik ken Leopold als een man die lekker nooit lekker genoeg vindt, mooi nooit mooi genoeg, maar streeft naar perfectie. Wat hem voor mij tot meest gewaardeerde vakvriend maakt is dat hij hierbij zijn plezier in alles wat hij doet nooit uit het oog verliest en altijd wil delen met anderen. En het is nu juist dat plezier dat je als belangrijkste ingrediënt terug kunt vinden op elke bladzijde van dit heerlijke boek!

Leo, proficiat met dit Meesterwerk! Hartelijke groet,
RUDOLPH VAN VEEN

Meesterkok & Meesterpatissier, Nederland

„Kompass zum Erfolg"

Ist es nicht wunderbar, dass man mit sehr wenigen, einfachen Zutaten wie Butter, Zucker, Mehl und Eiern so unendlich viele Leckereien machen kann? Dass du Menschen wirklich mit einer selbst gemachten Torte, reichlich dekoriert mit frischen Früchten, überraschen kannst, aber auch mit einem einfachen frisch gebackenen Butterkuchen?

Immer mehr Menschen entdecken Backen und die Patisserie als ein befriedigendes Hobby, aber auch der Beruf der Patissiers erlebt heute einen gewaltigen Aufschwung und gewinnt immer mehr an Beliebtheit. Durch die enormen technischen Entwicklungen, die in der professionellen Patisserie nun im vollen Gange sind, wird die Nachfrage nach Schulungen und Information stets größer.

Kollege Meisterpatissier Leopold Forsthofer rückt mit diesem Buch unwiderstehlich und bestimmt die Patisserie ins Rampenlicht. Leos Herz und Seele, mehr als 30 Jahre internationale Erfahrung sind in diesem Buch mitgebacken. „Süße Kunst" ist ein prächtig inspirierendes Buch, um damit zu träumen, aber vor allem für den Benutzer ein Kompass auf dem Weg zum Erfolg.

Ich kenne Leo als einen Mann, der „gut" nie gut genug findet, „schön" nie schön genug und nach Perfektion strebt. Was ihn für mich zum geschätztesten Fachfreund macht, ist, dass er dabei seine Freude an allem, was er macht, nie aus dem Auge verliert und immer mit anderen teilen will. Und es ist gerade diese Freude, die man als wichtigste Zutat auf jeder Seite dieses herrlichen Buches finden wird.

Leo, Glückwunsch zu diesem Meisterwerk! Herzliche Grüße,
RUDOLPH VAN VEEN

Meisterkoch & Meisterpatissier, Niederlande

今回のお菓子の本「甘い芸術」のご出版に際しまして、心からお祝い申し上げます。レオポルド　フォルストホーファー氏は、多くの国際コンクールで優秀な賞を獲得し、世界的に活躍しておられます。彼の素晴らしい才能と、お菓子作りへの飽くなき情熱によって、この度一冊の本が生まれ、彼の芸術や幅広い技術が紹介される事は非常に大きな意味のある事だと思います。お菓子の世界を担う今後の若い世代にとって、これ以上の贈り物はないと思います。この本が、伝統と新しいお菓子の発展という意味において、末長く愛され続ける事を心からお祈り申し上げます。

２０１６年１月２４日　東京にて　　　　　　　　　全日本洋菓子工業会理事長
　　　　　　　　　　　　　　　　　　　　　　学校法人古屋学園　二葉製菓学校校長
　　　　　　　　　　　　　　　　　　　　　　　　　　加藤信

Zu der Veröffentlichung des Buches „Süße Kunst" darf ich meine herzlichsten Glückwünsche übermitteln.

Herr Leopold Forsthofer ist bereits weltweit bekannt, nicht nur als Preisträger bei mehreren bedeutenden internationalen Wettbewerben, sondern auch für seinen unglaublichen Einfallsreichtum. Es ist daher von außerordentlicher Bedeutung, dass er seine süße Kunst und umfangreiche Technik in Form dieses Buches vermittelt hat. Dies ist zurückzuführen auf seinen unermüdlichen Fleiß und seine große Liebe zu Süßspeisen. Es gibt kein besseres Geschenk für nachfolgende Generationen, die diese Tradition weiterführen werden. Möge diesem Buch im Sinne der Förderung der traditionellen und neuartigen Süßspeisen lange viel Erfolg beschieden sein.

Tokyo, den 24. Jänner 2016

MAKOTO KATO

President

All Japan Confectionery Association

Director

Futaba College of Confectionery

I first met Leopold in 1994 when he competed at Expogast in Luxemburg. He already demonstrated exceptional skills and an unmistakable style. His pursuit of excellence has earned him the recognition of his peers as one of the world's leading technicians and pastry artists.

Every day he shares his passion for teaching at Oberlaa in Vienna and never misses an opportunity to inspire and guide his colleagues all over the world. He demonstrates his exceptional craftsmanship in his classical, modern, innovative and most of all practical pastries and centerpieces.

This is a must-have book for any apprentice and young pastry chef. Master craftsmen will also find ideas and methods which they will certainly hurry to utilize in their establishments. We would not expect anything less from Master Pastry Chef Leopold Forsthofer and we are not disappointed. He is again precise, creative and inspiring in this masterpiece.

GILLES RENUSSON

Master Pastry Chef, Professor at the Secchia Institute for Culinary Education (S.I.C.E), Grand Rapids Community College
President Club Coupe du Monde USA

Das erste Mal traf ich Leopold 1994, als er am Wettbewerb im Rahmen der Expogast in Luxemburg teilnahm. Schon damals bewies er seine außergewöhnliche Kunstfertigkeit und einen unverwechselbaren Stil. Sein Anspruch an Perfektion hat ihm die Anerkennung seiner Kollegen als einem der weltbesten Konditoren eingebracht.

Jeden Tag aufs Neue teilt er seine Leidenschaft für das Unterrichten in Oberlaa in Wien und lässt keine Gelegenheit verstreichen, um seine Kollegen weltweit zu inspirieren. Seine außergewöhnliche Handwerkskunst demonstriert er in seinen klassischen, modernen, innovativen und vor allem praktikablen Produkten und Schaustücken.

Das vorliegende Buch ist ein Muss für jeden Lehrling und jungen Konditor. Aber auch wahre Meister werden Ideen und Methoden finden, die sie mit Sicherheit rasch für ihren Betrieb nutzen werden. Wir haben nichts anderes von Meisterkonditor Leopold Forsthofer erwartet und sind nicht enttäuscht. Auch in diesem Meisterwerk ist er wie immer präzise, kreativ und inspirierend.

GILLES RENUSSON

Konditormeister, Professor am Seccia Institut für gastronomische Ausbildung, Grand Rapids Community College
Präsident des Clubs Coupe du Monde der Vereinigten Staaten von Amerika

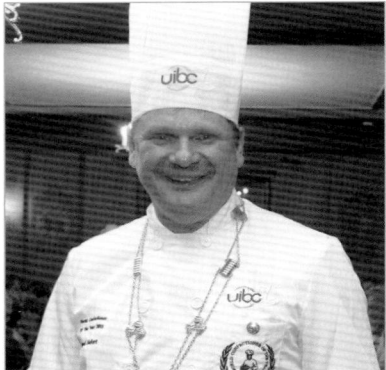

Leo ist ein uralter Freund und Kollege, wir kennen und schätzen uns schon seit der Zeit, wo wir gerade mit der Ausbildung fertig waren und uns auf Kochkunstwettbewerben aktiv „rumgetrieben" haben. Egal ob in Luxemburg, Singapur oder wo auch immer in der Welt, ich habe es jederzeit genossen, seine Kunst bewundern zu dürfen. Auch heute noch treffen wir uns auf besagten Wettbewerben, allerdings haben wir die Seiten gewechselt. – Als Jury erfreuen wir uns an dem handwerklichen Können und Wissen unserer jungen Berufskollegen.

Ich habe schon viele Bücher zu allen möglichen Themen der „süßen Branche" geschrieben und gerade deshalb freut es mich sehr, dass Leo als einer der besten Fachleute, die ich kenne, sich nun endlich an ein Buch herangewagt hat, um sein Wissen weiterzugeben. Das Dekor ist ein wichtiges Thema, dessen umfassende Behandlung in einem Buch äußerst aufwendig und arbeitsintensiv ist.

Was ich an diesem Buch so toll finde, ist, dass es ein breit gefächertes Spektrum an Dekortechniken zu allen Bereichen – egal ob zu Zucker, Schokolade oder Gebackenem – beinhaltet. Darüber hinaus noch die erklärenden Videos, die dem Nutzer die Herstellung von so manchem Dekor erleichtern.

Dass für Leo nicht nur die Optik zählt, sondern auch der kulinarische Genuss oberste Priorität hat, schmeckt man in all seinen süßen Kreationen. Wann immer ich in Wien bin, ist Oberlaa ein Pflichtstopp, um mich durch die herrlichen Naschereien durchzukosten.

Lieber Leo, ich wünsche Dir für Dein Buch den Erfolg, den es verdient, und danke Dir, dass Du Dein Wissen mit uns teilst.

Dein Freund und Kollege

BERND SIEFERT

Weltmeister der Konditoren
Weltkonditor des Jahres 2015

DAS TEAM

Leo Forsthofer

Ernst Lienbacher

arbeitet in der Konditorei Oberlaa in Wien, wo er in erster Linie für Dekorationen und Sonderbestellungen zuständig ist. Als stellvertretender Backstubenleiter ist er auch für den Bereich Torten und Pralinen verantwortlich.

Zwischen 1992 und 2007 nahm er immer wieder aktiv an nationalen und internationalen Wettbewerben teil. Anfangs als Patissier der Kochnationalmannschaft, später dreimal im Team beim Coupe du Monde de la Pâtisserie in Lyon, und als Teammanager 2002 in Las Vegas. Zuletzt als Einzelteilnehmer beim World Chocolate Masters in Paris 2007. Dabei gewann er zahlreiche Goldmedaillen und errang Spitzenplatzierungen an vorderster Front – so wurde er beispielsweise viermal Austrian Chocolate Master.

Seit 1992 setzt er sich immer wieder intensiv mit der Malerei und Bildhauerei auseinander, eine Passion, die auch in den Beruf und die Wettbewerbe mit einfließt. 2007 beendete er seine aktive Wettbewerbstätigkeit und ist seither ausschließlich als Jurymitglied und Trainer vorwiegend bei Juniorenweltmeisterschaften tätig. So war er zweimal Trainer eines Juniorenweltmeisters bei den World Skills. Zahlreiche Landessieger und auch eine Bundessiegerin der Konditorlehrlinge runden die Erfolge als Trainer ab.

Die Entstehung dieses Buches resultiert aus der Begeisterung für seinen Beruf und seinem Anliegen, das durch die Jahre erworbene Fachwissen zu teilen und damit einen Beitrag zur Weiterentwicklung eines wunderbaren Handwerks zu leisten. – Einer Profession, die das Privileg hat, sich ausschließlich der Verbreitung von Freude und Genuss zu widmen.

führt seit 1986 gemeinsam mit seiner Frau Astrid einen vorbildlichen Konditoreibetrieb in Spittal an der Drau in Kärnten, in dem neben einem ausgezeichneten Mehlspeisensortiment auch handgefertigte Schokoladen und Pralinen genauso eine Selbstverständlichkeit sind wie Dekorationen von Spezialtorten aller Art. 2006 wurde dem Betrieb von Jacobs und Gault Millau die „Goldene Kaffeebohne" verliehen.

Zwischen 1985 und 2004 war er mit dem Klub der Kärntner Köche aktiv bei nationalen und internationalen Wettbewerben unterwegs und errang dabei zahlreiche Goldmedaillen. Auch an der Weltmeisterschaft der Konditoren 1999, dem Coupe du Monde in Lyon, hat er für Österreich zusammen im Team mit Hannes Lubinger und Leopold Forsthofer sein Können in Sachen Zucker gezeigt. Zahlreiche Lehrlinge aus seinem Betrieb wurden als Landessieger gekürt, was seine Fähigkeiten als Lehrer im Konditorhandwerk unterstreicht.

Seit 2010 ist er Innungsmeister der Kärntner Konditoren und setzt dort immer wieder Akzente, um dem Konditorhandwerk den Stellenwert zu geben, den es verdient.

Von der Antike bis ins 21. Jahrhundert

Das Konditorhandwerk ist seit jeher eng mit Kunst verbunden und hat weit zurückreichende historische Wurzeln. Das vorliegende Kapitel beschäftigt sich mit dem geschichtlichen Hintergrund der vielen verschiedenen Techniken im Dekorsektor. Fast vergessene Herstellungstechniken werden anhand von Beispielen und Rezepten erklärt und sollen zum Ausprobieren und Nachahmen inspirieren.

DESIGN
SÜSSER PRODUKTE

Dieses Buch befasst sich mit dem visuellen Erscheinungsbild von Konditorei- und Patisserieprodukten. Dekoration und Design sind nicht ausschließlich eine Frage der Mode und der Kultur, es geht vorrangig auch um den sinnlichen Aspekt:

- Regt es den Betrachter dazu an, es auch genießen zu wollen?
- Kann er im Dargebotenen noch die Lebensmittel erkennen, aus denen es hergestellt ist?
- Wirkt das Produkt positiv auf ihn, zaubert es ein Lächeln auf seine Lippen?

Können wir all diese Fragen mit ja beantworten, dann ist es uns gelungen, ein sowohl optisch als auch kulinarisch perfektes Produkt zu kreieren.

Wir Konditoren können den Menschen mit ästhetischen Produkten Genuss und Lebensfreude schenken. Sei es ein einfaches, liebevoll dekoriertes Erdbeertörtchen oder ein aufwendig gestaltetes Schaustück, das alle Blicke auf sich zieht. All das und die mannigfaltigen Möglichkeiten dazwischen sind die Visitenkarte unseres Berufes und die beste Werbung für unsere Produkte.

WIE ALLES
BEGANN

Schon in Mesopotamien, im alten Ägypten und im antiken Rom gibt es zahlreiche Hinweise, dass Speisen oftmals aufwendig dekoriert wurden. Die ältesten bisher gefundenen Backmodel stammen aus der Zeit von 2500 vor Christus und wurden bei Ausgrabungen im Indus-Tal entdeckt. Die Formen aus Ton zeigen Spiralen, die als Sinnbild für die Sonne gedeutet werden. Wahrscheinlich dienten sie zur Herstellung von Brot zu religiösen Zwecken. Bei Ausgrabungen in Mesopotamien und Ägypten wurden 4 000 Jahre alte Backmodel gefunden, die bereits figürliche Darstellungen wie Jagdszenen oder pflanzliche Motive zeigen. Diese teilweise für den religiösen Gebrauch bestimmten Formen fanden aber auch in fürstlichen Familien Verwendung.

Im Römischen Reich kamen verzierte Gebäckstücke erst relativ spät in Mode. Fundstücke in Ostia, einem Stadtteil von Rom, stammen aus der Zeit von 200 bis 250 nach Christus. Erste Belege für süße Kuchen findet man auf

Modeln aus dem vierten nachchristlichen Jahrhundert. Sogar die Urform unseres heute noch bekannten und beliebten Gugelhupfs geht auf das antike Rom zurück! Aus dem zweiten Jahrhundert nach Christus stammende Backformen wurden bei Ausgrabungen in Mitteleuropa gefunden, darunter nicht nur Modelle aus Ton, sondern auch Formen aus Bronze, die sich von unseren heutigen Formen kaum unterscheiden. Nur der Mittelteil der Form, der sogenannte Kamin, war weniger ausgeprägt als heute.

Wie man sieht, hat das Dekorieren von Speisen eine lange Tradition, weil es den Menschen seit jeher ein Bedürfnis war und ist, ihre Speisen zu verzieren. Besonders im Süßspeisensektor hat sich diese Tradition ständig weiterentwickelt und den Gegebenheiten der Zeit und Kultur angepasst.

Die Anfänge liegen bei den Lebzeltern (Lebkuchenbäckern), die – noch bevor Zucker bekannt war – die Hauptakteure der süßen Zunft waren. Aufzeichnungen von ägyptischen sowie griechischen und römischen Schriftstellern belegen, dass Honigkuchen schon in der Antike sehr begehrt und eine beliebte Opfergabe war, die vielfach in den bereits erwähnten Modeln und Backformen hergestellt wurde. Im Mittelalter wurde diese süße Kunst hauptsächlich in Klosterbäckereien gepflegt. Später entwickelte sich daraus der Beruf des Lebzelters und Wachsziehers.

Auch heute erfreut sich Lebkuchen noch größter Beliebtheit und gilt als das klassische Gebäck der Weihnachtszeit. Neben den verschiedensten geschmacklichen Varianten mit und ohne Schokolade finden auch reich verzierte Figuren und kleine Schaustücke aus Lebkuchen ihre Abnehmer.

Wachskopien von Lebkuchenmodeln aus dem 18. und 19. Jahrhundert

DAS WEIßE GOLD
DES MITTELALTERS

Als als Folge der Kreuzzüge der erste Zucker aus Kleinasien nach Europa kam, könnte man das als die Geburtsstunde des Zuckerbäckerhandwerks sehen. Zu dieser Zeit war Zucker ein Luxusgut und galt wegen seiner Seltenheit noch als kostbares Gewürz. So heißt es in einem Baumkuchenrezept aus dem Jahr 1652: „Er würze es mit Zucker …"

Mit dem zunehmenden Zuckerhandel entwickelten sich zuerst in Italien und später auch in anderen europäischen Ländern Zuckerraffinerien. Die damals übliche Handelsform war der Zuckerhut in verschiedenen Größen.

Übrigens, die Bezeichnung „Zuckerbäcker" kommt ursprünglich aus der Zuckerhutproduktion, wo der Begriff „Backen" für die Anlagerung der Kristalle zur gewünschten Form des Zuckerhutes steht. Er hat also nichts mit „Backen" im Sinne von Garen zu tun.

Erste künstlerische Objekte aus Zucker entstanden, indem man aus dem Zuckerhut kleine Skulpturen meißelte. Eine künstlerische Aufgabe, die nur ausgebildeten Bildhauern vorbehalten war. Bei der Wahl der Motive herrschte das Religiöse vor, erst wesentlich später wurden auch weltliche Motive aufgegriffen und es entstanden pompöse Dekorarrangements.

Diese Zuckermeißelarbeiten kamen nach der Erfindung von Tragantzucker- und Marzipanarbeiten aus der Mode. Und als die Zuckerkochtechnik bekannt wurde, geriet diese Variante der Zuckerkunst völlig in Vergessenheit.

ZUCKERKUNST
IM BAROCK

Tragantzucker ist seit jeher ein wichtiger Bestandteil von Modelliermassen. Im Mittelalter gelangte er über die Hafenstadt Venedig nach Europa. Wie Zucker, Marzipan und Schokolade war auch Tragant anfänglich nur in Apotheken erhältlich, er wurde jedoch schnell allgemein beliebt. Wobei Tragant natürlich nur als Bindemittel in Verbindung mit Zucker von Bedeutung war und auch heute noch ist.

In fast allen Arznei-, Koch- und Backbüchern aus dem 17. und 18. Jahrhundert scheint das Rezept für „aufgelaufenes Zuckerzeug" auf. Es handelt sich dabei um eine aus Zucker, etwas Eiweiß, Rosenwasser und Tragant zubereitete Modelliermasse. Auf ein Pfund Zucker kam eine Unze Tragant, außerdem fügte man Geschmacks- und Farbstoffe hinzu. Um Ornamente und Blumen zu formen, wurde dem Zuckerteig noch Stärkemehl beigemengt, bis er beim Auseinanderziehen keinen Faden mehr zog, sondern völlig abriss. Anschließend wurde der Teig in leicht geölte Formen gedrückt und nach ca. zwei Stunden behutsam aus der Form genommen. Da die Grenze zwischen Genussmittel, Arznei und Dekoration fließend war, wurde das „Zuckerzeug" mitunter auch als Konfekt verzehrt.

In der Barockzeit zeigten Fürstenhäuser ihre Macht durch pompöse Bauwerke und glanzvolle Feste. Wohlstand und Überfluss spiegelten sich in prunkvollen Banketten wider. Tragantzucker war einer der wichtigsten Rohstoffe zur Herstellung aufwendiger Tafeldekorationen. Vielfach in Kombination mit dem wunderbar zu formenden Marzipan wurden unter immensem Zeit- und Personalaufwand riesige essbare Skulpturen geschaffen, die auf das Thema des Festes zugeschnitten waren.

Tafelaufsatz mit Unterteil aus Konservzucker

Antiker Tragantzuckermodel

Das nachfolgende Rezept wurde dem Buch „Delightes for Ladies" von Sir Hugh Plat, erschienen 1609, entnommen.

Tragantzuckermasse zum Ausmodeln und Vergolden

Etwas Tragantpulver über Nacht in Rosenwasser quellen lassen. 500 g Puderzucker mit 100 g Stärkemehl durchsieben, ein walnußgroßes Stück der aufgequollenen Tragantmasse mit einem Eiweiß verrührt hinzugeben und gut durcharbeiten, bis ein steifer Teig entsteht.

Beim Kneten etwas Puderzucker oder Talkum in die Hände stäuben, damit der Teig nicht anklebt. Holzmodel mit trockenem Puderzucker oder Talkum einstäuben, eine erforderliche Menge auf dem Model verteilen und gut eindrücken, mit einer Teigrolle glattrollen. Model kurz gegen die Tischkante stoßen, damit sich der Abdruck löst. Den Teig möglichst sofort verarbeiten. Wenn er zu hart wird, mehr gequollenen Tragant hinzufügen. Schüsseln, Becher, Teller oder dergleichen kann man aus der Masse herstellen, indem man eine erforderliche Menge ausrollt, mit Zucker einstäubt und mit dem Finger gleichmäßig an die Innenwand eines entsprechenden Originalgefäßes drückt. Das am Rand überstehende Material wird mit einem Messer abgestrichen. In Ofennähe trocknen lassen, bis die Innenfläche hart ist, dann vorsichtig mit einem Messer ablösen und die Außenseite trocknen lassen. Die Ränder werden sorgfältig mit Eiweiß bestrichen, das man leicht antrocknen läßt, dann mit Blattgold belegt, das mit einem Wattebausch angedrückt wird.

Man kann auf diese Weise auch Figuren und Ornamente vergolden. Die Masse kann mit den im Handel üblichen Zuckerfarben, denen man etwas gequollenen Tragant und Rosenwasser vor dem Vermengen hinzugibt, eingefärbt werden.

DEKORGENUSS
AUS DEM ALTEN ORIENT

Echtes Marzipan ist eine Mischung aus Mandeln, Zucker und Rosenöl, die ihren Ursprung im alten Orient hat. In Europa wurde Marzipan erstmals um 1300 von Arnaldus de Villanova, einem katalanischen Arzt, erwähnt. Bis ins 18. Jahrhundert wurde es als Arzneimittel angesehen und deshalb hauptsächlich in Apotheken hergestellt. Aufgrund des hohen Zuckeranteils galt Marzipan als Luxusgut, das oftmals auch mit Blattgold überzogen war. Im Zeitalter des Barocks übernahmen die Zuckerbäcker die Marzipanproduktion und fertigten daraus kunstvolle Schaustücke an. Erst Anfang des 19. Jahrhunderts wurde im Zuge der weltweiten Kultivierung des Zuckerrohrs die bis dahin nur den Reichen vorbehaltene Näscherei auch für die breite Masse erschwinglich!

Das älteste überlieferte Rezept einer Marzipanrohmasse stammt aus dem Buch „Ryff, Confect Buch und Hauß Apoteck" aus dem Jahre 1540.

> Mandeln in siedendes Wasser schütten, damit die Haut sich leicht ablösen läßt, dann im Mörser ganz fein stoßen und gleiche Gewichtsmenge Puderzucker hinzugeben und gut vermengen und durchkneten.
>
> Den so erhaltenen Teig zu Fladen oder Broten formen, auf Oblaten legen und in kupferner, zugedeckter Pfanne bei schwachem Feuer trocknen lassen.
>
> Man kann ein wenig fein gestoßenen Zimt dem Teig beimengen.

Formen aus Gips und aus Schwefel gegossen

Nach historischer Vorlage modelliertes Marzipanrelief

Marzipanformen aus den 1950er-Jahren

Ein wunderbarer Beruf
entwickelt sich

Nach 1650 erscheint ein Fachbuch von Thiemen, in dem bereits viele der zum Teil noch heute gebräuchlichen Techniken der Zuckerbäcker beschrieben sind, wie etwa die Herstellung von modellierfähigem Marzipan, Seidenzucker, Felsenzucker u. v. m. – Kurzum eine perfekte Basis für das Konditorhandwerk, die ein kreatives Arbeiten geradezu herausfordert. Ein wunderbarer Beruf entwickelt sich!

Gipsformen zum Gießen von Konservezucker

Schokoladengießformen

Das Wissen, auf dem unsere heutige vielschichtige Konditorei basiert, stammt vom Anfang des 19. Jahrhunderts. Auch wenn wir dieses Wissen im Laufe der Zeit ständig weiterentwickelt haben, andere Rohstoffe für unsere Produkte verwenden, moderne Maschinen und neue Herstellungstechniken das Handwerk revolutionieren, wird die Basis immer gleich bleiben. Bei aller Kreativität gibt es einige wenige Grundregeln, die wir nicht verändern können. Denn: „Tradition ist nicht die Anbetung der Asche, sondern die Weitergabe des Feuers!" Mit diesem Buch möchten auch wir das Feuer an die nächste Generation weitergeben.

HISTORISCHE TECHNIKEN UND REZEPTE

Dieser Abschnitt befasst sich mit historischen Techniken und den dazugehörigen Rezepten – einer Kunst, die unsere Großväter noch beherrschten und die nun fast in Vergessenheit geraten ist. Dekortechniken, die es wert sind, wiederbelebt zu werden, und von denen man sich inspirieren lassen sollte.

TORTENDEKOR AUS DICK GEZOGENEN FRÜCHTEN

Torten mit Arrangements aus Dickzuckerfrüchten sind heute kaum mehr üblich. Diese Art der Tortendekoration war Anfang des 20. Jahrhunderts äußerst populär. Mittlerweile wird sie nur noch in Frankreich und im südlichen Europa praktiziert. Im restlichen Europa hat die Industrie die Herstellung dieser traditionellen Fruchtzubereitung übernommen.

Nachfolgend ein Rezept aus „Der praktische Konditor" von 1911.

> **640. Rote Kirschen zum Belegen und Kandieren. II.**
>
> 4 Pfd. fertig hergerichtete und ausgesteinte Kirschen muß man mit 2 l Wasser, ½ Pfd. Sirup und 1 Pfd. Hutzucker, sowie etwas roter Farbe ca. 6 Minuten stramm und hoch kochen lassen. Am 2. Tag wird der Saft abgegossen und mit 1 Pfd. frischem Zucker verkocht, die Frucht hinein getan und wieder gekocht. Am 3. Tag wird wieder 1 Pfd. frischer Zucker dazu getan und genau so verfahren. Die Kirschen werden jetzt bei mäßiger Temperatur in den Tortenschrank gestellt. Am 4. Tag wird der Saft abgegossen, verkocht, die Kirschen hinzu getan und so lange mitgekocht, bis der Zucker den Faden und somit die Probe hat, stets sorgfältig abgeschäumt und abgekühlt.

Torte nach historischem Vorbild mit Dekor aus Dickzuckerfrüchten

Darüber hinausgehend findet der Nutzer wertvolle Hinweise zur Verarbeitung.

> Diese Früchte dürfen nur im frisch geschauerten Kupferkessel gekocht und behandelt werden, ebenso sollte der Löffel zum Abschäumen, sowie der Durchschlag von Kupfer oder Messing sein, wodurch die Früchte die schöne und natürliche Farbe behalten.
>
> Es sei nochmals darauf hingewiesen, daß bei allen diesen Belegfrüchten, sowie bei allem Obst, welches konserviert werden soll, gute, für den jeweiligen Zweck geeignete Früchte, ein reiner guter Zucker, sowie die größte Reinlichkeit in bezug auf Behandlung und Geschirr die Quintessenz von allem Einmachen ist. Ist eine Frucht in Behandlung, so darf diese nicht vernachlässigt, aber auch nicht überhastet werden; denn alle Sorten, die eine mehr wie die andere, müssen Zeit haben, den Zucker genügend aufzunehmen.
>
> Zu beachten ist bei dem Fertigkochen, daß die Früchte nicht anbrennen, und daß dieselben möglichst bald abgekühlt werden, damit dieselben nicht nachbräunen.

Generell wird diese Technik im Buch sehr ausführlich behandelt, was Rückschlüsse auf ihre Wichtigkeit zu dieser Zeit zulässt. Gelbe, rote, schwarze Kirschen, Ananas, Aprikosen, Birnen, Ringlotten, Pfirsiche, Melonen, Mirabellen, Engelswurz, Stachelbeeren, Hagebutten, Quitten, Pflaumen, Orangen, Feigen, schwarze Nüsse und grüne Mandeln, ja sogar grüne Bohnen werden erwähnt. All diese Früchte werden gleich den roten Kirschen dick gezogen und meist als Dekor verwendet. Unterschiede in der Verarbeitung ergeben sich lediglich aus der Konsistenz der Frucht. So werden weichere Früchte nicht so lange mitgekocht, um ein Zerfallen zu vermeiden. Harte Früchte hingegen werden vor dem Dickziehen blanchiert und zum Teil auch gewässert, wie beispielsweise bei der Herstellung von schwarzen Nüssen.

Formen und Figuren
aus Konservzucker

Konservzucker, auch Konservenzucker genannt, gerät allmählich in Vergessenheit. Noch vor rund 50 Jahren war er ein fixer Bestandteil der Konditorei, aus dem Figuren und Formen (z. B. Hasen, Vasen) gegossen wurden.

Charakteristisch für diese Herstellungstechnik ist die Verwendung von Gipsformen. In einem ersten Schritt wird ein dreidimensionales Modell des zu gießenden Objekts aus Ton hergestellt und davon eine zwei- oder mehrteilige Gipsform gegossen. Die fertigen Formen werden vor dem Eingießen der Zuckerlösung in kaltes Wasser gelegt, damit sie durch und durch feucht sind. Im trockenen Zustand sind sie für diese Technik nicht zu gebrauchen.

Die nachfolgenden Herstellungsvarianten wurden dem Lehrbuch „Der praktische Konditor" aus dem Jahr 1911 entnommen.

741. Konservenzucker für Figuren und Formen.

… Unterdessen wird die beste Raffinade zum starken Flug gekocht, und zwar unter genauer Beobachtung aller Einzelheiten. Der Zucker wird dick aufgelöst. Ehe er zu kochen anfängt, muß er aufgelöst sein. Fängt der Zucker an zu wallen, wird er mehrere Male mit etwas Wasser abgeschreckt, dann gut abgeschäumt und an den Seiten beigewaschen. Man muß ihn stets sauber halten, recht flott kochen lassen und mittels Holzlöffel oder Spatel an den Seiten des Kessels tablieren, bis der Zucker anfängt milchig zu werden, abstirbt und eine Haut oder Kruste bekommt. Jetzt muß man den Konservenzucker in die hergerichteten genäßten Formen gießen, einen Moment darin stehen lassen und wieder in eine andere Form zurückgießen. Ist er abgekühlt, so muß man die Form sofort abbinden, abnehmen und die Figur aus derselben heben.

742. Konservenzucker II.

Prima Staubzucker muß man mit Wasser dick anrühren, sodann in einer Pfanne heiß machen, die gewünschte Farbe dazu geben und in die hergerichteten Formen gießen. Dann läßt man ihn einen Moment stehen, bis sich eine Haut gebildet hat. Diese muß man einstoßen und den Zucker in eine andere Form auslaufen lassen.

Historische Gipsformen zum Gießen von Konservzucker

AUFSÄTZE AUS KROKANT
UND MAKRONENMASSE

Filigrane Aufsätze aus Krokant oder Makronenmasse haben eine bis ins 18. Jahrhundert zurückreichende Tradition.

Während man in französischen und belgischen Konditoreien auch heute noch relativ oft auf Schaustücke aus Krokant – zum Teil in Kombination mit anderem Zuckerdekor – trifft, ist diese Art der Zuckerkunst in unseren Breiten nahezu verschwunden.

Nachfolgend ein Rezept für Aufsätze und sonstiges Dekor aus Krokant aus „Der praktische Konditor" von 1911 sowie zwei Rezeptvarianten für Makronenaufsätze.

181. Croquantbögen und -spitzen zum Garnieren von Croquant oder Eisaufsätzen usw.

Hierzu sind 1 Pfd. Zucker und 300 g große, dünn geschnittene Mandeln erforderlich. Der Zucker muß rein und trocken sein, ebenso der Kupferkessel, worin derselbe gebrannt wird. Die Mandeln werden im Ofen etwas angewärmt. Unterdessen wird der Zucker geschmolzen, jedoch nicht auf einmal, sondern erst der vierte Teil. Der übrige Zucker wird löffelweise zugegeben. Wenn alles glatt aufgelöst ist, werden die Mandeln dazu getan und alles durchgerührt. Diese fertige Masse wird auf einer vorgewärmten Granitplatte oder einem Backblech für den jeweiligen Zweck verarbeitet, d. h. Bögen, Spitzen, Schnörkel usw. davon angefertigt. Bei Croquant müssen alle Gebrauchsgegenstände, wie Formen, Messer, Rollholz usw., mit gutem, reinem Öl bestrichen und nach dem Erkalten sorgfältig wieder mit einem Tuche abgerieben werden.

Makronenaufsatz aus „Praktische Konditorei-Kunst" von 1913

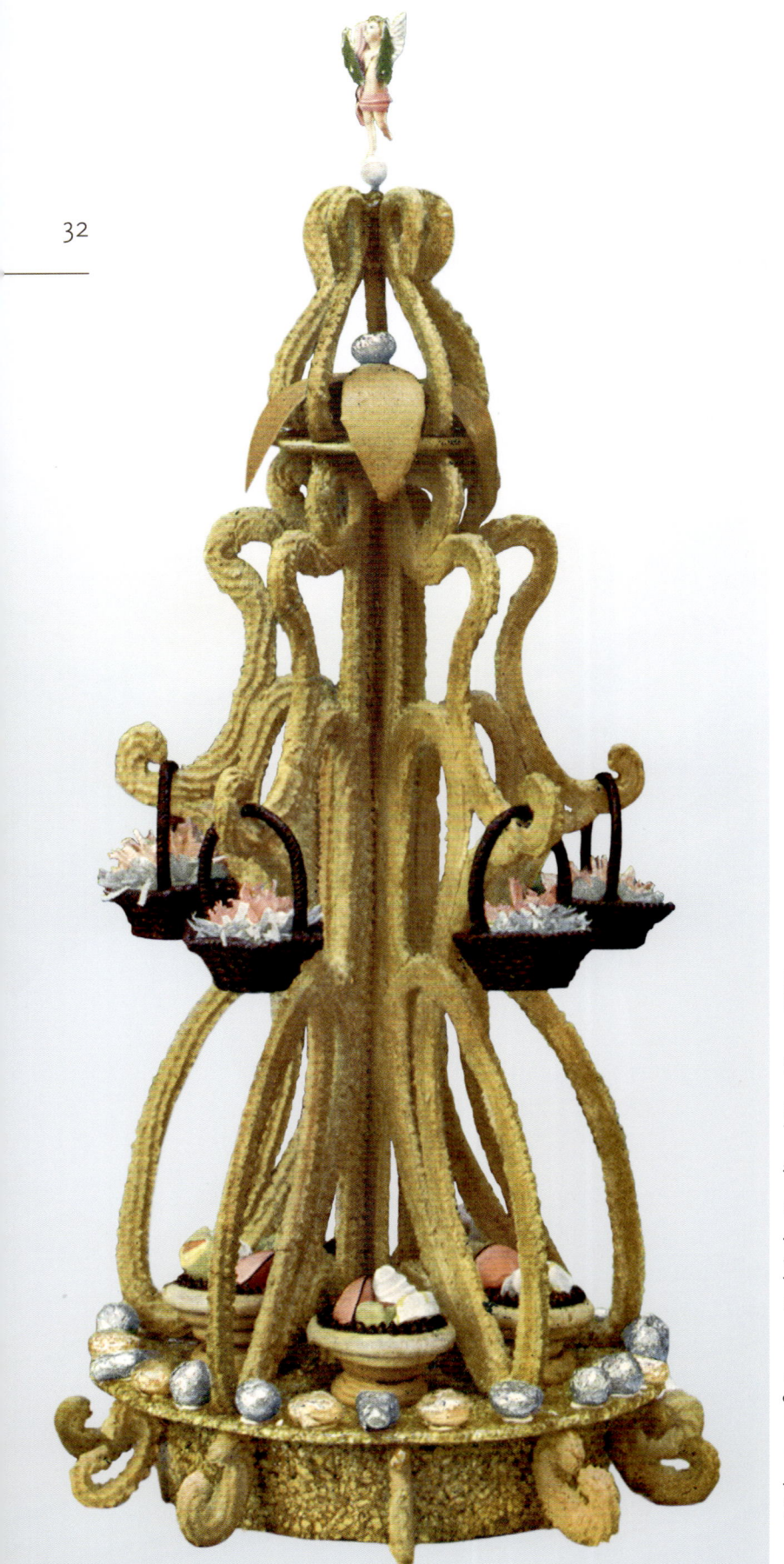

Schnörkelmasse: 400 g weiße, darunter einige bittere Mandeln werden mit etwa 6–7 Eiweiß fest und fein gerieben, dann 400 g Staubzucker, sowie etwas Vanille hinzugefügt. Schnörkelmasse von Marzipan: In 1 Pfd. gute Masse und 150 g Staubzucker, etwas Vanille mit eingewogen.

174. Makronenaufsätze, sowie Spohnaufsätze

werden von oben beschriebener Schnörkelmasse aufgebaut. Die unteren Schnörkel dürfen etwas massiver und kräftiger sein. Alle Schnörkel müssen trocken und fest ausgebacken und mit Spritzglasur und Silberdragees garniert sein. Diese Schnörkel werden schön in Partien nach oben verjüngt, mit Karamelzucker zusammengesetzt und mit Croquantbögen, Mandelblättern, Fondants, gebrannten Mandeln und Karamelflimmer geschmackvoll garniert.

Rund um die Spritztüte

Die Spritztüte – von den Wiener Zuckerbäckern liebevoll „Stanitzel" genannt – ist ein im Dekorbereich unabkömmliches, vielseitig einsetzbares Arbeitsutensil. In Frankreich und der Schweiz wird sie als Cornet, in Deutschland auch als Garniertüte bezeichnet, wobei sich der Name immer auf die Form des spitzen Kegels bezieht. Sowohl die Herstellung als auch die Handhabung erfordern Genauigkeit und ein gewisses Maß an Übung.

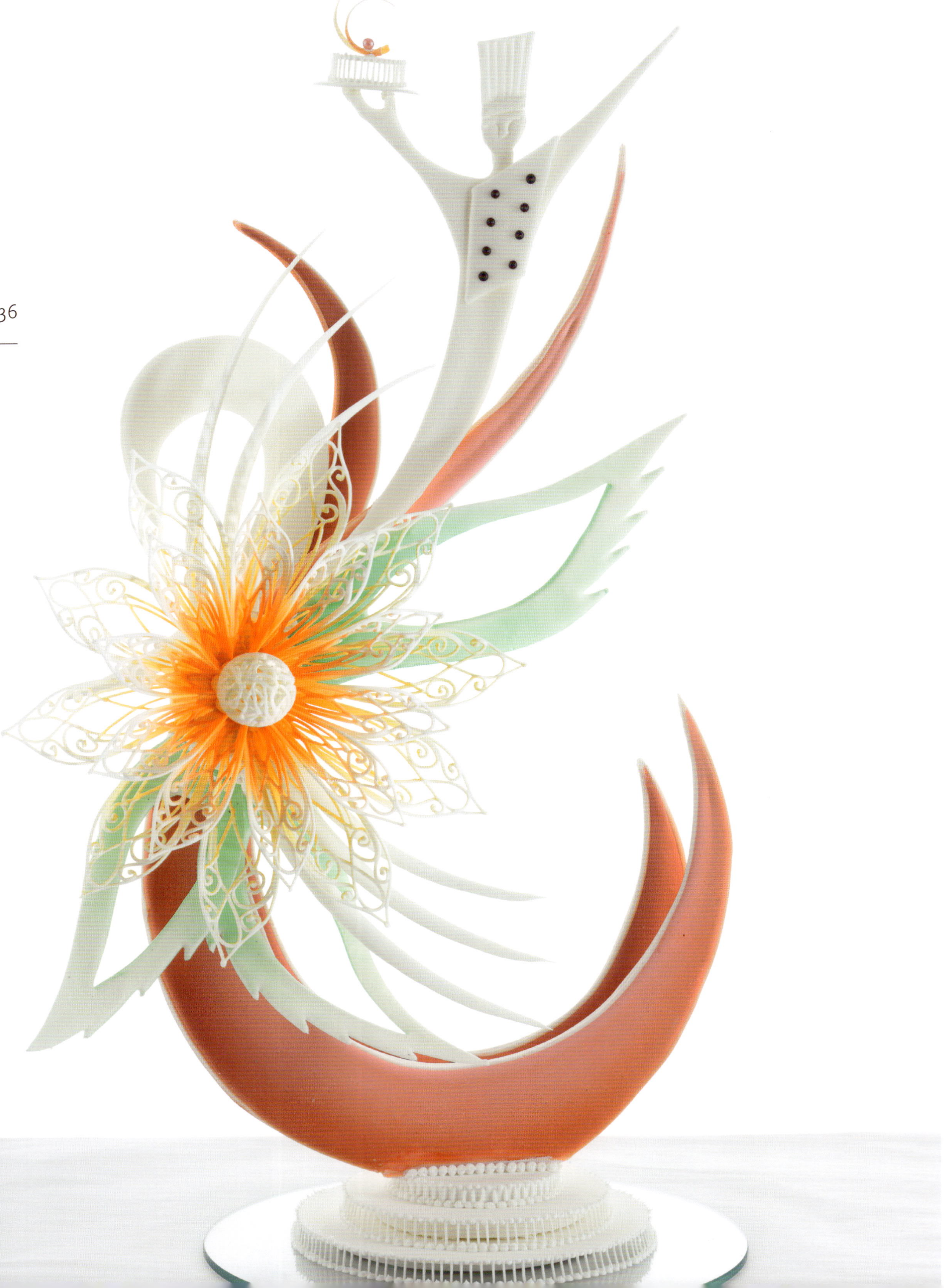

VOM DREIECK
ZUR TÜTE

Die Spritztüte wird aus Backtrennpapier, Pergaminpapier oder Zellophan hergestellt. Diese Materialien sind feuchtigkeitsresistent, stabil und gut formbar. Die Papiergröße richtet sich nach der Menge der zu verarbeitenden Dekormasse:

- DIN A4 oder DIN A5 für kleine Mengen, z. B. Randverzierungen

- DIN A2 für größere Mengen, z. B. Schaustücke

Die Spritztüte
Formen

Das Papier versetzt entzweischneiden. Die Schnittkante muss glatt sein, da sie die Spitze (Öffnung) der Spritztüte bildet.

Das Papier an der Schnittkante unterhalb der Spitze festhalten.

Die kürzere Seite des Dreiecks zur Mitte hin einrollen.

Mit dem Daumen fixieren.

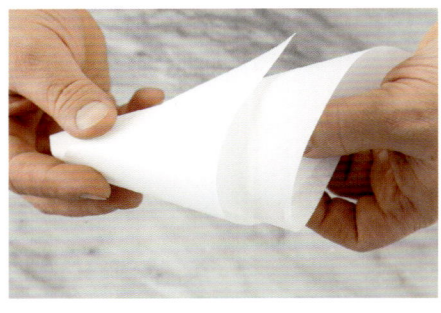

Mit der anderen Hand die noch wegstehende Dreiecksspitze um die Tüte legen. Die Tütenspitze mit der Hand fixieren.

Mit Daumen und Zeigefinger der anderen Hand die Schnittkante so verschieben, dass sie innen und außen eine Linie bildet. Durch die Fingerbewegung lässt sich die Spitze nun öffnen oder schließen. Eventuell die Tüte bis zur gewünschten Dicke öffnen, damit man die Spitze nach dem Füllen und Verschließen nicht mit der Schere abschneiden muss.

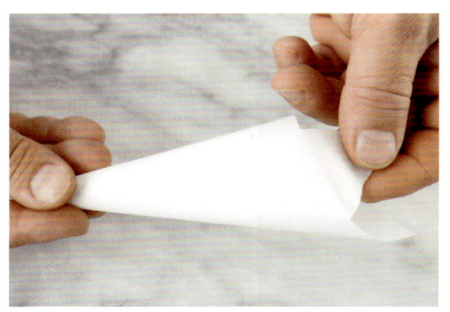

Das überstehende Ende nach innen einschlagen. Falzen.

DIE SPRITZTÜTE
FÜLLEN

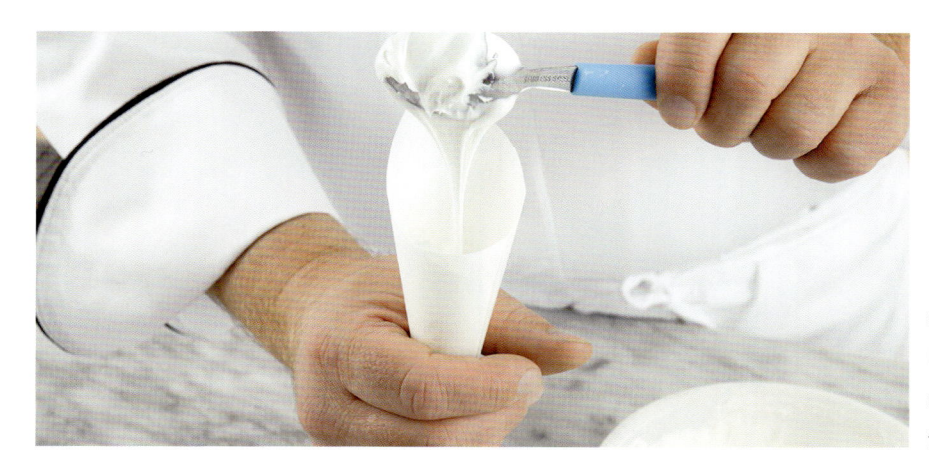

Die Dekormasse mit einem Dressiersack (Spritzbeutel) oder einem kleinen Löffel einfüllen, dabei müssen die Ränder frei von Masse bleiben. Die Spritztüte maximal zu zwei Dritteln füllen!

FILM AB

DIE SPRITZTÜTE
VERSCHLIESSEN

Die seitlichen Ecken nach hinten klappen. Dabei muss die Papiernaht oben bzw. sichtbar sein.

Die obere Dreiecksspitze nach hinten umschlagen.

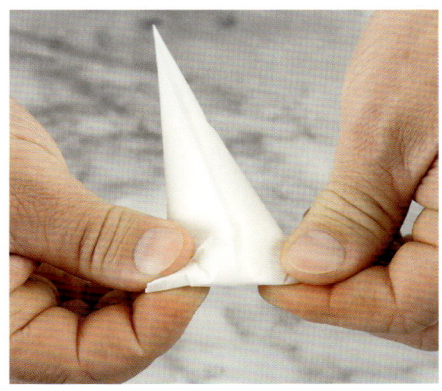

Vorgang wiederholen, bis die äußere Papiernaht gespannt ist.

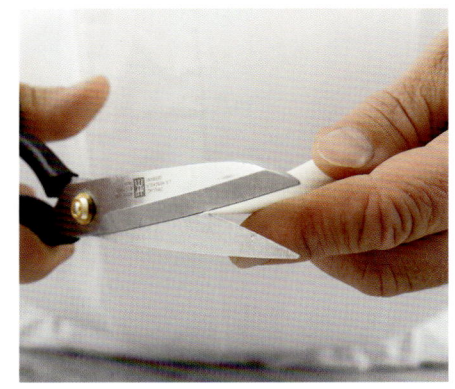

Die Spitze mit einer gut schneidenden Schere abschneiden.

Die Spritztüte handhaben

Beim Arbeiten mit der Spritztüte ist der Zeigefinger stets richtungsweisend und der Daumen bestimmt den Druck. Arbeitstempo und Daumendruck müssen aufeinander abgestimmt werden, um ein gleichmäßiges Gesamtbild zu erreichen.

Spritzeffekte

Durch verschiedene Schneidetechniken beim Abschneiden der Tütenspitze und durch Verwendung spezieller Dekortüllen lassen sich zusätzliche Effekte erzielen.

Blätter

Die Spritztüte flach drücken.

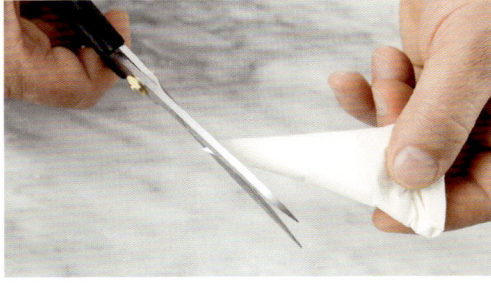

Links und rechts zur Spitze hin abschneiden.

Kleine Blätter spritzen.

Blüten

Die Tütenspitze vor dem Füllen abschneiden, eine Blütentülle einsetzen.

RÜSCHEN

Die Spritztüte mit einer Blütentülle für Nelken verwenden.

SCHNÖRKEL

Für Schnörkel eine Saint-Honoré-Tülle einsetzen.

ROSEN

FILM AB

Eine Rosentülle einsetzen. Die Garniermasse spiralförmig auf einen Rosenstempel spritzen.

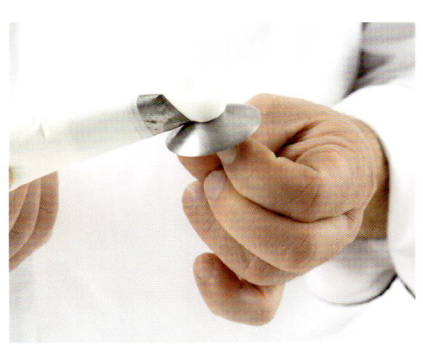

Die äußeren Blütenblätter in kleinen abgesetzten Bögen aufspritzen.

42

DEKOR-MASSEN

SPRITZSCHOKOLADE
(SCHREIBSCHOKOLADE)

Spritzschokolade gibt es in verschiedenen mit unterschiedlichen Zutaten hergestellten Varianten.

Das einfachste Rezept ist, temperierte Kuvertüre mit Flüssigkeit (Läuterzucker, Alkohol, Wasser oder Kondensmilch) zu spritzfähiger Konsistenz einzudicken. Wichtig dabei ist, die Spritzschokolade wie temperierte Kuvertüre weiterzuverarbeiten, da sie sonst nach dem Erstarren einen grauen Schleier bekommt. Spritzschokolade aus temperierter Kuvertüre eignet sich vor allem zur Herstellung von stehenden Ornamenten.

Eine weitere Variante ist eine Mischung aus geschmolzener Kuvertüre, Glukosesirup und Kondensmilch. Nachfolgend ein Rezept, das sich bei 40–45 °C gut verarbeiten lässt.

SPRITZSCHOKOLADE
AUS DUNKLER KUVERTÜRE

Zutaten
100 g Kuvertüre
10 g Glukosesirup
30 g ungezuckerte Kondensmilch

- Die Kuvertüre auf 45 °C erwärmen.
- Den Glukosesirup einrühren.
- Die Kondensmilch in einem dünnen Strahl unter ständigem Rühren beigeben.

GUT ZU WISSEN

Zieht die Schokolade bei der Verarbeitung zu schnell an, gibt man etwas Pflanzenöl dazu.

SPRITZSCHOKOLADE
AUS WEIßER KUVERTÜRE

Zutaten
15 g Wasser
30 g Glukosesirup
100 g gehackte weiße Kuvertüre

- Wasser mit Glukosesirup aufkochen.
- Kuvertüre dazugeben und glatt rühren.

SPRITZSCHOKOLADE
AUS FETTGLASURMASSE

Diese Dekormasse hat eine eher weiche Konsistenz und eignet sich deshalb gut für gezogene Muster in Glasuren, z. B. Esterházymuster, sowie zum Einlassen von schwarzen Flächen bei Einlassdekors.

Zutaten
100 g Fettglasurmasse
100 g Sonnenblumenöl
200 g Kakaopulver

- Die Fettglasurmasse schmelzen.
- Mit Sonnenblumenöl und Kakaopulver glatt verrühren und mit dem Stabmixer emulgieren.
- Eventuell durch ein feines Sieb passieren.

GUT ZU WISSEN

Um eine schreibfähige Konsistenz zu erreichen, gibt man etwas mehr Kakaopulver zur Masse.

Auch Fertigprodukte wie Scrivosa sind eine gute Alternative zu selbst hergestellter Spritzschokolade. Egal ob gekauft oder selbst fabriziert, für die Verarbeitung aller Spritzschokoladen gilt:

- Die Masse nur in kleinen Mengen bis maximal 45–50 °C erwärmen und nicht zu lange warm halten.
- Zu hohe Temperaturen, Feuchtigkeit oder ein Absetzen der Masse nach zu langem Warmhalten lässt die Masse grießig werden, womit selbst die versierteste Fachkraft Probleme hat.

SPRITZGLASUR
(EIWEIßSPRITZGLASUR, ROYAL ICING)

Sie ist das Um und Auf eines klassischen Hochzeitstortendekors. Darüber hinaus ist sie ein perfektes Klebemittel für Gelatinezucker, Tragantzucker und Lebkuchen. Sie eignet sich zum Verzieren von Marzipanfiguren, Lebkuchen, glasierten oder eingedeckten Torten und vielem mehr.

Zutaten
30 g pasteurisiertes Eiweiß
Ca. 150 g Puderzucker

- Eiweiß mit Puderzucker verrühren.

Gut zu wissen

- **Konsistenz:** Die Menge der Zutaten gilt nur als ungefährer Richtwert, da die Konsistenz weitgehend von der Herstellung – ob mit der Hand gerührt oder in der Maschine schaumig geschlagen – bestimmt wird. Eine in der Maschine hergestellte Spritzglasur benötigt aufgrund der Stabilität des Eischnees weniger Zucker. Durch die eingeschlagene Luft sind daraus hergestellte Dekorelemente jedoch wesentlich poröser.

- **Säurebeigabe:** Etwas Zitronensäure stabilisiert das Eiweiß und lässt die Glasur schneller aushärten. Zu viel Säure hingegen bewirkt das Gegenteil, die Spritzglasurteile werden nicht hart. Generell kann bei einer von Hand gerührten Spritzglasur auf die Säurebeigabe verzichtet werden.

- **Färben:** Flüssige Lebensmittelfarben beeinflussen die Konsistenz, sie machen die Glasur weicher. In diesem Fall die Puderzuckermenge erhöhen.

- **Stabilität:** Aus Albumin anstelle von pasteurisiertem Eiweiß hergestellte Spritzglasurteile sind stabiler. Dazu 1 000 g Wasser mit 300 g Albumin mischen und quellen lassen (ca. 24 Stunden). Da sich das Albumin während der Quellzeit am Boden absetzt, zwischendurch immer wieder umrühren. Eventuell vor Verwendung mit dem Stabmixer emulgieren. Auch einige Tropfen Gummiarabikum wirken sich positiv auf die Stabilität des Endproduktes aus.

- **Verdünnen:** Zum Einlassen von Dekorteilen die Glasur mit Eiweiß auf die gewünschte Konsistenz verdünnen, damit die Oberfläche glatt verlaufen kann.

- **Verarbeitung:** Die Spritzglasur während des Arbeitens mit einem feuchten Tuch abdecken, da sie sehr schnell austrocknet. Auf Vorrat hergestellte Spritzglasur gut verschlossen und gekühlt aufbewahren.

Spritzglasur
für Figuren und Lebkuchen

Zutaten

15 g Gelatinepulver
50 g Wasser
4 500 g Puderzucker
200 g Eibumin
700 g Wasser
250 g Weizenpuder

- Gelatinepulver mit 50 g Wasser mischen und quellen lassen.
- Puderzucker mit Eibumin mischen, in 700 g Wasser einrühren.
- Gelatine im Wasserbad oder in der Mikrowelle auflösen und zur Mischung geben.
- Mit dem Weizenpuder aufschlagen.
- Die Glasur luftdicht verschließen und kühl aufbewahren. Bei Bedarf eine kleine Menge aufschlagen und nach Wunsch mit wasserlöslichen Lebensmittelfarben färben.

Gut zu wissen

Der Gelatinegehalt bewirkt, dass das Spritzdekor auf glatten Oberflächen, z. B. Marzipan oder Lebkuchen, besser haftet bzw. nicht so leicht abbricht.

Für meine liebe Mutter!

FONDANT
ZUM EINLASSEN

Der Fondant wird zum Einlassen von Ornamenten, Schriften und Motiven, die deckend gefüllt werden, verwendet. Er hat mehr Glanz als verdünnte Spritzglasur, eignet sich aufgrund seiner geringen Stabilität jedoch nicht zur Herstellung von stehenden Dekorteilen.

Zutaten
150 g Fondant
30 g Glukosesirup
2 Tropfen Zitronensäure
Wasser nach Bedarf

- Fondant, Glukosesirup und Zitronensäure auf maximal 40 °C erwärmen.
- Mit Wasser auf die gewünschte Konsistenz verdünnen.
- Nach Bedarf mit wasserlöslicher Lebensmittelfarbe färben.

GUT ZU WISSEN

Die Konsistenz des Fondants darf nicht zu fest sein, damit die Oberfläche glatt verlaufen kann. Ist er jedoch zu flüssig, besteht die Gefahr, dass die Oberfläche des Motivs einsinkt und dadurch unansehnlich wird.

GARNIERPASTE
(GELEEPASTE)

Ausgangsprodukt ist flüssiges Kaltgelee. Es wird mit Lebensmittelfarbe gefärbt und durch Beigabe von ca. 1–2 % Zitronensäure zum Gelieren gebracht. Da das Gelee bereits nach einer Minute erstarrt, sollte es nur in kleinen Mengen verarbeitet werden.

Zusätzlich bietet der Handel bereits fertige Garnierpasten in den verschiedensten Farben an. Dass sich Garnierpaste auch ganz einfach selber herstellen lässt, zeigt das folgende Rezept.

Zutaten (Grundmasse)
500 g Marillenmarmelade
500 g Glukosesirup

- Marmelade mit Glukosesirup aufkochen und durch ein Sieb passieren.
- Masse in einem gut verschlossenen Behälter im Kühlschrank aufbewahren.
- Bei Bedarf eine kleine Menge erwärmen und färben.

GUT ZU WISSEN

- Die Grundmasse darf nicht zu stark gerührt werden, um Lufteinschlüsse und dadurch verursachte unschöne Farbeffekte zu vermeiden.

- Da die Grundmasse einen leicht gelborangen Farbton hat, werden weiße und blaue Flächen nur mit erwärmtem, eingefärbtem Glukosesirup eingelassen.

- Die Garnierpaste darf beim Einlassen nicht zu heiß sein, da die Schokoladekonturen sonst zerfließen würden.

SCHRIFTEN

Beim Dekorieren einer Torte spielt das Schriftbild eine wesentliche Rolle – je zarter bzw. dünner die Schrift ausfällt, desto ansprechender wirkt die Torte. Aber Ausnahmen bestätigen bekanntlich die Regel: Bei sehr großen Schriften oder wenn Dekormasse und Torte die gleiche Farbe haben (Braun auf Braun, Weiß auf Weiß), empfiehlt es sich, den Schriftzug mit einem etwas stärkeren Garnierfaden zu gestalten!

DIE PASSENDE SCHRIFTART

Die Schriftart sollte mit dem Motiv harmonieren. Zu einem Kindermotiv passt beispielsweise eine mit der Spritztüte gestaltete Blockschrift. Sie kann mit farbigem Gelee, verdünnter Spritzglasur oder Fondant eingelassen bzw. ausgemalt werden. Größere Flächen eventuell mit einem Pinsel nachbearbeiten.

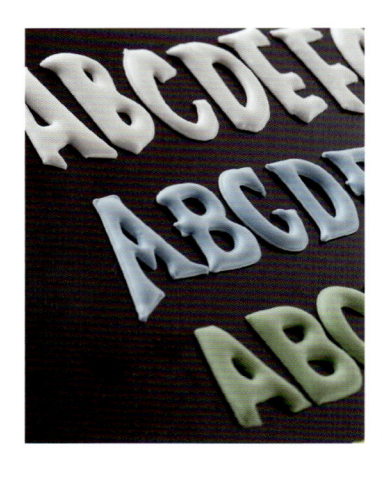

Für eine Torte im eleganten Design hingegen sollte man eine schwungvolle Schreibschrift wählen. Eine kursive Schreibweise, die allerdings einiges an Übung erfordert, unterstreicht die individuelle Note.

49

RAND-
VERZIERUNGEN

Diese Verzierungen sind heute kaum noch üblich, da sie zum einen sehr zeitaufwendig sind, zum anderen der Torte einen eher altmodischen Touch verleihen. Manchmal jedoch macht es durchaus Sinn, mit einfachen, zarten Schwüngen das Motiv zu betonen und gleichzeitig einen eleganten Abschluss am Tortenrand zu erzielen.

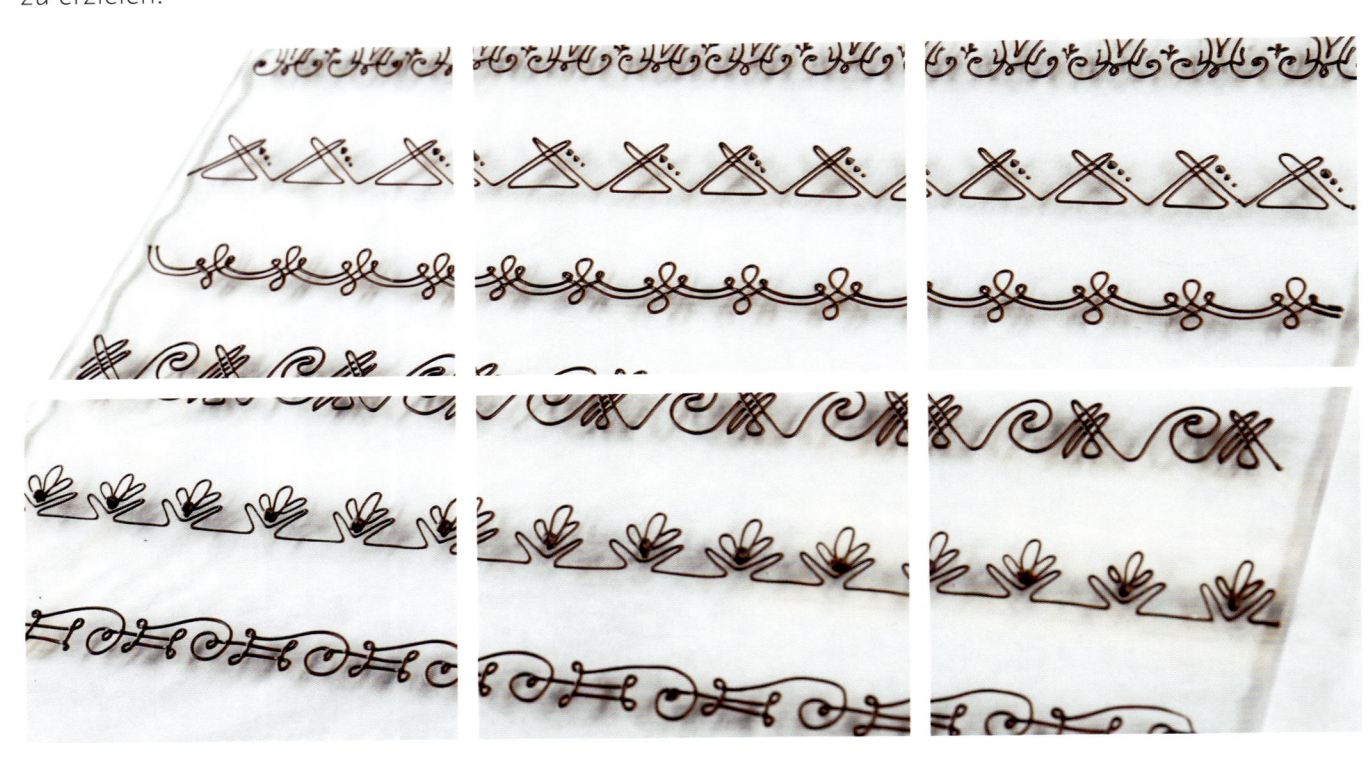

RANDVERZIERUNG
EINER TORTE

Die Spritztüte mit einem Abstand von etwa 3 cm zur Tortenoberfläche halten. Der Abstand soll ein eventuelles Zittern der Hände ausgleichen. Den Garnierfaden dem Muster entsprechend entlang dem Tortenrand auflegen.

Beim Absetzen des Garnierfadens kontrollieren, ob er mit dem restlichen Muster übereinstimmt. Dabei ist es wichtig, den Daumendruck rechtzeitig zu reduzieren.

Wie so vieles im Leben erfordert auch der Umgang mit der Spritztüte viel Übung und Geduld, bis sich die ersten Erfolge einstellen.

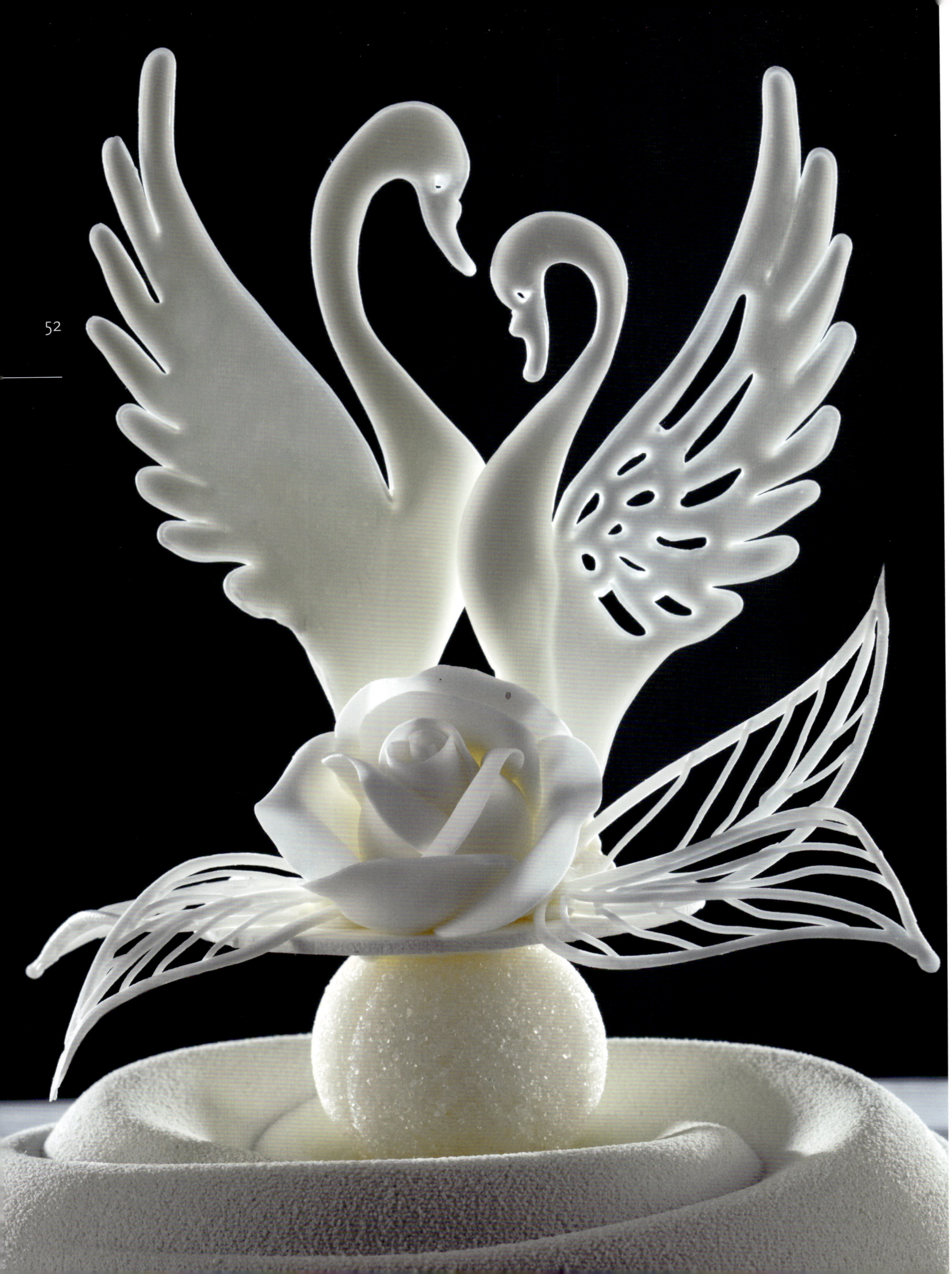

KLASSISCHES HOCHZEITSTORTENDEKOR

Das klassische weiße Hochzeitstortendekor besteht größtenteils aus Spritzglasur. Bögen, Gitter und Ornamente werden mit Spritztüte und Dressiersack (Spritzbeutel) aufgespritzt und anschließend getrocknet. Dabei sind folgende Techniken möglich:

- Gerade Dekorteile auf mit Kakaobutter befettete Plexiglasplatten spritzen.
- Kleinere Elemente auf dünne Kunststofffolie auftragen.
- Gebogene Teile je nach Größe und Biegung in Terrinenformen oder über Tortenreifen u. Ä. legen.
- Figuren und größere Elemente zur Gänze oder nur Teile davon in Emailtechnik herstellen.

Bei der Ausfertigung kommen oftmals noch Dekorelemente aus Marzipan und gezogenem Zucker ins Spiel, um eine möglichst elegante, wirkungsvolle Torte zu präsentieren. Da jedoch die Arbeitszeit ein gravierender Kostenfaktor ist, kommt dieser Stil nach und nach aus der Mode.

EINFACHE ORNAMENTE

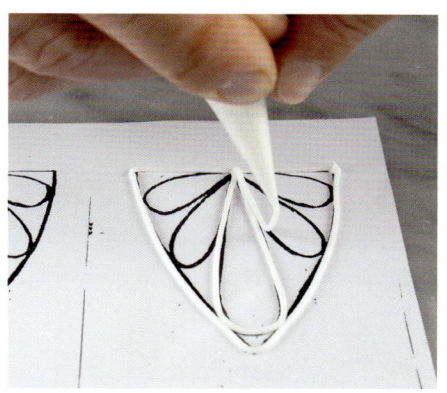

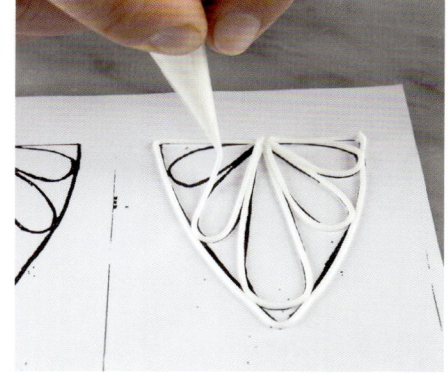

Eine dünne Hart-PVC-Folie über die Vorlage legen. Die Konturen der Ornamente mit Spritzglasur nachziehen. Trocknen lassen.

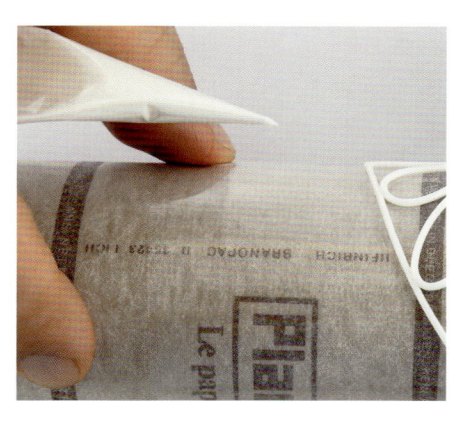

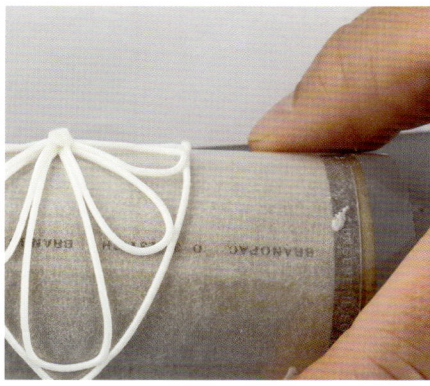

Für gebogene Formen die Ornamente nach dem Spritzen über eine runde Form, z. B. Kartonrolle, legen. Trocknen lassen. Folie vorsichtig abziehen.

DOPPELTE ORNAMENTE

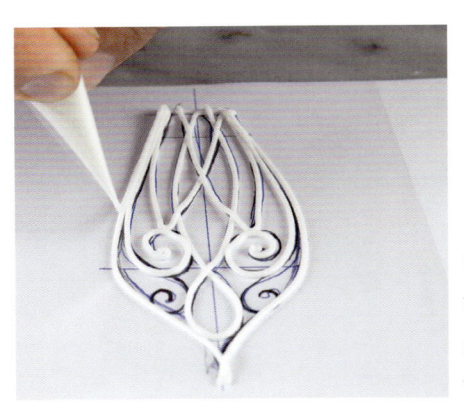

Eine dünne Hart-PVC-Folie über die Vorlage legen. Die Konturen der Ornamente mit Spritzglasur nachziehen. Trocknen lassen.

Ornamente umdrehen und Folie abziehen.

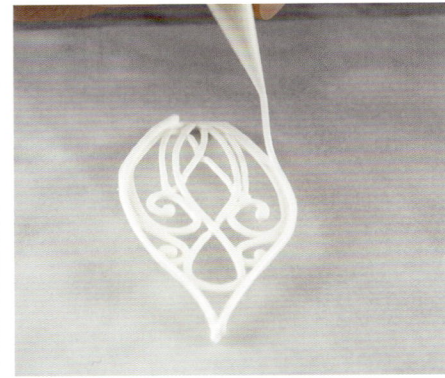

Konturen mit Spritzglasur nachziehen. Trocknen lassen.

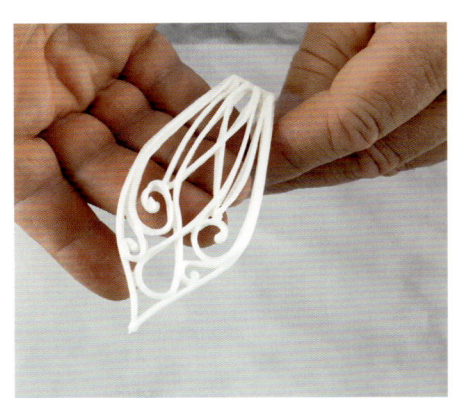

Durch den zweifachen Spritzvorgang sind die Ornamente wesentlich stabiler.

Dekorelemente
aus Schaustücken

Kutsche (Schaustück „Cinderella")

Eine dünne Hart-PVC-Folie über die Vorlage legen. Die Konturen der seitlichen Kutschenteile mit Spritzglasur nachziehen.

Um einen plastischen Effekt zu erzielen, die Flächen leicht bombiert mit verdünnter Spritzglasur einlassen. 24 Stunden trocknen lassen. Anschließend die Folie abziehen.

Zum Zusammensetzen eines der beiden Kutschenteile umdrehen.

Auf einer Seite des Kutschenkörpers (Gelatinezucker) den Rand entlang Spritzglasur aufspritzen.

Kutschenkörper auf das umgedrehte Kutschenteil setzen und vorsichtig andrücken.

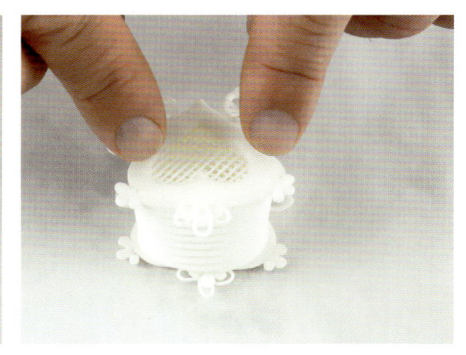

Den Rand entlang Spritzglasur aufspritzen. Zweites Kutschenteil daraufsetzen und vorsichtig andrücken. 24 Stunden trocknen lassen.

PFERD
(SCHAUSTÜCK „CINDERELLA")

Eine dünne Hart-PVC-Folie über die Vorlage legen. Kopf, Körper, zwei Beine und den Schwanz mit Spritzglasur spritzen. Trocknen lassen.

Für die zweite Seite Kopf, Körper und die noch fehlenden Beine spritzen. Trocknen lassen.
Folie abziehen. Eines der beiden Körperteile umdrehen, etwas Spritzglasur aufspritzen.

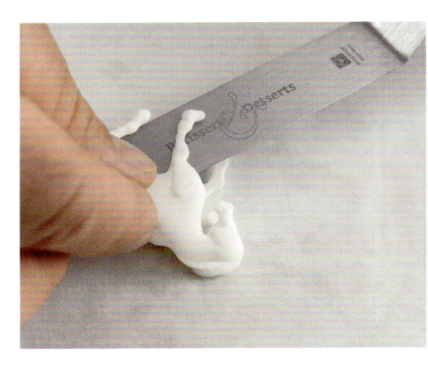

Zweite Körperhälfte mit einer Palette vorsichtig aufsetzen.

Exakt zusammensetzen.

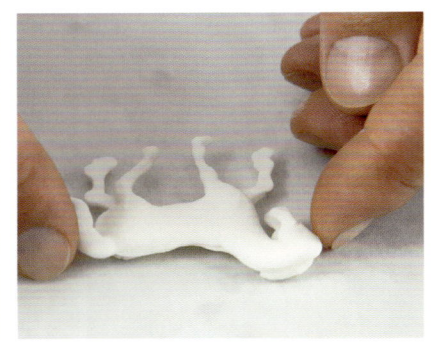

Die Rückseite der Beine spritzen.

Anschließend die Mähne und den Schwanz.

57

KUPPELTEIL
(Schaustück „Orientalischer Pavillon")

Eine halbrunde Plexiglasform mit Kakaobutter befetten. Trocknen lassen. Die äußeren, dickeren Konturen des Kuppelteils mit Spritzglasur aufspritzen.

Die inneren Konturen mit einer Spritztüte mit kleiner Öffnung ergänzen.

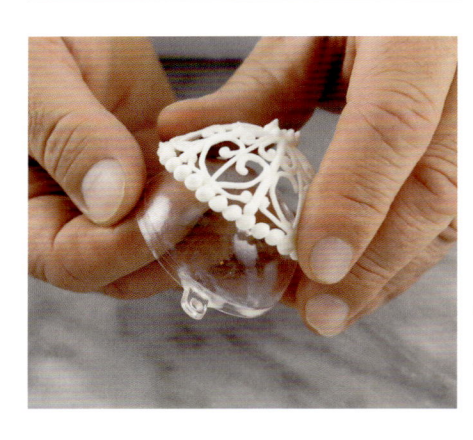

Trocknen lassen. Um das Kuppelteil von der Form zu lösen, die Form etwas anwärmen. Dadurch wird die Kakaobutter flüssig und das Element lässt sich leicht ablösen.

FILM AB

59

EINLASS- UND EMAILTECHNIK

Mit dieser Technik lassen sich kunstvolle Motive auf Torten zaubern, ohne dass man dafür ein besonderes Zeichentalent benötigt. Das Um und Auf ist eine Vorlage, bei der die Konturen klar und deutlich zu sehen sind. Ein hilfreiches Instrument bei der Motivsuche ist das Internet, in dem man nahezu für jedes Motiv eine Vorlage findet. Dazu auf der Seite „Bilder" der jeweiligen Suchmaschine das gesuchte Motiv (z. B. Hase) eingeben, die Suchoptionen anklicken und unter „Typ" die Kategorie „Strichzeichnung" auswählen.

Da der Unterschied von Einlass- und Emailtechnik auf den ersten Blick vielfach nicht erkennbar ist, nachfolgend eine Gegenüberstellung der beiden Techniken.

EINLASSTECHNIK

Trägermaterial
Tortenoberfläche, Marzipan, Zuckermodelliermasse

Konturen aus …
Spritzschokolade

Einlassen mit …
Gelee, Garnierpaste, Glukosesirup

EMAILTECHNIK

Trägermaterial
Kunststofffolie, Marzipan, Zuckermodelliermasse, Tortenoberfläche

Konturen aus …
Spritzglasur, Spritzschokolade, Fondant

Einlassen mit …
verdünnter Spritzglasur, Spritzschokolade aus Fettglasurmasse, temperierter Kuvertüre, Fondant

Einlass-technik

Marzipan oder Zuckermodelliermasse dünn ausrollen, bis die Masse durchscheinend ist. Über die Motivvorlage legen, das Motiv soll gut sichtbar durchschimmern. Eventuell auf einem Leuchttisch arbeiten, der die Vorlage von unten beleuchtet. Oder das Motiv direkt mit einem Papierbildprojektor auf das Trägermaterial projizieren.

FILM AB

Die Konturen mit Spritzschokolade nachziehen.

Flächen mit Gelee, Garnierpaste oder Glukosesirup einlassen.

Gut zu wissen

Besondere Effekte lassen sich erzielen, wenn man den Hintergrund des Motivs mit der Airbrushpistole farblich gestaltet und das Motiv vor dem Einlassen zusätzlich koloriert. Die dadurch entstehenden Hell-dunkel-Schattierungen machen das Motiv plastisch und lebendig.

Emailtechnik

Einlassen mit verdünnter Spritzglasur

FILM AB

Eine Hart-PVC-Folie über die Vorlage legen. Die Konturen des Motivs mit Spritzglasur nachziehen.

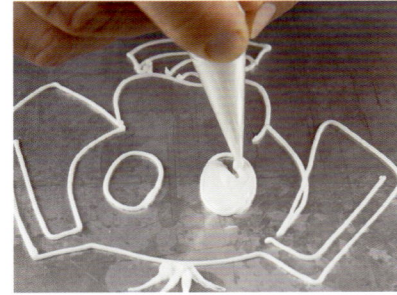

Bei Motiven mit mehreren Schichten, zuerst die tiefer gelegenen Flächen mit verdünnter Spritzglasur einlassen. Übertrocknen lassen.

Die darüberliegenden Flächen, Kopf, Ohren und Lippe, einlassen. Übertrocknen lassen.

Die Kontur der Schnauze spritzen.

Die Schnauze einlassen.

Die Augenbrauen spritzen.

Nasenkontur und Pupillen mit Spritzschokolade spritzen, anschließend die Nase einlassen.

Das Halsband mit gefärbter, verdünnter Spritzglasur oder gefärbtem Fondant einlassen.

Mit Spritzglasur verzieren. Trocknen lassen.

Gut zu wissen

Mit Spritzglasur hergestellte Einlassmotive lassen sich gut auf Vorrat herstellen. Dazu die Motive auf Kunststofffolie anfertigen, trocknen lassen und bei Bedarf auf der Torte platzieren.

Einlassen mit Spritzschokolade
aus Fettglasurmasse oder temperierter Kuvertüre

Eine dünne Hart-PVC-Folie über die Vorlage legen. Die Konturen des Motivs mit Spritzschokolade nachziehen, etwas anziehen lassen.

Flächen mit Spritzschokolade oder temperierter Kuvertüre einlassen. Kühl stellen. Nach dem Kristallisieren vorsichtig von der Folie lösen.

Einlassen
mit Fondant

Eine dünne Hart-PVC-Folie über die Vorlage legen. Die Konturen des Motivs mit Spritzglasur nachziehen.

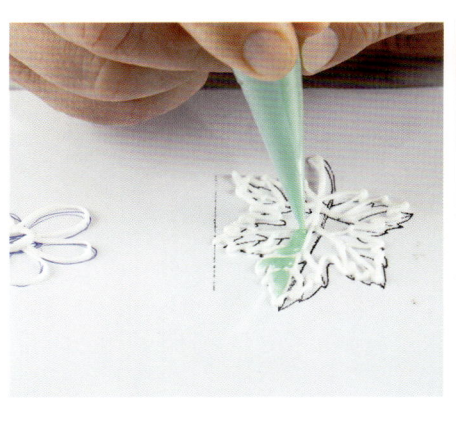

Flächen mit gefärbtem Fondant einlassen. Trocknen lassen.

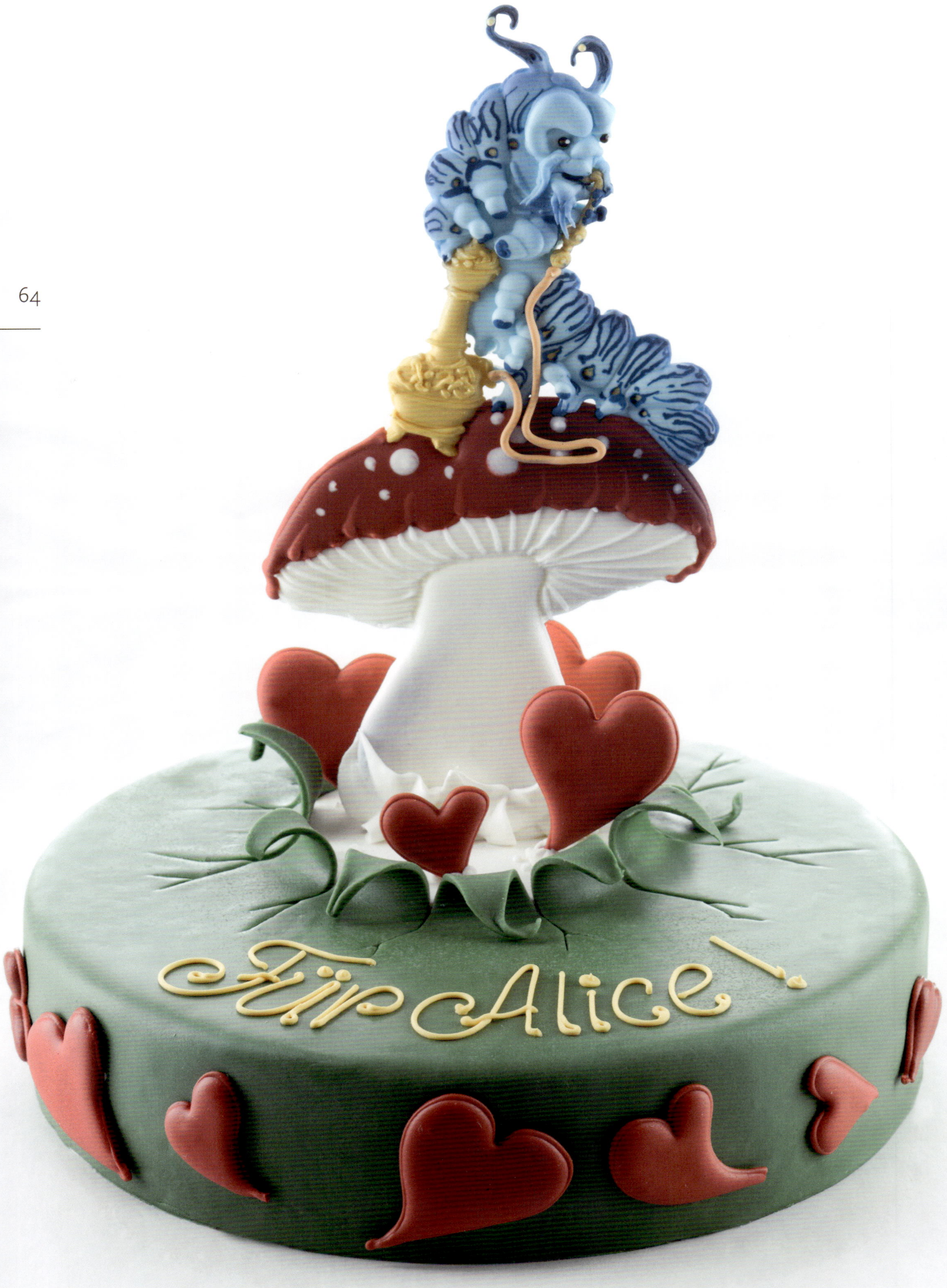
Für Alice!

65

TELLERDEKOR

Auch in der Spitzengastronomie hat man die Wirkung von Dekorelementen auf dem Dessertteller oder Dessertbuffet erkannt. Ein süßes Dekor, und sei es noch so klein, versetzt die Gäste in Staunen und hinterlässt einen nachhaltigen Eindruck.

Wichtig ist, dass die Dekors möglichst zart sind und mit dem Dessert harmonieren. Deshalb nur dann Schokoladenornamente verwenden, wenn sie zur Komposition des Desserts passen.

Mit gespritzten Dekorelementen aus Brand- und Hippenmasse lassen sich speziell warme Desserts kreativ vollenden. Besondere Kreationen lassen sich mit Fruchtsaucen, die durch Spritzschokolade voneinander abgegrenzt werden, zaubern.

Libelle aus Spritzschokolade

Dekor aus Spritzschokolade und Fruchtsaucen

Blüte aus Brandmasse

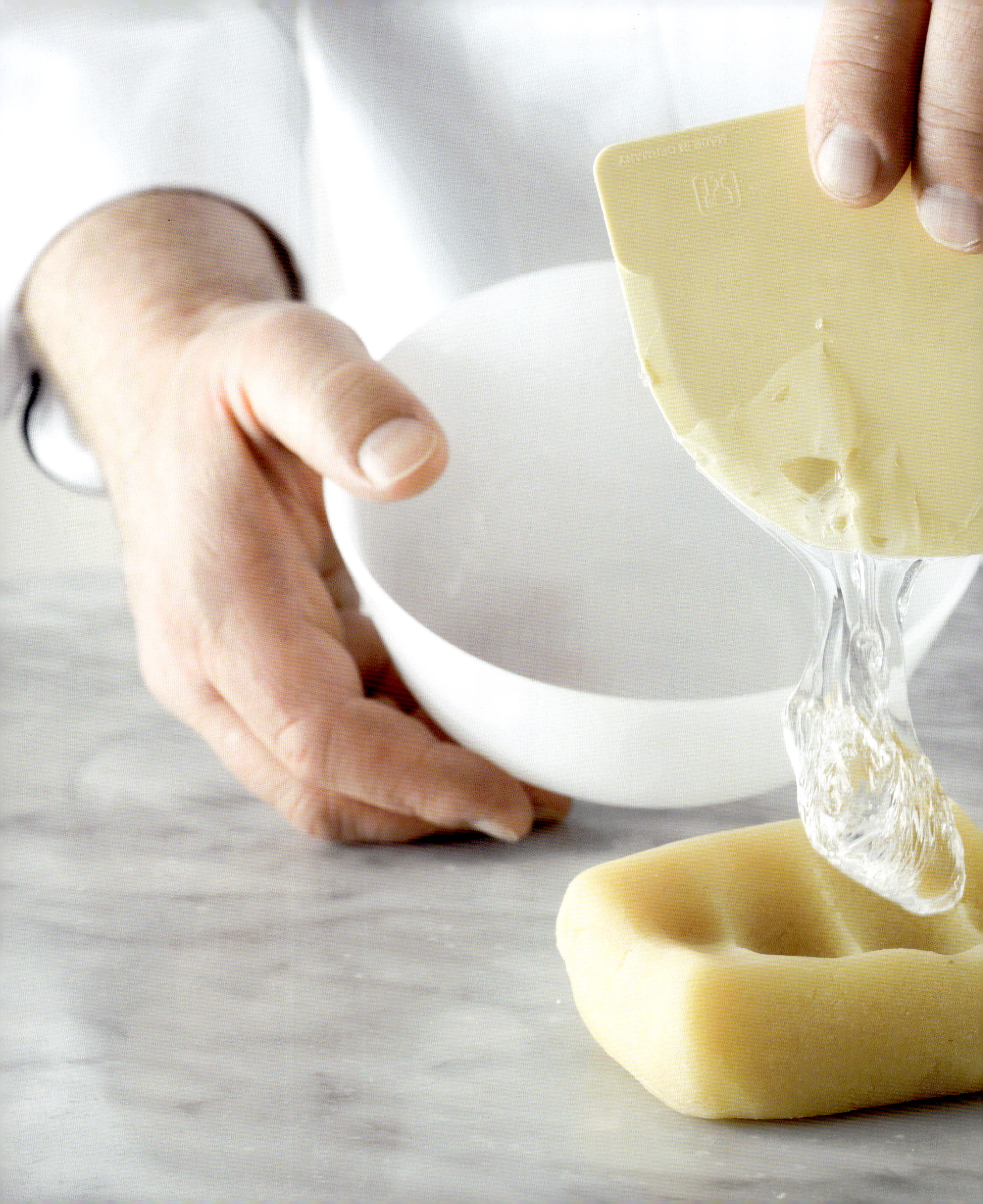

MARZIPAN

Marzipan, eine der traditionellsten Modelliermassen in der Konditorei, inspirierte durch seine ausgezeichnete Formbarkeit schon Generationen von Konditoren zu kreativen Dekorationen. Dieser Trend ist bis heute ungebrochen und es gibt auch kaum eine Technik im Dekorbereich, die so ausführlich und häufig in verschiedensten Fachbüchern behandelt wird.

Riesengroß ist die Anzahl begnadeter Marzipankünstler, manche durch Publikationen bekannt geworden, andere wieder immer im Hintergrund geblieben, aber trotzdem geniale Könner ihres Fachs. Eine große Tradition hat die Kunst im deutschsprachigen Raum. Aber auch im östlichen Europa sind Marzipanfiguren noch immer en vogue. Vor allem in Ungarn wird diese Kunst nach wie vor sehr lebendig gehalten, aber auch in Tschechien, Polen, bis hin in den russischen Raum ist die Beliebtheit der süßen Figuren ungebrochen und besonders nach dem Fall des „Eisernen Vorhangs" wieder aufgeblüht.

Große Meister des Marzipans, die mit ihrer Fachliteratur Generationen von Konditoren beeinflusst haben, waren und sind unter anderen CAREL VAN LAERE, KARL SINDERN (der Erfinder des Vierteilers), FREDY EGGENSCHWILER (Wegbereiter der Moderne) und aktuell FRANZ ZIEGLER und JOHANNES LUBINGER.

Daher geht es im vorliegenden Buch nicht darum, bereits Gesagtes zu wiederholen oder abermals Vorlagen zum Nachmodellieren zu präsentieren, sondern darum, grundlegend wichtige Prinzipien der Modelliertechnik, Formensprache und Farbgebung zu vermitteln. Ziel ist es, die Motivation und Kreativität anzuregen, die zur Erlangung einer individuellen Formensprache und eines eigenen Stils beitragen. Denn Individualität und Exklusivität zeichnen den guten Handwerker aus!

DIE BASIS

MARZIPAN-
ROHMASSE

Marzipanrohmasse besteht aus blanchierten, geschälten Mandeln und Zucker. Die Mandeln müssen von bester Qualität und möglichst gut geschält sein, da verbleibende Schalenteile als dunkle Punkte in der fertigen Masse sichtbar sind – das Produkt wirkt dann leicht verschmutzt.

Der Zuckeranteil darf 35 Prozent nicht übersteigen, man spricht von einer Marzipanrohmasse im Verhältnis 2 : 1. Grundsätzlich gilt: Je geringer der Zuckeranteil, desto reiner und qualitativ hochwertiger ist die Rohmasse.

Um Marzipanrohmasse herzustellen, werden die Mandeln mit und ohne Bittermandelanteil mit der entsprechenden Zuckermenge zwischen Steinwalzen fein gerieben und anschließend abgeröstet. Durch das Reiben erhält die Masse ihre feine Struktur, durch das Abrösten ihren unverwechselbaren Röstgeschmack.

Neben Marzipanrohmasse gibt es bereits fertig angewirktes Modelliermarzipan, zum Teil aromatisiert, Natur oder gefärbt, im Handel. Diese Produkte enthalten meist Invertzucker, der die Geschmeidigkeit und Bindung des Marzipans fördert.

MODELLIER-
MARZIPAN

Selbst angewirktes Modelliermarzipan ist meist etwas spröder als gekauftes, dafür schmeckt es um Welten besser! Um kulinarisch und arbeitstechnisch ein gutes Ergebnis zu erzielen, heißt es also, einen Kompromiss einzugehen. Nachfolgendes Rezept, eine Mischung aus selbst hergestelltem und gekauftem Modelliermarzipan, hat sich für in Serie hergestellte Produkte bestens bewährt.

Zutaten

- 1 000 g Marzipanrohmasse
- 100 g Glukosesirup
- 1 000 g Puderzucker
- 2 000 g Modelliermarzipan (mit Invertzucker)

GUT ZU WISSEN

Mit Puderzucker erzielt man eine weitaus feinere Konsistenz als mit Staubzucker.

Marzipanrohmasse etwas eindrücken, Glukosesirup in die Vertiefung geben.

Mit fein gesiebtem Puderzucker anwirken und mit dem Modelliermarzipan ...

... gut vermengen. In Plastik verpacken und im Kühlschrank lagern.

VERARBEITUNG

Da Marzipan hauptsächlich mit den Händen bearbeitet wird, ist Sauberkeit oberstes Gebot – sowohl der Hände als auch der Arbeitsfläche und sonstiger Arbeitsutensilien. Wird nicht hygienisch gearbeitet, leiden das Aussehen – es kommt zu Verfärbungen – und auch der Geschmack. Denn Schmutz ist der ideale Nährboden für Gärungserreger, das Marzipan wird sauer bzw. es gärt.

Häufig wird der Fehler gemacht, dass die Grundmasse in der Knetmaschine zu schnell und zu lange gemischt wird. Durch die dabei entstehende Wärme tritt das Mandelöl aus, die Masse verliert ihre Bindung, ist weniger elastisch und hat eine brüchige Struktur. Abhilfe kann man durch Beigabe von etwas Flüssigkeit (z. B. Läuterzucker) schaffen, jedoch wird das Marzipan dadurch auch weicher.

FÄRBEN

Aus kulinarischen und ernährungsphysiologischen Gründen sollte Marzipan nur äußerlich (mit Airbrushpistole, Pinsel ...) gefärbt werden, da dafür wesentlich weniger Farbe benötigt wird.

Doch manchmal gilt es auch Kundenwünsche nach durchgefärbtem Marzipan zu erfüllen. Faktum ist, Farbe spricht den Kunden an und wirkt in jedem Fall verkaufsfördernd!

FLÜSSIGFARBEN
VERSUS PULVERFARBEN

Speziell satte Farbtöne sind eine echte Herausforderung. Verwendet man handelsübliche flüssige Farben, wird das Marzipan schnell zu weich, bis der gewünschte Farbton erreicht ist. Man verwendet besser pulverisierte Farben und rührt sie mit etwas flüssiger Farbe dickbreiig an. Der Nachteil dabei ist, dass die Pulverfarben meist nicht vollständig aufgelöst sind und ihre nachträgliche Auflösung unschöne Farbpunkte in der Marzipanmasse hinterlässt, die auch im fertigen Produkt sichtbar sind.

Damit sich die Farbe besser löst, erwärmt man die angerührte Farbmischung kurz in der Mikrowelle. Um eine gleichmäßige Farbe im Endprodukt zu erzielen, sollte durchgefärbtes Marzipan immer über Nacht im Kühlschrank gelagert und anschließend nochmals durchgeknetet werden.

Auch konzentrierte Farbpasten versprechen eine intensive Färbung. Allerdings ist diese Variante meist sehr kostenintensiv.

ROT, GELB, BLAU

Lebensmittelfarben benötigt man nur in den Grundfarben Rot, Gelb und Blau. Alle anderen Farben entstehen durch Mischen der Grundfarben, z. B. Grün aus Gelb und Blau. Auch mit natürlichen Farbstoffen (Lebensmitteln) lassen sich verschiedene Farbtöne erzielen – ein schönes Hellbraun mit Zuckercouleur, ein dunkles Braun oder Schwarzbraun mit Kakaopulver. Kakaopulver wird mit flüssiger Farbe (zur Beeinflussung des Farbtons) oder mit Läuterzucker breiig angerührt, damit die Marzipanmasse nicht zu fest und trocken wird.

Dunkler Farbton mit Pulverfarben, heller Farbton mit Flüssigfarben, Farbverlauf mit der Airbrushpistole

GRUNDFORMEN

Das A und O beim Modellieren mit Marzipan ist die Beherrschung der Grundformen. Die Mutter aller Marzipanfiguren ist die Kugel! Eine glatte, nahtlose, gleichmäßig modellierte Kugel muss geübt sein. Aus dieser einfachen Form leiten sich nahezu alle Grundformen der Modelliertechnik ab.

KUGEL

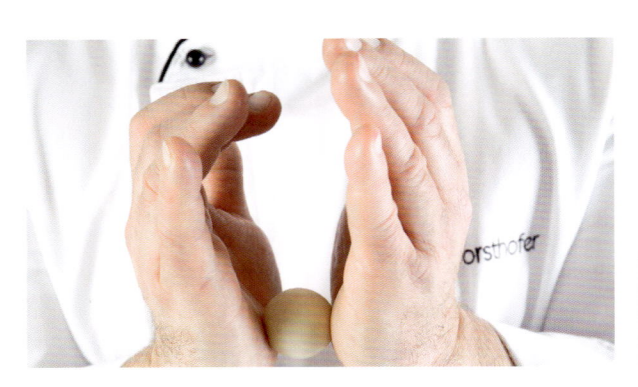

TROPFEN

BISKOTTE

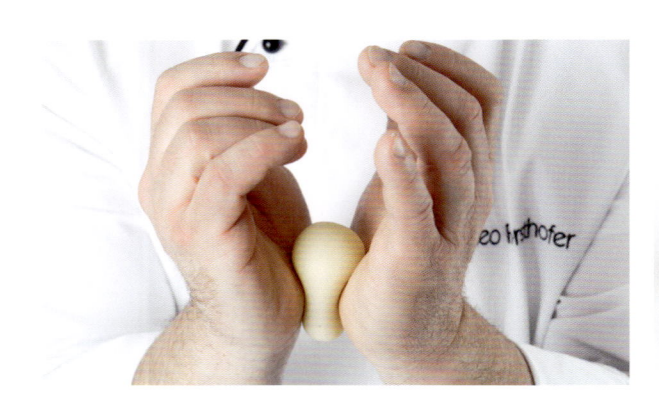

RÜSSEL

ROLLE (RUND, KONISCH)

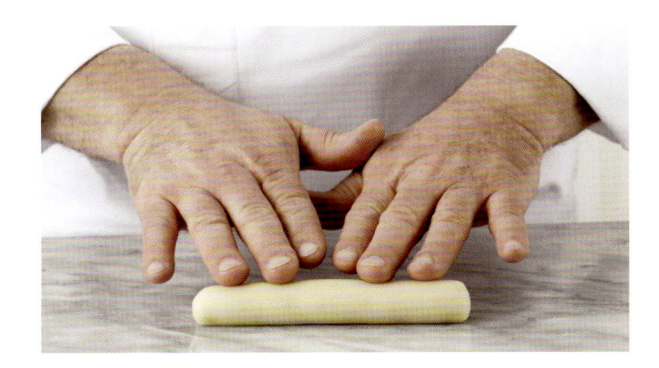

75

KÖRPER-
FORMEN

Mit diesen relativ einfachen Grundformen lassen sich schon komplexere Formen für Körper und Köpfe herstellen, die jedoch etwas mehr Modelliererfahrung erfordern.

Zweiteiler, Dreiteiler und Vierteiler, jeweils aus einem Marzipanteil modelliert, können für den geübten Fachmann eine große Zeitersparnis bedeuten, den Ungeübten allerdings stellen sie vor eine fast unlösbare Aufgabe!

Viel wichtiger als die angewandte Technik ist die saubere und ansprechende Wirkung des Endproduktes. Und, nicht zu vergessen, die dafür aufgewendete Zeit. Denn Zeit ist Geld, das der Kunde auch bereit sein muss auszugeben!

EINTEILER (KÖRPER)

Eine konische Rolle mithilfe einer Plexiglasplatte formen.

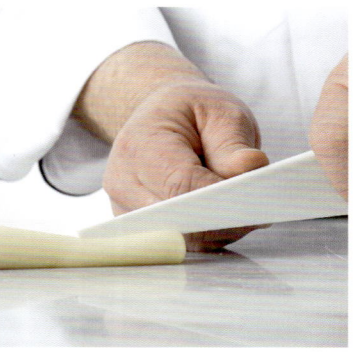

Dünneres Ende einschneiden.

Dickeres Ende abschneiden.

Schnittfläche auf die Arbeitsfläche setzen.

ZWEITEILER (KOPF)

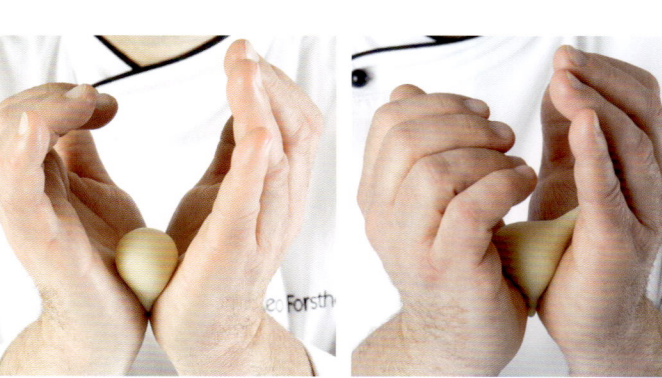

Tropfen (erstes Ohr)

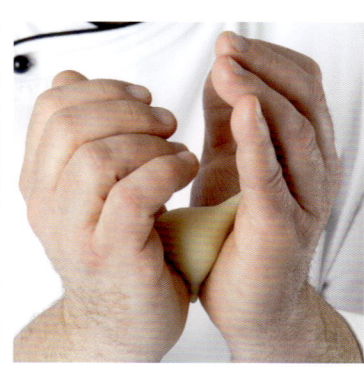

Zweites Ohr modellieren.

DREITEILER (KOPF)

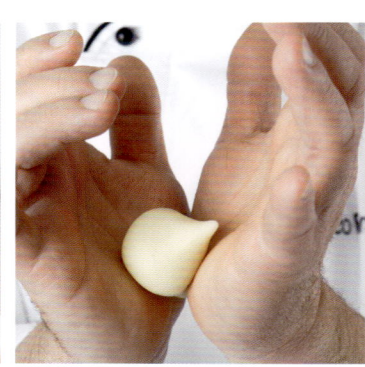

Zweiteiler

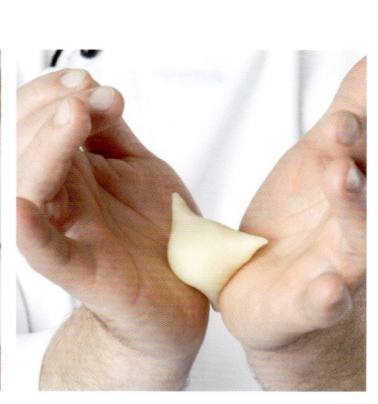

Schnauze modellieren.

DREITEILER (KÖRPER)

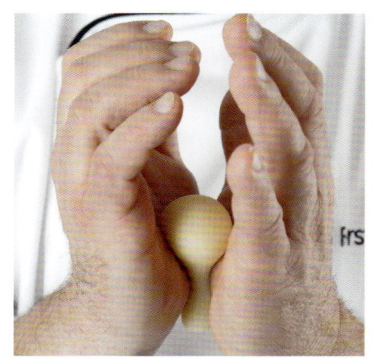

Rüssel (erstes Bein) 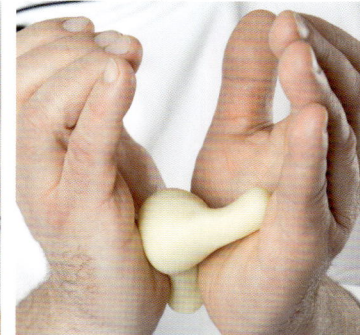   Zweites Bein modellieren. 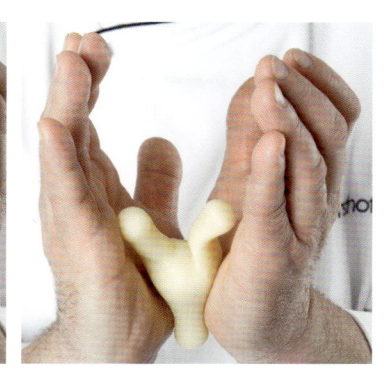   Einen Arm modellieren.

VIERTEILER (KÖRPER)

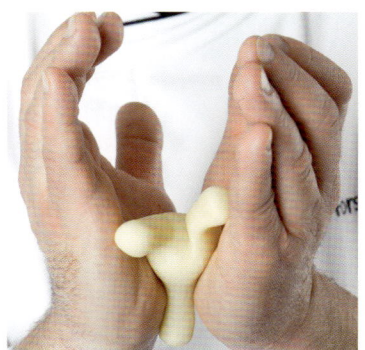

Arm (Dreiteiler) länglich formen. 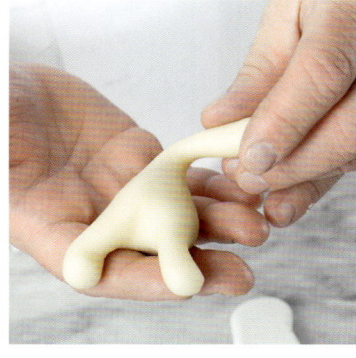   Zum Körper hin umklappen. 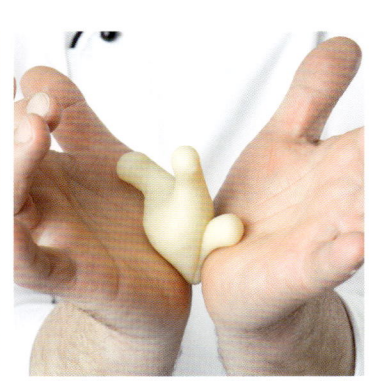   Zweiten Arm modellieren.

KÖPFE UND GESICHTSAUSDRUCK

Neben einem exakt modellierten Körper, der wesentlich für die Gesamterscheinung der Figur ist, spielt der Kopf die wichtigste Rolle! Wenn wir es schaffen, unserer Figur Leben einzuhauchen, ihr Ausdruck zu verleihen, dann sind verkaufsfördernde Mittel überflüssig. Das erledigt die Figur ganz alleine in Interaktion mit dem Kunden.

Wenn wir es schaffen, ein Lächeln auf die Lippen unserer Kunden zu zaubern, dann hat unsere Marzipanfigur ihr Ziel erreicht ... und meist auch jemanden, der sie mit nach Hause nimmt.

Um dem Gesicht einen bestimmten Ausdruck zu verleihen, gilt es einige Grundregeln zu beachten:

- Durch das Verschieben der Augen und Ohren nach unten kann die Figur jünger gemacht werden. Je höher die Stirn, umso jünger wirkt die Figur (siehe Abbildung links).
- Die Größe und Platzierung der Pupillen sorgen für einen lebendigen Gesichtsausdruck.
- Die Stellung der Augen entscheidet auch über die Stimmung, die ausgestrahlt wird, z. B. nach innen schräg stehend = leicht naiv/dümmlich, nach außen schräg stehend = aggressiv/böse.
- Augen nahe an der Nase verleihen dem Gesicht meist einen freundlichen Ausdruck.
- Nasenform und Nasengröße betonen den Charakter, z. B. Hakennase für Bösewicht, kleine Stupsnase für Baby ...
- Mundform und Lippenstellung tragen wesentlich zum Ausdruck bei. Große Zähne, die bei einem herzhaften Lachen gezeigt werden, oder sinnliche Lippen, die die Erotik der Blondine widerspiegeln, betonen den Charakter zusätzlich.

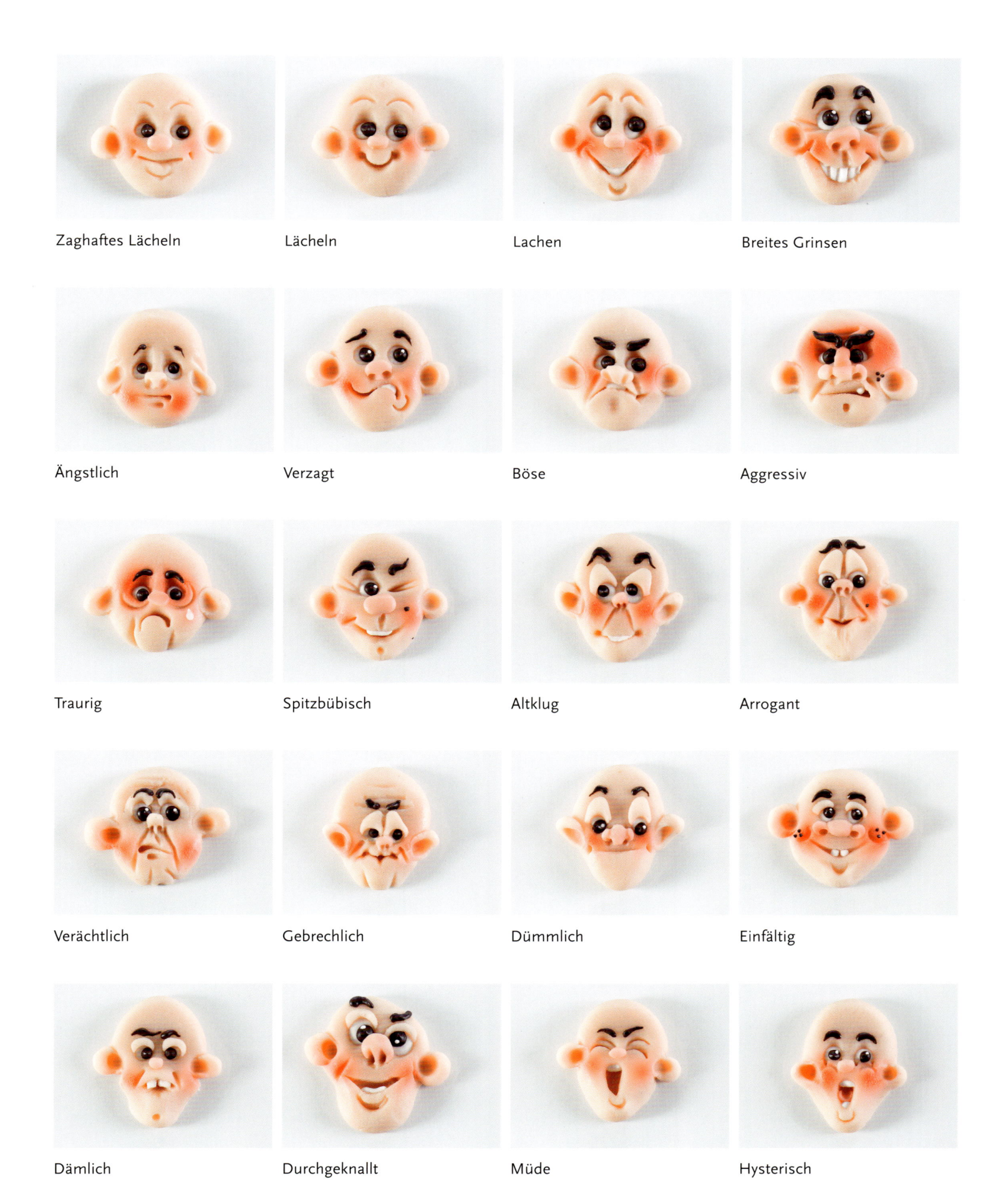

Zaghaftes Lächeln	Lächeln	Lachen	Breites Grinsen
Ängstlich	Verzagt	Böse	Aggressiv
Traurig	Spitzbübisch	Altklug	Arrogant
Verächtlich	Gebrechlich	Dümmlich	Einfältig
Dämlich	Durchgeknallt	Müde	Hysterisch

MARZIPAN

FRISUREN

Wie bei Comicfiguren oder Karikaturen dürfen auch bei Marzipanfiguren bestimmte Merkmale leicht übertrieben dargestellt werden, um ihren Charakter besonders hervorzuheben. Spezielle Bedeutung hat dabei die passende Frisur, die, ähnlich wie bei Menschen, ihr Äußeres und ihre Wahrnehmung stark verändern. Diverse Frisuren lassen sich oftmals mit recht einfachen Werkzeugen herstellen:

LOCKENFRISUR
Gefärbtes Marzipan durch ein Teesieb drücken und mit einem kleinen Messer abschneiden.

LANGHAARFRISUR
Marzipan durch eine Knoblauchpresse drücken. Eventuelle Einsätze erhöhen die Bandbreite an Möglichkeiten.

SCHEITELFRISUR
Einen Tropfen modellieren, flach drücken und mit einem Riefholz strukturieren.

Natürlich lassen sich Haare, wie beispielsweise Rastalocken, auch von Hand modellieren. Oder man bringt die Haare mit Spritzschokolade oder Spritzglasur direkt an der Figur an. So kann man jedem Charakter die richtige Frisur verpassen und den Typus dadurch noch mehr hervorheben!

Hardrocker

Punker

Reggae-Fan

Popper

BÄRTE

Die Bartform bzw. Bartfrisur verändert nicht nur den Gesichtsausdruck, sondern auch die Gesichtsproportionen.

Vollbart

Matrosenbart

Schnauzbart

Spitzbart

OBST UND GEMÜSE

Optisch ansprechendes Obst und Gemüse lassen sich aus den Grundformen in Kombination mit gekonnter Färbetechnik herstellen. Beim Modellieren ist Genauigkeit angesagt, da das Endprodukt in erster Linie von der Oberfläche lebt. Äußerst ansprechend wirkt ein mit einem Gesicht versehenes Obst oder Gemüse, das dadurch als Comicfigur zusätzlich zum Leben erweckt wird. Darüber hinaus lassen sich auch die charakteristischen Eigenschaften der Frucht betonen, z. B., wenn die Zitrone sauer dreinschaut, während die Erdbeere besonders süß lächelt und die Kartoffel ein einfaches Gemüt ausstrahlt.

HERSTELLUNGSTECHNIKEN

OBERFLÄCHENSTRUKTUR VON ZITRUSFRÜCHTEN

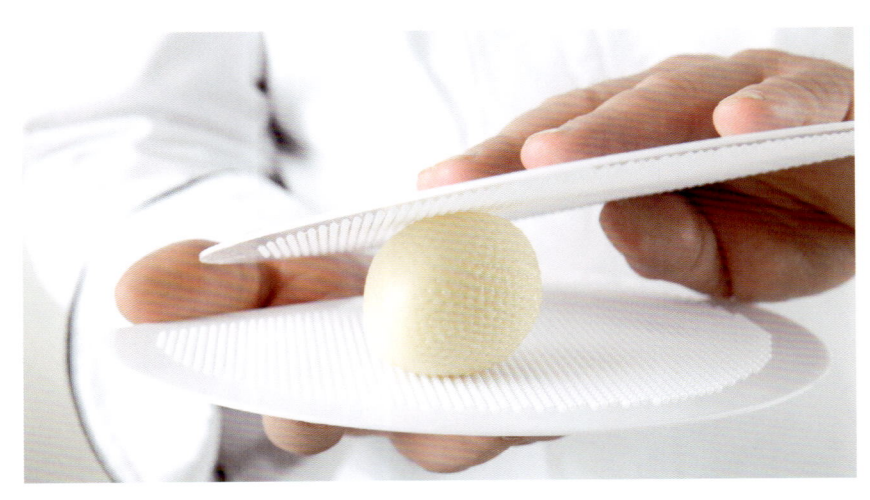

Die Kugel zwischen zwei Strukturplatten rollen.

OBERFLÄCHENSTRUKTUR VON KARFIOL (BLUMENKOHL)

Ein Stück Marzipan auseinanderreißen.

Aus der gerissenen Fläche das Gemüse modellieren.

Restliches Marzipan abschneiden.

Schminktechniken

FILM AB

Mit dem
Pinsel

Mit der
Airbrushpistole

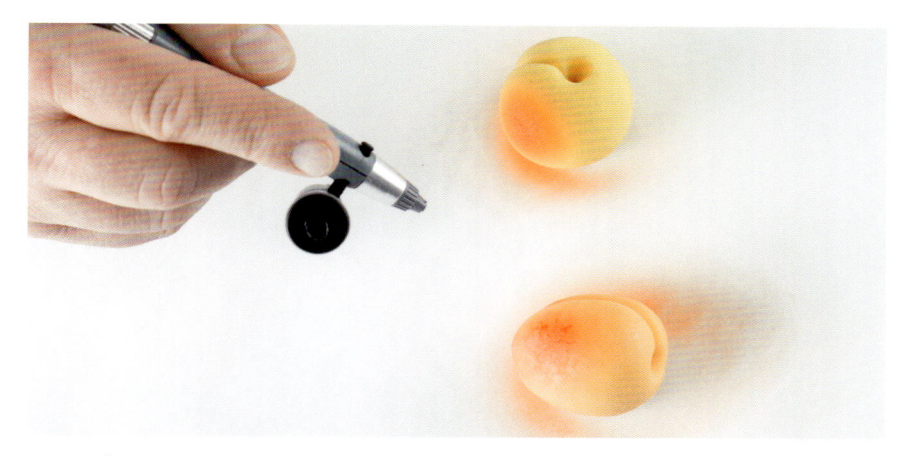

Besprühen.

Sprenkeln mit Sprenkeldüse und wenig Druck.

Gut zu wissen

Alternativ lassen sich die Sprenkel mit einer Zahnbürste und/oder einem Spritzgitter anbringen, aber auch mit einem Fixativ aufsprühen.

Mit der Spritztüte

Mit Spritzglasur ausfertigen.

Obst

Zitrone

Orange

Marille (Aprikose)

Apfel

Banane

Birne

Erdbeere

Pfirsich

Gut zu wissen

Um einen samtigen Effekt beim Pfirsich zu erzielen, die Früchte nach dem Färben in Stärkemehl rollen und abpinseln.

GEMÜSE

Maiskolben

Kürbis

Karotte (Möhre)

Radieschen

Blattsalat

Karfiol (Blumenkohl)

Kartoffel

RELIEF-
TECHNIK

Manchmal lässt sich aus statischen Gründen keine dreidimensionale Figur erstellen. Dann macht es Sinn, die Figur als Relief zu modellieren. Die Relieffigur wird entweder liegend auf der Torte präsentiert oder auf einen stabilen Untergrund aus Zucker oder Schokolade geklebt. Im Sockel fixiert, lässt sie sich auch stehend wirkungsvoll präsentieren.

87

MARZIPAN IN KOMBINATION
MIT EINER KULINARISCHEN KOMPONENTE

Bei Marzipan scheiden sich die Geister – manche lieben es und verspeisen mit Hingabe auch Marzipanfiguren, andere hingegen lehnen Marzipan ab. Und so landen die meisten Figuren, wenn sie nach Monaten verstaubt sind, im Müll.

Hübsch und ansprechend zu sein, reicht also nicht, Marzipanfiguren sollen in jeder Hinsicht ein Genusserlebnis sein. Deshalb macht es durchaus Sinn, den Körper durch kulinarisch anspruchsvolle Komponenten zu ersetzen, wie beispielsweise einen Pralinen- oder Rohkostriegel oder durch einen Körper aus Nougatkrokant, Nussnougat, Lebkuchen u. Ä. Auch Canachefüllungen sind eine genussvolle Alternative, verringern jedoch die Haltbarkeit der Figuren, wenn man qualitativ hochwertige Produkte ohne Konservierungsmittel produzieren möchte. Ansonsten sind der Kreativität keine Grenzen gesetzt. Erlaubt ist alles, was das Produkt kulinarisch aufwertet.

GEFÜLLTE
SCHOKOLADENHOHLKÖRPER

Gießformen aus Kunststoff, z. B. kleine Ei-, Herz-, Spitz- und Törtchenformen, mit temperierter Kuvertüre ausgießen. Kristallisieren lassen.

Hohlkörper füllen, z. B. mit Nougatkrokantmasse.

Form sauber abspachteln.

Gefüllte Hohlkörper mit temperierter Kuvertüre verschließen. Im Kühlschrank kristallisieren lassen.

Körper aus der Form klopfen.

Körper in einen Kuvertüresockel absetzen. Für den Sockel temperierte Kuvertüre mit einer Spritztüte in der gewünschten Größe auf Pergaminpapier spritzen. Anziehen lassen, bis die Kuvertüre wachsweich ist. Eventuell mit Kokosflocken (Schnee), gehackten Pistazien (Gras) o. Ä. bestreuen und den Körper einsetzen.

Die vorgefertigten Köpfe auf den Korpussen fixieren. Um rationell zu arbeiten, am besten mehrere Korpusse mit einem heißen Messer oder einem Encaustic Mal-Pen anschmelzen, je nach Raumtemperatur etwa zwanzig Figuren. Anschließend die Köpfe der Reihe nach in die noch weiche Schokolade setzen. Hat die Schokolade die richtige Konsistenz, hält der Kopf sofort. Kleinere, sehr leichte Applikationen mit Läuterzucker direkt an die Korpusse kleben.

Gut zu wissen

- Die Köpfe bereits einige Tage im Voraus modellieren, da sie etwas abgetrocknet stabiler sind.

- Beim Ankleben von kleineren Teilen mit Läuterzucker hat sich folgende Methode bestens bewährt: Die Teile, z. B. Hände, Schleifen etc., unmittelbar nach dem Formen auf unbenutzte mit Läuterzucker getränkte Schwammtücher legen und anschließend an der Figur anbringen. Diese Applikationen halten dauerhaft.

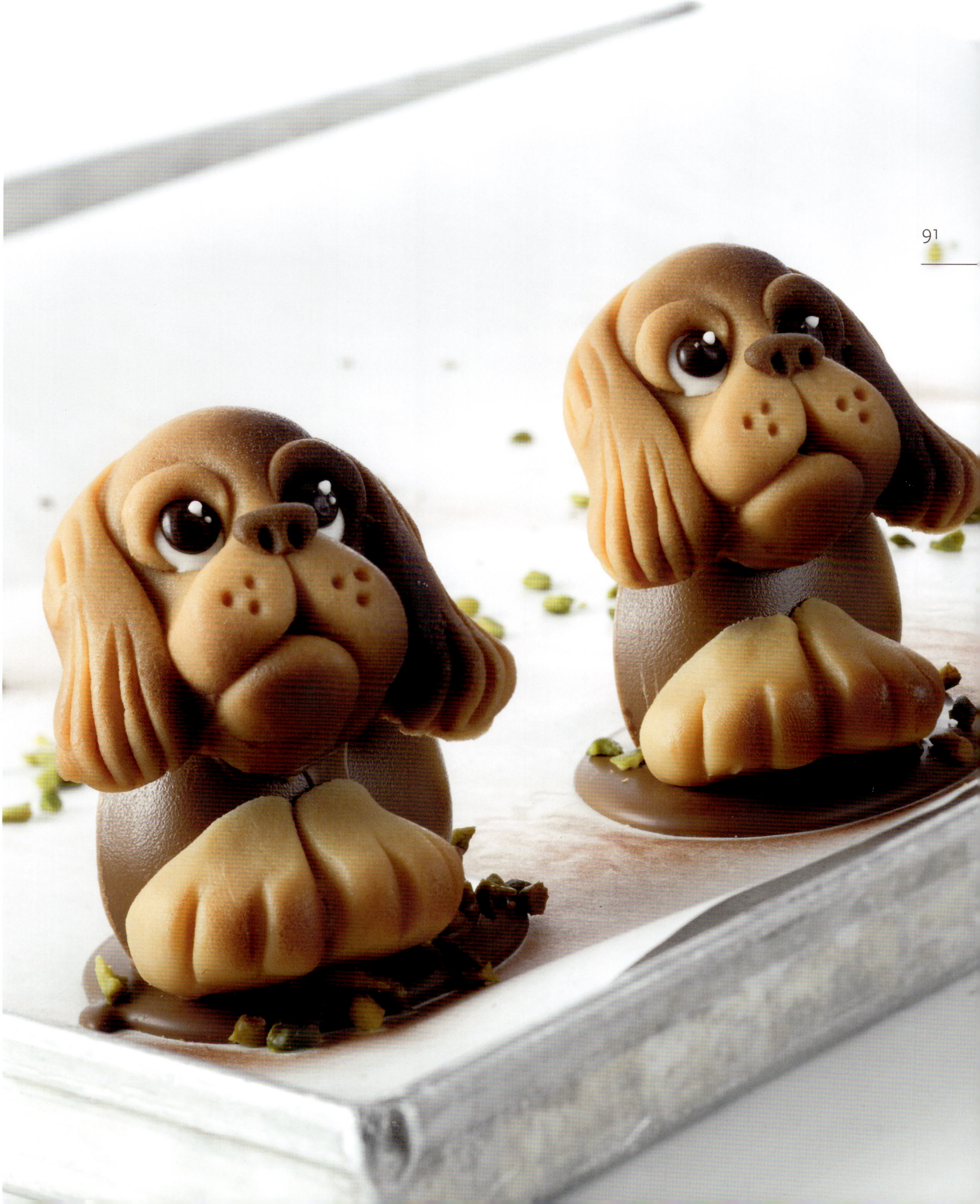

AUSGESTOCHENE ODER AUSGESCHNITTENE KÖRPER

Die Körper aus Nougatkrokant, Nussnougat, Lebkuchen u. Ä. ausstechen oder ausschneiden. Dafür sollte man am besten eine einfache Grundform wählen, z. B. eine Dreieck-, Rechteck- oder Herzform.

Körper mit temperierter Kuvertüre überziehen und auf mit Backtrennpapier belegte Bleche wegsetzen.

Mit einem Kopf und anderen charakteristischen Accessoires ausstatten. Die Überzugsmasse muss dabei noch weich sein. Kristallisieren lassen.

Damit die Körper einen guten Stand haben, werden sie in einen Sockel aus Kuvertüre abgesetzt.

93

SELBST HERGESTELLTE
SILIKONFORMEN

Für in Serie produzierte Figuren lohnt es sich eigene Formen herzustellen. Zum einen ist die Herstellung größerer Mengen von Figuren relativ schwierig zu bewerkstelligen, zum anderen haben nicht alle Kollegen im Betrieb das gleiche Talent zum Modellieren. Und Gleichmäßigkeit in Größe und Form ist ein wichtiges Qualitätsmerkmal.

Vom Prototyp
zum Model

Einen Prototyp aus Marzipan als Relief modellieren. Dabei darauf achten, dass die Form möglichst keine Unterschneidungen aufweist. Einige Tage trocknen lassen. Für eine glatte Oberfläche eventuell dünn mit Kakaobutter besprühen.

Mit einer Form umstellen, die etwas größer als der Prototyp ist, z. B. mit einem Ausstecher.

Den Rand des Ausstechers mit Tortenrandfolie erhöhen und diese innen mit einem Klebeband fixieren.

Die Form gut abdichten, z. B. mit einem Marzipanstrang, da das frische Silikon stark fließt.

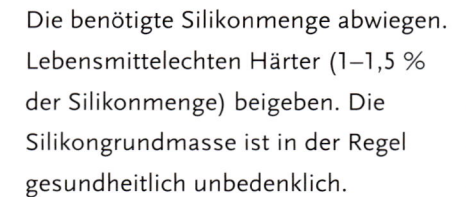

Die benötigte Silikonmenge abwiegen. Lebensmittelechten Härter (1–1,5 % der Silikonmenge) beigeben. Die Silikongrundmasse ist in der Regel gesundheitlich unbedenklich.

Silikonmasse gut verrühren. Die Masse bleibt etwa eine Stunde lang flüssig.

Um Lufteinschlüsse zu vermeiden, etwas Silikonmasse über dem Relief verteilen ...

... und die Konturen mit einem Pinsel auspinseln.

Restliche Silikonmasse über den Prototyp gießen.

Das Blech auf die Arbeitsfläche klopfen, damit die Luftblasen entweichen.

Die Formen ca. zwölf Stunden aushärten lassen. Marzipan entfernen, Form (Ausstecher) abheben, Klebeband aufschneiden, Tortenrandfolie entfernen und Silikonform abheben. Anschließend im Backrohr bei 220 °C vier Stunden backen, damit sich eventuell schädliche Stoffe verflüchtigen.

Solche Formen können je nach Typ mit einfarbigem oder verschieden gefärbtem Marzipan ausgeformt werden. Auch als Basis einer Figur, die mit verschiedenen Applikationen ausgefertigt wird, macht die Form Sinn. Oder um kleinere, mit der Hand aufwendig zu modellierende Teile rationell herzustellen, z. B. Hände, Schleifen u. Ä. Mit Airbrushtechnik koloriert und unterschiedlich dekoriert, wird jede Figur zum individuellen Kunstwerk. Und das Beste dabei ist, dass alle selbst hergestellten Formen Unikate sind, die es nirgendwo zu kaufen gibt.

VOM MODEL
ZUM GIPSABDRUCK

Da auch die beste Silikonform nach Tausenden ausgeformten Figuren abgenützt ist und irgendwann zerbricht, empfiehlt es sich, von jeder guten Silikonform einen Gipsabdruck zu machen. Mit diesem kann man jederzeit eine neue Form gießen.

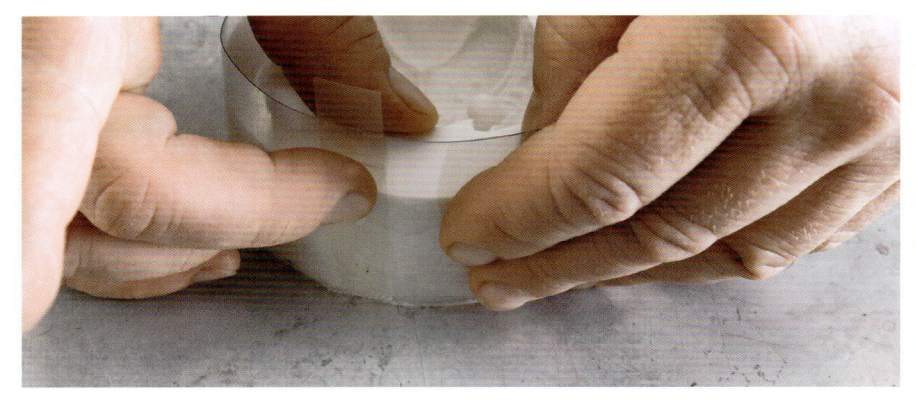

Die Silikonform auf ein Randblech stellen und mit Tortenrandfolie umstellen. Enden mit einem Klebeband fixieren.

Die Form mit einem Marzipanstrang gut abdichten.

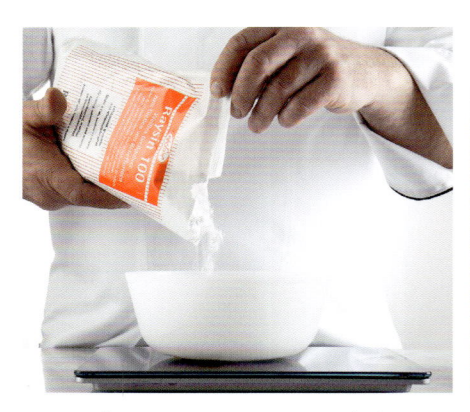

Gipspulver mit Wasser im Verhältnis 2 : 1 anrühren.

In die vorbereitete Form gießen. Die Silikonform soll ca. 10 mm hoch bedeckt sein. Das Blech auf die Arbeitsfläche klopfen, damit die Luftblasen entweichen.

Ca. fünf bis sechs Stunden trocknen lassen. Den Marzipanstrang entfernen.

Klebeband aufschneiden und Tortenrandfolie entfernen.

Gipsabdruck abheben und etwa 24 Stunden trocknen lassen.

IN SERIE PRODUZIERTE FIGUREN

Die serielle Stückanfertigung – die Herstellung von ein und derselben Figur in größerer Menge – bedeutet eine große Kosten- und Zeitersparnis und macht so erst die Produktion solcher Figuren wirtschaftlich sinnvoll. Natürlich haben auch aufwendig gestaltete Sonderanfertigungen ihre Berechtigung. Sie rechnen sich aber meist nur indirekt durch den damit erzielten Werbeeffekt und den zusätzlichen Verkauf anderer Produkte, wie beispielsweise der dazugehörigen Torte.

GUT GEPLANT
IST HALB PRODUZIERT

Bei in Serie produzierten Figuren sollte äußerst planvoll vorgegangen werden. In einem ersten Schritt wird der Prototyp erstellt. Steht dieser einmal fest, ist es meist sinnvoll, eine Form herzustellen. Anhand der Form wird die benötigte Marzipanmenge für eine Figur wie folgt ermittelt.

FÜR KLEINE MENGEN (< 20 STÜCK)

- Marzipan zu einem Strang formen, diesen in gleichmäßige Stücke schneiden.
- Stücke vorformen und in die Form drücken.
- Das überstehende Marzipan mit einem Marzipanmesser abschneiden. Das Messer zwischendurch immer wieder mit Alkohol reinigen, damit es nicht verklebt und man eine glatte Schnittfläche erhält.

FÜR GROßE MENGEN (> 20 STÜCK)

Bei einer größeren Stückanzahl macht es durchaus Sinn, genauer zu arbeiten.
- Das Marzipan mit der Ausrollmaschine auf eine gewisse Stärke ausrollen.
- Mit der Schneidewalze in gleichmäßige Quadrate (3 x 3 cm) schneiden. Durch die vorgegebene Stärke und Größe hat jedes Stück das gleiche Gewicht. Das erspart beim Arbeiten mit Formen das Abschneiden des überstehenden Marzipans, da die benötigte Menge genau definiert werden kann.
- Das Marzipanstück vorformen und glatt in die Form drücken.

Ein mit der Schneidewalze in 3 x 3 cm große Quadrate geschnittenes Marzipanstück hat folgendes Gewicht.

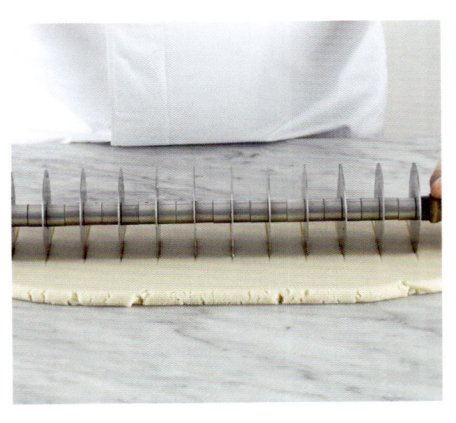

Ausrollstärke	Gewicht
3 mm	4 g
4 mm	5 g
6 mm	8 g
7 mm	9 g
8 mm	10 g
10 mm	13 g
12 mm	16 g
15 mm	19 g

Natürlich sind diese Gewichtsangaben nicht hundertprozentig genau, da manche Ausrollmaschinen etwas präziser eingestellt sind als andere. Daher empfiehlt es sich, die in der Tabelle angeführten Werte auf das eigene Gerät abzustimmen. Bei einer Ausrollmaschine liegt das obere Limit meist bei 40 bis 50 mm Ausrollstärke. Wird für einen Teil ein höheres Gewicht benötigt, erhöht man die Anzahl der Marzipanstücke. Für ganz kleine Teile halbiert oder viertelt man die Marzipanquadrate, anstatt sie sehr dünn auszurollen. Mit dieser Methode lassen sich Köpfe, Hände und sonstige Applikationen effizient und rationell herstellen.

Die Köpfe werden in Reihen auf Backbleche mit Backtrennpapier aufgelegt und dann Schritt für Schritt mit verschiedenen Details, wie Frisur, Hut oder Bart, ausgefertigt. Dabei tritt ein gewisser Automatisierungseffekt ein und man kann mit steigender Routine die einzelnen Arbeitsschritte wesentlich schneller erledigen.

Die Figuren zum
Leben erwecken

Die Schminktechnik mit der Airbrushpistole verleiht den Figuren eine besondere Lebendigkeit, die durch entsprechende Ausfertigung der Augen noch verstärkt wird. Das Weiße im Auge wird meist mit weicher Spritzglasur aufgetragen. Die Glasur darf nicht zu fest sein, da beim Aufspritzen sonst eine Spitze entsteht, die beim Einfügen der Pupille hinderlich ist. Die Pupille wird in der Regel mit einer mit etwas Öl verdünnten Spritzschokolade aufgetragen.

Abschließend empfiehlt es sich, die Figur (den Kopf, das jeweilige Marzipandekor) dünn mit Kakaobutter zu besprühen, um eine glattere Oberfläche zu erzielen und ein Austrocknen des Marzipans zu verhindern. Vielfach wird dafür auch Marzipanlack verwendet, der zwar besser isoliert als Kakaobutter, jedoch den Marzipangeschmack wesentlich beeinträchtigt und der Figur einen unnatürlich wirkenden Glanz verleiht.

Das Ziel der seriellen Produktion ist nicht, dass ein Stück ganz genau wie das andere aussieht. Im Gegenteil, die Figuren sollen nicht den Eindruck von industrieller Herstellung vermitteln. Dem lässt sich ganz einfach entgegenwirken, indem man der Figur einen individuellen Blick oder einen speziellen Ausdruck verpasst. Der Kunde möchte sich über das Handwerk freuen und seinen ganz persönlichen Weihnachtsengel, Osterhasen ... aus der Gruppe auswählen.

Wir verkaufen auch Emotionen, und wenn wir damit den Kunden erreichen, verkauft sich das Produkt fast von selbst.

SERIELLE PRODUKTION
AM BEISPIEL EINES HUNDEKOPFS

- Ausgerolltes Marzipan mit der Schneidewalze in gleichmäßige Quadrate (3 x 3 cm) schneiden.
- Ein bis zwei Quadrate, je nach Gewicht, zu einem Tropfen formen.
- Restliche Marzipanquadrate mit Kunststofffolie abdecken, um ein Austrocknen zu vermeiden.

Den Tropfen in die Form drücken.

Mit der Teigkarte flach drücken.

Den Hundekopf entformen.

Schnauze mit Läuterzucker bepinseln.

Braune Marzipanstücke oval formen, aufsetzen und andrücken.

Nasenlöcher mit dem Modellierstäbchen modellieren.

Spritzglasur in die Augenhöhlen spritzen.

Pupillen mit Spritzschokolade anbringen.

Glanzpunkte mit Spritzglasur spritzen.

BLUMEN

Blütenblätter aus Marzipan verlangen etwas handwerkliches Geschick, speziell jene, die durch die Zartheit der Blütenblätter ihren Zauber ausstrahlen. Marzipan muss in einer gewissen Materialstärke verarbeitet werden, um eine gute Stabilität und damit eine praktische Verwendbarkeit des Endproduktes zu gewährleisten. Eine Blume, bei der das durch ausgereifte Technik gelungen ist, ist die Rose.

ROSEN

Marzipanrosen gibt es mit vier, fünf, sechs oder zehn Blütenblättern, mit und ohne Blütenstempel. Auch die Herstellung lässt einige Möglichkeiten offen, z. B. kann man die Blütenblätter mit einer Teigkarte oder einem Löffel modellieren, eventuell unter Zuhilfenahme einer Kunststofffolie, oder mit der Rosenpresse herstellen. Bei letzterer Methode werden die Blütenblätter zwischen zwei Plexiglasplatten gepresst.

Jeder Konditor eignet sich im Laufe der Jahre seine ganz besondere Art der Herstellung an. Nachfolgend die Herstellung einer Rose mit sechs bzw. zehn Blütenblättern, ohne Blütenstempel, die durch ihre stilisierte Darstellung dem Original am nächsten kommt. Die Herstellungsart hängt von der Anzahl der Rosen ab.

ROSEN
IN GROSSER STÜCKZAHL (> 5)

FILM AB

Marzipan mit der Ausrollmaschine 3 mm dünn ausrollen. Scheiben ausstechen.

Scheiben zwischen zwei Kunststofffolien legen.

Mit dem Handballen nur die obere Kante der Scheiben dünn schleifen. Die Scheibe bzw. das Blütenblatt selbst muss dick bleiben.

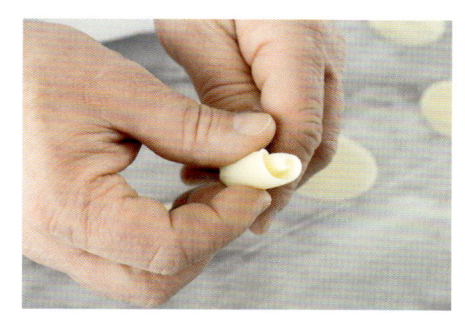

Für das Innere der Rose eine Scheibe aufrollen.

Zwei Blütenblätter darüberlegen (= Knospe).

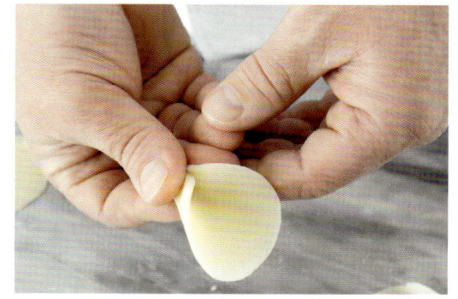

Restliche Blütenblätter formen, obere Kanten leicht nach hinten biegen.

Die Blütenblätter arrangieren, dabei jedes Blütenblatt über dem vorherigen ansetzen. Das letzte Blütenblatt unter das erste stecken.

Den Rosenkopf durch Zusammendrücken modellieren. Überstehendes Marzipan wegschneiden. Rose eventuell mit der Airbrushpistole kolorieren.

ROSEN
IN KLEINER STÜCKZAHL (< 5)

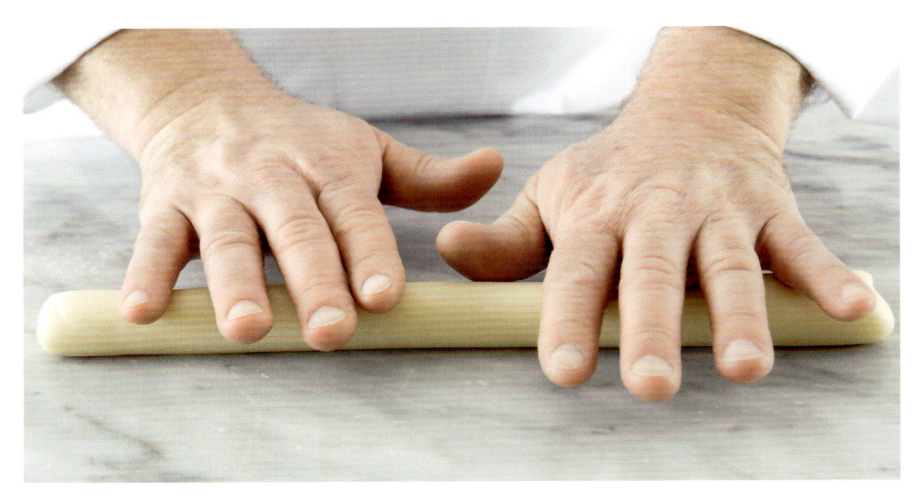

Marzipan zu einem 20–30 mm dicken Strang formen. Die Dicke hängt von der Größe der Rose ab.

Den Strang in ca. 10 mm breite Stücke schneiden.

Stücke mit dem Handballen flach drücken.

Die obere Kante der Scheiben mit der Teigkarte dünn schleifen.

Scheiben mit einem glatten Messer von der Arbeitsfläche lösen.

Weiterverarbeitung wie bei Rosen in großer Stückzahl.

ROSENKNOSPE

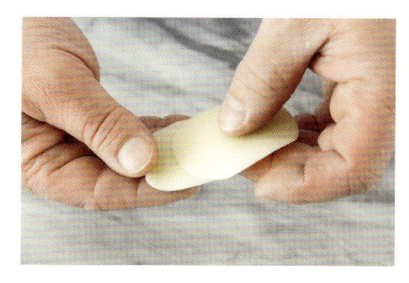

Zwei geschliffene Scheiben leicht überlappend übereinanderlegen und aufrollen.

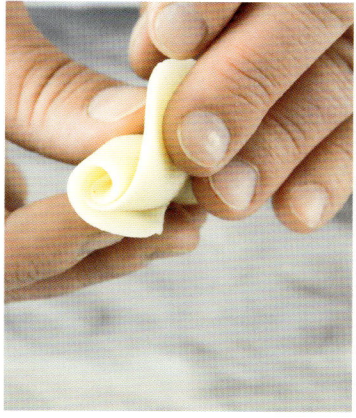

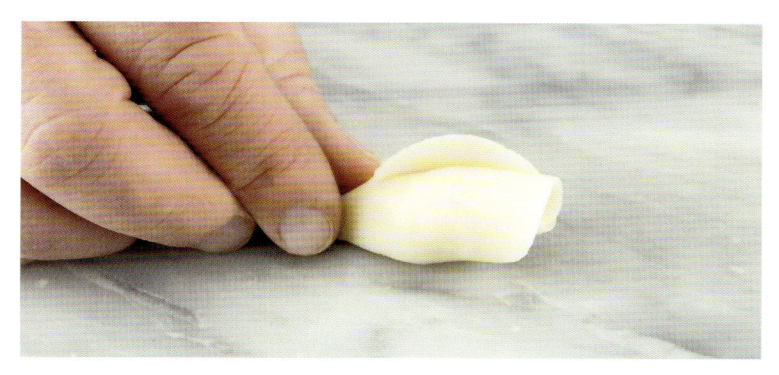

Das untere Ende zusammendrücken.

Zwei bis drei Rosenblätter (siehe Seite 112) arrangieren und andrücken.

Die Spitzen der Blätter formen.

NELKEN

Nelken aus Marzipan können sehr wirkungsvoll in Szene gesetzt werden und lassen sich wesentlich einfacher als Rosen herstellen.

Marzipan zu einem ca. 10 mm dicken Strang formen. Die Länge hängt von der Größe der Nelke ab.

Den Strang mit der Handkante flach drücken.

Die obere Kante mit der Teigkarte dünn schleifen.

Das Marzipanband mit einem Kunststofflöffel leicht strukturieren.

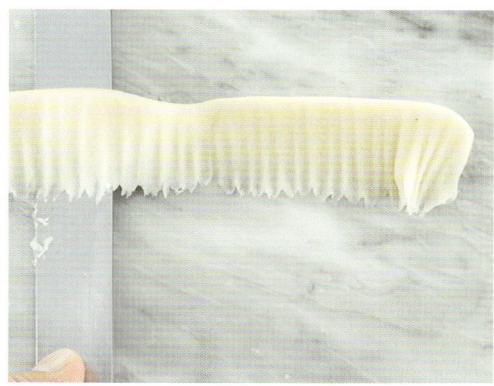

Mit einem glatten Messer von der Arbeitsfläche lösen.

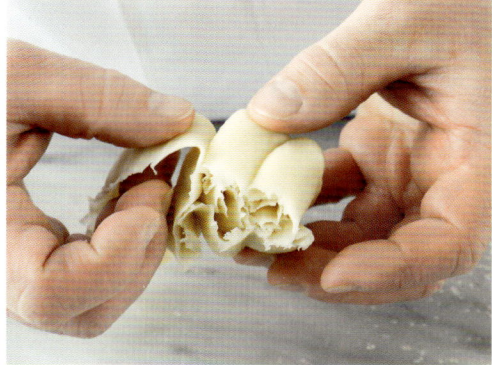

Das Marzipanband mit der strukturierten Seite nach oben aufrollen, dabei das Band immer vor- und zurückbewegen.

Damit die Knospe aufblüht, den unteren Teil zusammendrücken. Je fester der Druck, desto offener wird die Blüte. Eventuell mit der Airbrushpistole kolorieren.

Seerosen
& Co

Seerosen, Callas oder Orchideen wirken aus Tragantzucker oder gezogenem Zucker gefertigt viel eleganter und sind dadurch auch wirkungsvoller, schmecken aus Marzipan jedoch wesentlich besser. Sie werden liegend auf einer Torte oder auf einer stabilen Unterlage präsentiert.

Seerosen

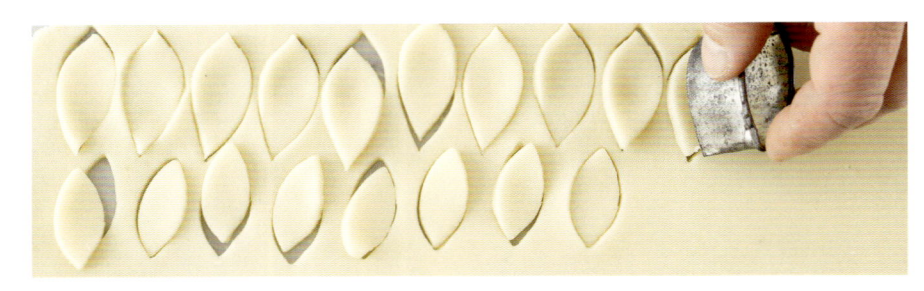

Marzipan mit der Ausrollmaschine 3 mm dünn ausrollen. Blütenblätter in zwei unterschiedlichen Größen ausstechen – je Seerose zehn große und acht kleine.

Die großen Blütenblätter zwischen zwei Kunststofffolien legen und mit dem Handballen die obere Kante dünn schleifen.

Bei der Hälfte der Blütenblätter die obere Kante zusammendrücken.

Die restlichen Blätter beidseitig formen.

Einen Ausstecher (Ø ca. 80 mm) mit Alufolie bespannen, in die Mitte eine leichte Vertiefung drücken.

Eine kleine Marzipanscheibe hineinlegen, die die Blütenblätter zusammenhält.

Fünf einseitig geformte Blütenblätter in der Form arrangieren. Fünf beidseitig geformte Blätter versetzt einlegen, andrücken und ca. zwölf Stunden trocknen lassen.

FILM AB

Die kleinen Blütenblätter gleich den großen schleifen und formen. Vier einseitig geformte Blütenblätter in eine Halbkugelform aus Silikon (Ø ca. 45 mm) legen.

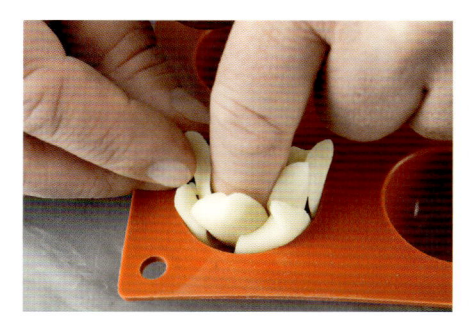

Vier beidseitig geformte Blütenblätter versetzt einlegen und andrücken.

Mit einem Modellierstäbchen (Kegelform) in der Mitte eine Vertiefung drücken, um die Staubgefäße einsetzen zu können. Ca. zwölf Stunden trocknen lassen.

Etwas Spritzglasur in die Mitte der großen Blütenblätter spritzen.

Die kleinen Blütenblätter vorsichtig einsetzen.

Seerose mit der Airbrushpistole kolorieren.

Für die Staubgefäße gelb gefärbtes Marzipan durch eine Knoblauchpresse drücken.

Kleine Stücke abschneiden und diese an einem Ende zusammendrücken. Die Staubgefäße mithilfe eines Modellierstäbchens in die Vertiefung der Seerose setzen.

Frangipaniblüten

Die Blütenblätter werden wie bei der Seerose geformt und zum Trocknen in Pralinenformen gestellt (siehe Callas).

CALLAS

- Marzipan mit der Ausrollmaschine 3 mm dünn ausrollen.
- Blütenblätter ausstechen, obere Kanten dünn schleifen, formen.
- Blütenblätter in kegelförmige Vertiefungen (z. B. Pralinenformen) legen und trocknen lassen.
- Mit der Airbrushpistole kolorieren.
- Für den Stempel gelb gefärbtes Marzipan zu einem dünnen Strang rollen, in Stücke schneiden.
- Stücke mit den Handflächen an beiden Enden spitz zulaufend rollen, in feinem Kristallzucker wälzen, formen und trocknen lassen.
- Mit Spritzglasur fixieren.

Gut zu wissen

Anstelle einer Pralinenform kann man auch eine entsprechend dicke Styroporplatte mit Alufolie überziehen und Spritztüllen hineinstecken.

Orchideen

Sie werden auf die gleiche Art wie die Seerosen hergestellt.

AUSGESTOCHENE
BLUMEN

Durch Ausstechen lassen sich verschiedene Blumen einfach und rationell herstellen, z. B. Sonnenblumen, Margeriten, Vergissmeinnicht und Fantasieblumen.

SONNENBLUMEN

- Gelb gefärbtes Marzipan mit der Ausrollmaschine 3 mm dünn ausrollen.
- Die Zungenblüten mit einem Blumenausstecher ausstechen.
- Je Blume zwei Blüten versetzt in die vorbereitete Form (siehe Seerosen, Seite 106) legen, andrücken und trocknen lassen.
- Mit der Airbrushpistole kolorieren.
- Den Blütenkorb aus dünn ausgerolltem, mit dem Riefholz strukturiertem braunem Marzipan (Ø ca. 20 mm) ausstechen.
- Mit Spritzglasur fixieren.

DIVERSE EINFACHE BLÜTEN

BLÄTTER
UND STIELE

Blätter und Stiele sind wie auch beim Floristen ein tragendes Gestaltungselement. Sie werden entweder aus dünn ausgerolltem Marzipan ausgestochen, mit einem Blattstempel, Löffel oder Messer strukturiert oder aber sehr zart von Hand modelliert, z. B. Rosenblätter.

ROSENBLÄTTER

Grün gefärbtes Marzipan zu einem ca. 10 mm dicken Strang formen.

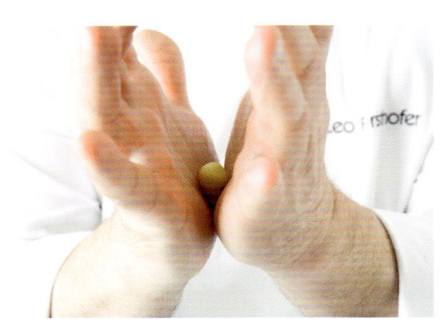

In 10 mm dicke Stücke schneiden und diese zu einem Tropfen formen.

Tropfen auf die Arbeitsfläche legen und mit der Handkante flach drücken.

Mit einem Kunststofflöffel strukturieren.

Blätter mit einem glatten Messer von der Arbeitsfläche lösen.

Formen und arrangieren.

AUSGESTOCHENE, MODELLIERTE BLÄTTER

BAMBUS

- Rechteckige, gleich hohe, unterschiedlich breite Teile aus Weich-PVC-Matten an den Längskanten in einem Winkel von 45 Grad abschneiden.
- Gegengleich auf eine zweite PVC-Matte legen, sodass Vertiefungen mit einem Winkel von 90 Grad entstehen.
- Durchgefärbtes Marzipan zu einem ca. 10 mm dicken Strang formen.

Mithilfe einer Plexiglasplatte gleichmäßig dick rollen.

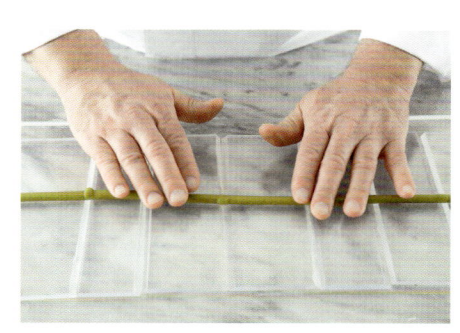

Marzipanrolle auf die vorbereitete Weich-PVC-Matte legen.

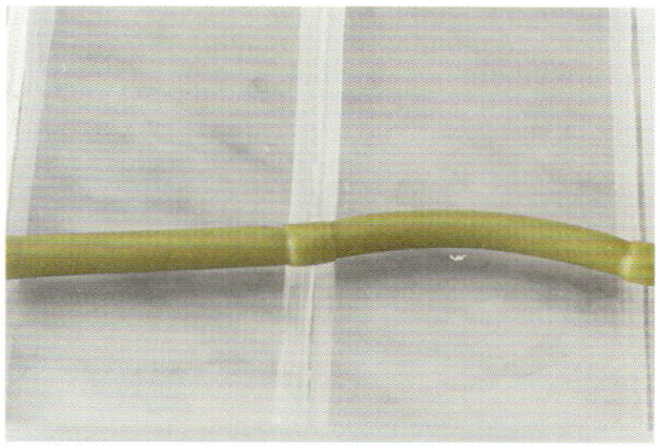

Mit der Plexiglasplatte darüberrollen. Durch die Vertiefungen in der PVC-Matte entstehen beim Rollen die klassischen Verdickungen bzw. Segmente des Bambus.

Mit einem Modellierstäbchen die so entstandenen Verdickungen in der Mitte einkerben und in die Bambusenden eine Vertiefung drücken. Trocknen lassen. Mit der Airbrushpistole oder dem Pinsel kolorieren.

TELLERDEKOR

Ein leicht herzustellendes Dekor, das sich gut vorbereiten lässt und bei dessen Herstellung der Kreativität keine Grenzen gesetzt sind.

- Einfache Ornamente, z. B. spitzwinkelige Dreiecke, mit Eiweiß bestreichen, mit Sesam, Mandeln, Kürbiskernen oder anderen zum Dessert passenden Komponenten bestreuen, kurz im Salamander oder mit der Gasflamme abflämmen.
- Ausgestochene Scheiben oder Ringe mit Kuvertüre oder gefärbter Kakaobutter besprühen.
- Kleine Schwünge oder Blütenblätter mit der Airbrushpistole dezent färben.

Abgesehen von den unendlichen Dekorationsmöglichkeiten für ein Kinderdessert, vom stilisierten Clownkopf bis zum Teddybären, ist Marzipan auch kulinarisch interessant. Es kann sogar passend zum Dessert abgeschmeckt werden oder in Kombination mit vielerlei Früchten und Gelees verarbeitet werden.

Zu Unrecht also werden Tellerdesserts äußerst selten mit Marzipan dekoriert.

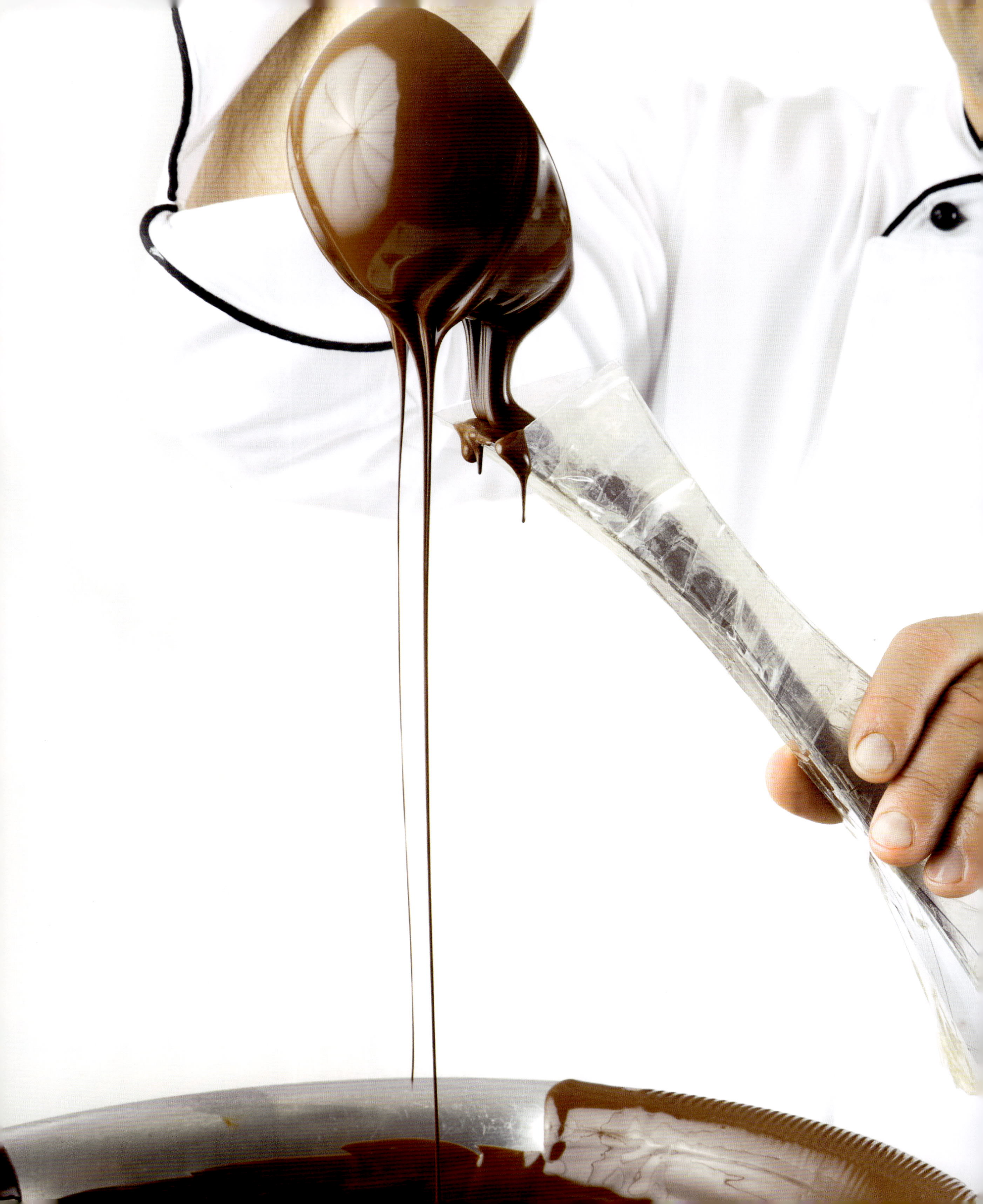

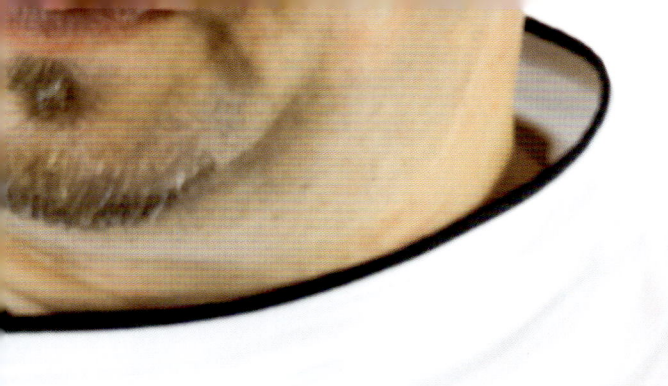

Schokolade

Die Basistechnik zur Herstellung von Schokoladenschaustücken hat ihre Wurzeln in Spanien, genaugenommen in Katalonien. Der Legende nach begannen die dort ansässigen Konditoren aus Mangel an Osterhasen- und Nikoloformen – die in Ländern wie Belgien und der Schweiz seit jeher zum Standard gehören –, aus einfachen Eiformen Figuren zusammenzubauen.

Leo Forsthofer

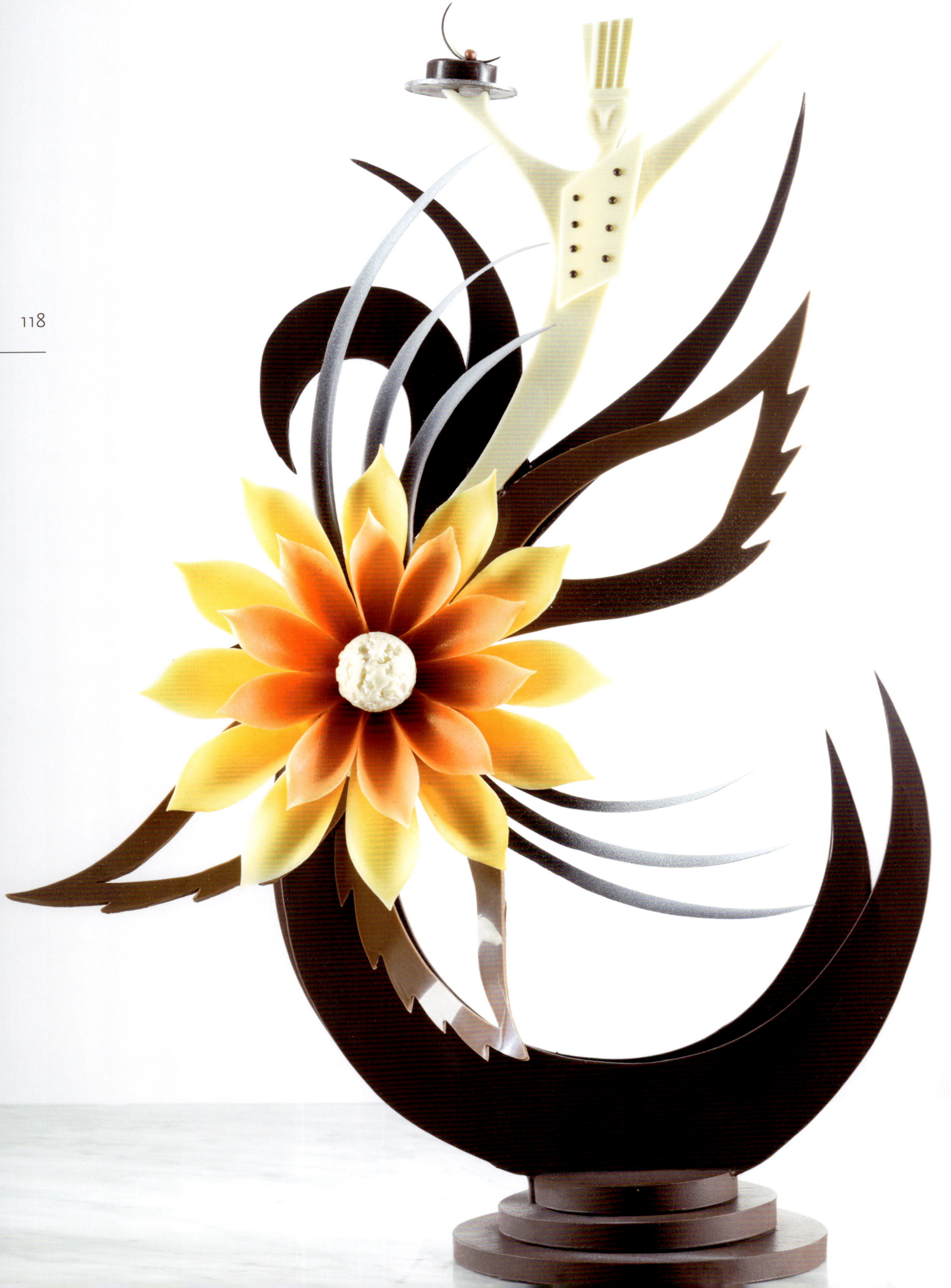

Diese von der Fachwelt begeistert aufgenommene Technik wurde weltweit von engagierten Konditoren wie ANTONIO ESCRIBÀ, FRANCISCO BAIXAS und JAIME SABAT weiterentwickelt und international bekannt gemacht. In Österreich war es KARL SCHUHMACHER, der diese Technik erstmals angewendet und populär gemacht hat.

In weiterer Folge waren es PASCAL BRUNSTEIN in Frankreich, ANDREA SLITTI in Italien, FREDY EGGENSCHWILER und FRANZ ZIEGLER in der Schweiz, EWALD NOTTER und SEBASTIAN CANONNE in den USA sowie viele andere passionierte Fachleute weltweit, die zahlreiche aus dieser Technik resultierende kreative Möglichkeiten aufgezeigt und publiziert haben. Derzeit ist es STEPHANE LEROUX aus Belgien, der mit seinen extrem innovativen Techniken prägenden Einfluss auf dem Gebiet Schokoladendekor ausübt.

Besucht man heute internationale Wettbewerbe, so staunt man, was sich aus der simplen Idee, Osterhasen aus Eiformen zu bauen, entwickelt hat.

DIE BASIS

Grundvoraussetzung für erfolgreich praktizierte Schokoladenkunst ist das präzise Temperieren der Kuvertüre. Werden dabei Fehler gemacht, leiden sowohl das Aussehen als auch die Stabilität der Schokoladenprodukte.

DIE KUNST DES TEMPERIERENS

Vorab sollte man wissen, dass sich jegliche Temperaturveränderung auf die molekulare Struktur des in der Kuvertüre enthaltenen Fettanteils – der Kakaobutter – auswirkt.

Die Kakaobutter ist der einzige Schokoladenbestandteil, der beim Erwärmen bzw. Schmelzen flüssig wird und damit auch die an sich feste Schokoladenmasse.

STABILE UND INSTABILE KAKAOBUTTERKRISTALLE

Wird die Kuvertüre unmittelbar nach dem Schmelzen weiterverarbeitet, so bilden sich beim langsamen Abkühlen in der Kakaobutter verschiedene Kristallformen – erwünschte stabile und unerwünschte instabile. Die instabilen bewirken, dass die Schokoladenbestandteile ihre Bindung verlieren: Die Kakaobutter steigt an die Oberfläche und ist nach dem Festwerden der Kuvertüre als grauweißer Schleier sichtbar. Die Kuvertüre hat eine grießige, brüchige Struktur und ist nicht grifffest.

Deshalb müssen die instabilen Kakaobutterkristalle beseitigt und die stabilen, die sogenannten Betakristalle, vermehrt werden. Das geschieht durch Temperieren, indem man die geschmolzene Kuvertüre auf 28 °C – den Kristallisationspunkt der Betakristalle – abkühlt und die Kristallbildung durch Bewegung (Rühren) fördert. Da der Schmelzpunkt der instabilen Kakaobutterkristalle unter diesem Wert liegt, werden sie beim Überschreiten der Temperatur aufgelöst bzw. beseitigt.

ÜBERKRISTALLISATION

Kuvertüre, die beim Temperieren zu viel gerührt wird, wird immer zäher und dickflüssiger. Früher nahm man an, dass die Konsistenz auf die eingerührte Luft zurückzuführen wäre, und bezeichnete sie fälschlicherweise als „schaumige" Schokolade. Heute weiß man, dass eine zu starke Vermehrung der Betakristalle dafür verantwortlich ist, und bezeichnet diesen Zustand als Überkristallisation. Die Konsistenz von überkristallisierter Kuvertüre kann nur durch vorsichtiges Anheben der Temperatur verändert werden. In Ausnahmefällen lässt sich auch mit einer auf 36–37 °C temperierten Kuvertüre noch ein gutes Endprodukt erzielen.

TEMPERIER-
METHODEN

Es gibt verschiedene Methoden, um die Kuvertüre auf die Verarbeitungstemperatur zu temperieren. Abgesehen von einigen wenigen Ausnahmen, wird dabei dunkle Kuvertüre vor dem Temperieren auf 43–45 °C erwärmt – oftmals sogar auf 55 °C, je nach Hersteller –, Milchkuvertüre und weiße Kuvertüre auf maximal 43 °C. Das ist jene Temperatur, bei der alle Kristallformen schmelzen, auch die instabilen. Grundsätzlich gilt: Je heller die Kuvertüre, desto niedriger die Schmelztemperatur.

Nach dem Schmelzen wird die Kuvertüre auf 28 °C abgekühlt. Grundsätzlich sollte der Abkühlungsprozess rasch erfolgen, um die Bildung von instabilen Kristallformen und den damit verbundenen negativen Einfluss auf die Kuvertüre zu vermeiden. Darin liegt auch das Phänomen begründet, dass eine im theoretisch richtigen Temperaturbereich verarbeitete Kuvertüre im Endprodukt nicht das gewünschte Ergebnis aufweist.

Nach dem Abkühlen wird die Kuvertüre unter vorsichtigem Rühren auf die Verarbeitungstemperatur von 31–33 °C erwärmt. Vorsicht: Wird die Verarbeitungstemperatur überschritten, schmelzen auch die Betakristalle und die Kuvertüre muss erneut temperiert werden.

TEMPERIEREN
IM WASSERBAD

Bei dieser Methode heißt es aufpassen, dass beim Temperierprozess kein Wasser in die Kuvertüre gelangt. Die Kuvertüre dickt sofort ein, wenn sie mit Wasser in Berührung kommt, und ist dann weder zum Gießen noch zum Tunken zu gebrauchen.

- Die Kuvertüre unter ständigem Rühren im heißen Wasserbad schmelzen, im kalten Wasserbad bis zum Kristallisationspunkt der Betakristalle kalt rühren.
- Anschließend im heißen Wasserbad auf die Verarbeitungstemperatur bringen.

TEMPERIEREN
IN DER SCHMELZ- UND WARMHALTEWANNE

Eine Methode, bei der die Kuvertüre vor dem Temperieren nicht überwärmt wird. Das Temperieren erfordert eine sehr genau justierte Warmhaltewanne und einiges an Routine. Ansonsten besteht die Gefahr, dass die Kuvertüre überkristallisiert oder überwärmt wird.
- Die Kuvertüre in die Warmhaltewanne füllen und den Thermostat auf die Verarbeitungstemperatur einstellen. Die Verarbeitungstemperatur hängt vom Gerätetyp, vom Hersteller und von der Kuvertüremenge ab.
- Die Kuvertüre wird nun langsam auf 30–31 °C erwärmt. Dadurch bleiben die in der Kuvertüre enthaltenen Betakristalle erhalten und werden durch vorsichtiges Rühren gleichmäßig verteilt.

TABLIERMETHODE

FILM AB

Sie ist eine der wichtigsten und zugleich gebräuchlichsten Temperiermethoden.

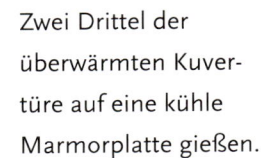

Zwei Drittel der überwärmten Kuvertüre auf eine kühle Marmorplatte gießen.

Bis zum Kristallisationspunkt der Betakristalle mit einer Spachtel und einer Palette tablieren, d. h., die Kuvertüre auf der Marmorplatte verteilen ...

... und wieder zusammennehmen.

Tablierte Kuvertüre zur restlichen überwärmten Kuvertüre geben.

Unter Rühren auf die Verarbeitungstemperatur bringen.

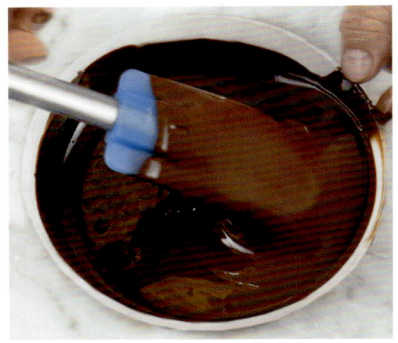

Eventuell mit dem Stabmixer emulgieren, um die Schokoladenemulsion zu verbessern.

GUT ZU WISSEN

- Das Emulgieren verbessert nicht nur die Schokoladenemulsion, es bewirkt auch eine schnellere Vermehrung der Betakristalle – doch Vorsicht, es kann eine Überkristallisation herbeiführen.

- Ob die Kuvertüre richtig temperiert ist, lässt sich mit folgender Probe feststellen: Eine Palette in die Kuvertüre tauchen und auf Pergaminpapier wegsetzen. Zieht die Kuvertüre rasch an, hat sie einen schönen Glanz, ist sie schlieren- und streifenfrei, wurde sie richtig temperiert.

Impfmethode

Sie ist wohl die einfachste unter den Temperiermethoden. Das Resultat ist meist etwas dickflüssiger, was manchmal sogar erwünscht ist.

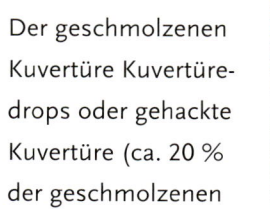

Der geschmolzenen Kuvertüre Kuvertüredrops oder gehackte Kuvertüre (ca. 20 % der geschmolzenen Kuvertüre) beigeben.

Gut verrühren, etwas stehen lassen, damit die Drops erwärmt werden.

Nochmals gut durchrühren. Sollten sich die Drops nicht zur Gänze aufgelöst haben, die Kuvertüre kurz mit einem Stabmixer emulgieren (siehe Tabliermethode).

Temperierte Kuvertüre   Nicht temperierte Kuvertüre   Überkristallisierte Kuvertüre

SCHOKOLADEN-
TEILE GIEßEN

Grundsätzlich kann man jede stabile Form, die keine Unterschneidungen und eine glatte Oberfläche hat – auch Strukturen, die in sich keine Unterschneidungen aufweisen, sind möglich –, mit temperierter Kuvertüre ausgießen. Ideal sind Formen aus Plexiglas oder Makrolon, die es in mannigfaltiger Ausführung im Handel gibt. Diese Formen garantieren – vorausgesetzt, die Kuvertüre wurde fachgerecht temperiert – einen perfekten Schokoladenglanz.

HOHLKÖRPER

Kleinere Formen werden in einem Gießvorgang hergestellt, bei größeren Formen wird der Gießvorgang zwei- bis dreimal wiederholt.

Zwei Distanzschienen zum späteren Abstellen der Formen mit etwas Kuvertüre auf der Arbeitsfläche fixieren. Temperierte Kuvertüre in die Formen gießen.

Überschüssige Kuvertüre mit der Spachtel abstreifen. Mit der Spachtel gegen die Form klopfen, damit die Luftbläschen entweichen können.

Formen wenden und die Kuvertüre auslaufen lassen.

Kuvertüre mit der Spachtel abstreifen.

Formen auf den Distanzschienen ablegen. Die Kuvertüre wachsweich anziehen lassen – sie darf nicht mehr fließen.

Überstehende Kuvertüre mit der Spachtel entfernen. Ist die Wandstärke zu dünn, den Gießvorgang wiederholen, anschließend die Formen kühl stellen.

Hohlkörper durch leichtes Verdrehen der Formen lösen.

Formen umdrehen und Hohlkörper herausklopfen.

GUT ZU WISSEN

- Wird der Gießvorgang wiederholt, die Kuvertüre vor dem Eingießen der nächsten Schicht nicht zu stark anziehen bzw. auskühlen lassen, da sich die Schichten ansonsten nicht miteinander verbinden. Die Wand des Endproduktes besteht dann aus einzelnen, voneinander getrennten Schichten, die wiederum Schwachpunkte und potenzielle Bruchstellen im Schaustück darstellen.

- Grundsätzlich lassen sich Hohlkörper auch in Metallformen, die nicht zum Gießen mit Schokolade gedacht sind, herstellen. Allerdings sollten die Formen vor dem Gebrauch leicht eingeölt werden, damit sich die gegossenen Teile leichter entformen lassen.

FILM AB

HOHLKÖRPER
MIT OBERFLÄCHENEFFEKT

Zusätzliche Oberflächeneffekte lassen sich mit Sprühschokolade, gefärbter Kakaobutter und Goldpulver erzielen, die in mehreren dünnen Schichten aufgetragen werden.

Sprühschokolade (eventuell aus gefärbter Milchkuvertüre oder weißer Kuvertüre) oder gefärbte Kakaobutter mit der Sprühpistole in die Formen sprühen oder mit dem Pinsel auftragen. Die Kakaobutter darf dabei nicht zu warm sein (30–32 °C).

Eventuell mit einem Pinsel Metallic-Farbpulver aufbringen. Kristallisieren lassen und die Formen mit temperierter Kuvertüre ausgießen. Bei Verwendung von dunkler Kuvertüre, die Formen vor dem Ausgießen mit weißer Kakaobutter besprühen (siehe Seite 159).

127

SELBST HERGESTELLTE
SCHOKOLADENFORMEN

KAKAOPULVER-
FORMEN

Mit in Kakaopulver gegossener Kuvertüre lassen sich Schokoladenteile einfach und ohne bemerkenswerten Aufwand herstellen. Das an der Kuvertüre haftende Kakaopulver verleiht den Teilen einen rostig wirkenden Effekt.

Das Motiv, z. B. Schlüssel, Pinsel o. Ä., in glatt gestrichenes Kakaopulver drücken. Oder mit einer Gummispachtel abstrakte Formen (z. B. einen Ast) eindrücken.

Temperierte Kuvertüre mit einer Spritztüte in die eingedrückten Formen füllen. Kristallisieren lassen.

Schokoladenteile auf ein feines Gitter legen, überschüssiges Kakaopulver mit einem Pinsel abkehren.

GUT ZU WISSEN

Diese Technik lässt sich auch mit Puderzucker hervorragend umsetzen.

129

Gelatine-formen

Darin werden vorwiegend Reliefs oder kleinere Dekorelemente hergestellt. Aufgrund ihrer Beschaffenheit können sie nur einige wenige Male verwendet werden.

Zutaten
1 000 g Wasser
130 g Gelatinepulver

Die Innenwand eines Behälters mit Hart-PVC-Folie auskleiden. Die Folie soll ca. 5 cm über den Rand des Behälters hinausragen. Folie mit einem Klebeband fixieren.

Das Positiv des zu gießenden Objekts mit etwas Marzipan am Gefäßboden fixieren, um ein Aufschwimmen zu verhindern.

Gelatinepulver mit Wasser verrühren und quellen lassen. In der Mikrowelle erwärmen (auflösen).

Objekt mit der Gelatinemischung übergießen, kühl stellen und erstarren lassen.

Folie mit einem Messer vom Rand des Behälters lösen.

Folie am Rand anfassen und die Gelatineform vorsichtig aus dem Behälter ziehen.

Folie entfernen.

Gelatineform in der Mitte mit einem Messer teilen.

Objekt entfernen.

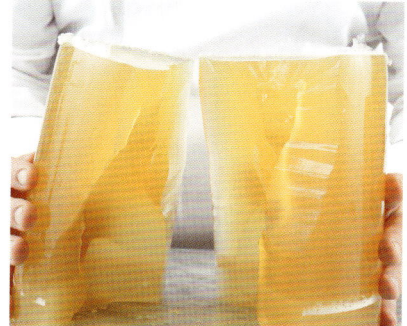

Gelatineform zusammenfügen.

Mit Folie umstellen, Folie mit einem Klebeband fixieren. Form umdrehen, sodass die Öffnung oben ist.

Mit der Spritztüte temperierte Kuvertüre in die Öffnung füllen. Kühl stellen und kristallisieren lassen.

Klebestreifen entfernen, Folie ablösen. Gelatineform vorsichtig auseinanderziehen.

Gegossenes Objekt entformen und mit Sprühschokolade besprühen.

GUT ZU WISSEN

- Für größere zu gießende Objekte wird die Gelatinemischung aus 180 g Gelatinepulver und 1 000 g Wasser hergestellt. Die Gelatinemischung wird in mehreren Schichten eingegossen, um ein Aufschwimmen des Objekts zu vermeiden.

- Die Menge der Gelatinemischung richtet sich nach der Größe des Objekts und dem Volumen des Behälters. Die Gelatineform für die hier abgebildete ca. 20 cm hohe Katze wurde aus der vierfachen Gelatinemischung hergestellt.

- Das Besprühen mit Sprühschokolade ist erforderlich, da die Kuvertüre durch das in der Gelatineform enthaltene Wasser ihre dunkle Farbe verliert.

Silikonformen

Sie eignen sich bestens zum Gießen von Schokoladenteilen. Die Herstellung individueller Formen, speziell bei serieller Produktion, ist im Kapitel Marzipan ausführlich beschrieben (siehe Seite 94).

Temperierte Kuvertüre in die Form gießen und mit der Palette abstreichen. In kleine Formen sowie Formen mit feinen Strukturen die Kuvertüre mit der Spritztüte einfüllen. Kristallisieren lassen und Schokoladenteil entformen.

Hart-PVC-Formen

Tiefziehformen

FILM AB

Selbst hergestellte Tiefziehformen werden für kleinere strukturierte Formen, wie einfache Blattformen und einzelne Blütenblätter, verwendet. Natürlich gibt es spezielle Tiefziehgeräte, mit denen man mit Vakuum und Hitze aus Hart-PVC perfekte Formen herstellen kann. Doch nicht jeder will und kann sich ein derartiges Gerät leisten. Deshalb heißt es, die Funktion des Geräts mit einfachen Mitteln zu improvisieren.

Gut zu wissen

Auch der Handel bietet eine breite Palette an Tiefziehformen an.

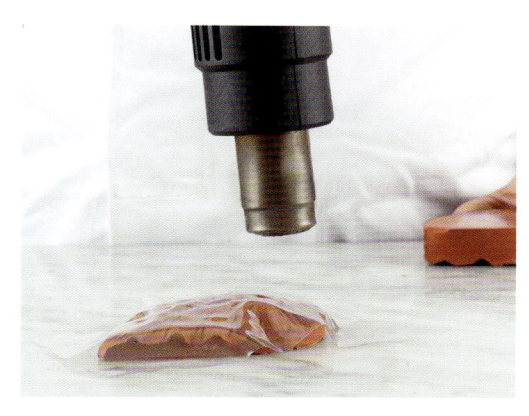

Eine Hart-PVC-Folie über den unteren Teil des Blattstempels, wie er zum Zuckerziehen verwendet wird, legen. Folie mit dem Heißluftföhn erhitzen, bis sie anfängt, weich zu werden.

Rasch mit dem Oberteil des Stempels die Blattstruktur in die Folie pressen.

Oberteil abheben.

Je nach Herstellung der Schokoladenblätter die gewünschte Blattform in die Tiefziehform spritzen. Oder den überstehenden Folienrand mit der Schere abschneiden und die Tiefziehform in temperierte Kuvertüre tauchen (siehe naturalistische Blätter, Seite 190).

ZWEIDIMENSIONALE FORMEN

Sie werden mit einem Stanleymesser aus Hart-PVC-Folie ausgeschnitten.

Für gebogene Formen benötigt man zwei unterschiedlich große Kartonscheiben, gerade Formen werden freihändig geschnitten.

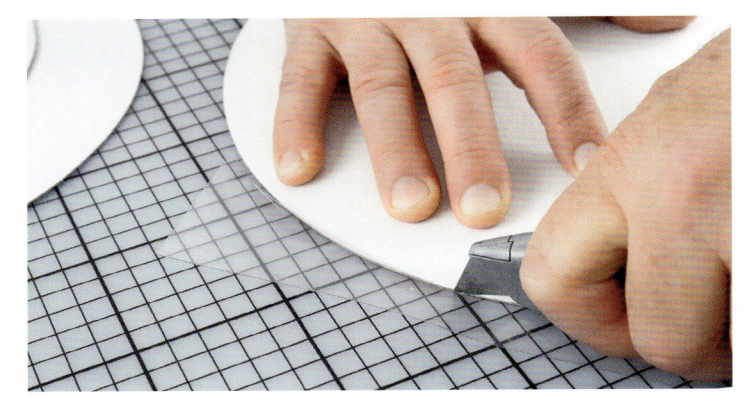

Zuerst die größere Kartonscheibe auf die Folie legen und mit einem Stanleymesser ausschneiden.

Scheibe etwas nach unten verschieben.

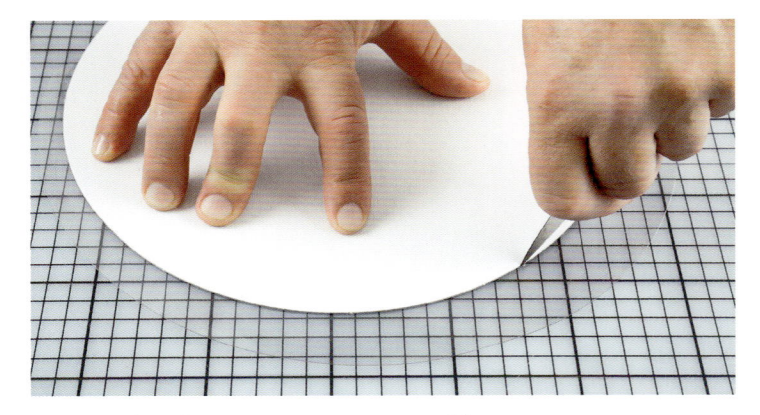

Den Rand entlang mit einem Messer falzen.

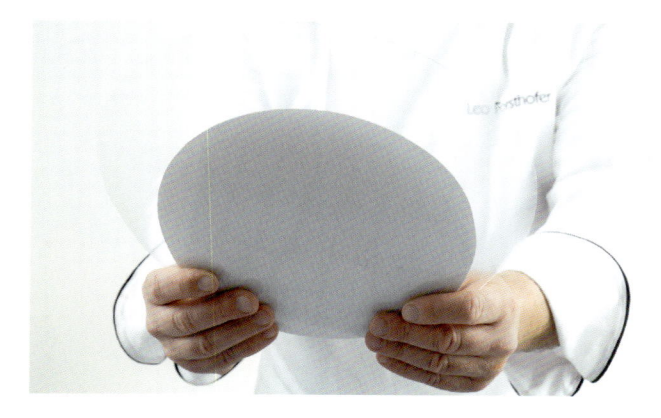

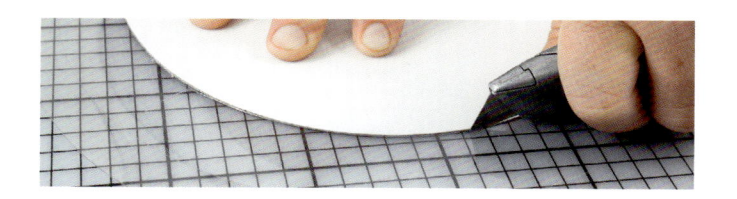

Die kleinere Scheibe auf die Folie legen. Der Abstand zur Falzlinie soll genauso groß sein wie der Abstand der Falzlinie zum äußeren Folienrand. Den Rand entlang ausschneiden.

Entlang der Falzlinie falzen.

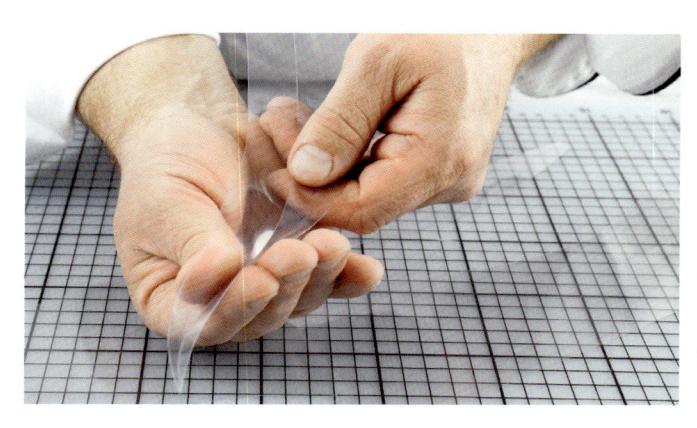

Für gerade oder geschwungene Elemente die gewünschte Form mit dem Messerrücken in die Folie drücken, anschließend links und rechts mit entsprechendem Abstand zur Falzlinie ausschneiden und entlang der Mitte falzen.

Formen mit der Spritztüte mit temperierter Kuvertüre füllen. Kühl stellen. Nach dem Kristallisieren Form entfernen.

DREIDIMENSIONALE FORMEN

Eine Technik, die viele kreative Möglichkeiten der individuellen Formgestaltung bietet.

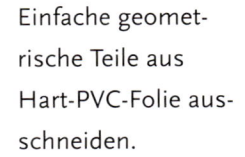

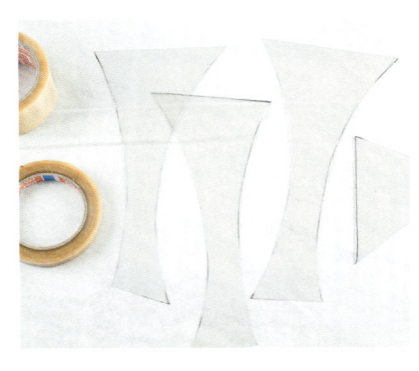

Einfache geometrische Teile aus Hart-PVC-Folie ausschneiden.

Einzelteile mit Klebestreifen zu einer dreidimensionalen Form zusammenkleben.

Form mit temperierter Kuvertüre füllen.

Umdrehen, überschüssige Kuvertüre ausfließen lassen, mit der Palette abstreifen.

Kühl stellen und kristallisieren lassen. Oder wenn die Wandstärke zu dünn ist, die Kuvertüre anziehen lassen, bis sie wachsweich ist, und den Gießvorgang wiederholen.

Klebestreifen aufschneiden.

Objekt vorsichtig aus der Form nehmen.

Form entfernen.

GUT ZU WISSEN

Wird das gegossene Schokoladenteil zu lange gekühlt, kann zu viel Spannung entstehen und das Teil zerspringt.

SCHOKOLADENTEILE
AUSSCHNEIDEN

Ausgeschnittenes oder ausgestochenes Schokoladendekor ist vielfältig einsetzbar, ob als Element eines Schaustückes oder auch als Torten-, Stück- und Tellerdekor. Genauso vielfältig sind auch die kreativen Möglichkeiten, indem man beispielsweise die Oberflächenstruktur durch Verwendung verschiedener Unterlagen beim Aufstreichen der Kuvertüre verändert oder die noch wachsweichen Schokoladenteile individuell in Form bringt.

TECHNIK 1

Temperierte Kuvertüre in der gewünschten Stärke mit einer Winkelpalette auf eine Hart-PVC-Folie oder auf Pergamin- oder Backtrennpapier streichen. Eventuell unter Zuhilfenahme von Distanzschienen.

Überschüssige Kuvertüre mit einem langen Lineal oder einer Metallleiste abstreifen.

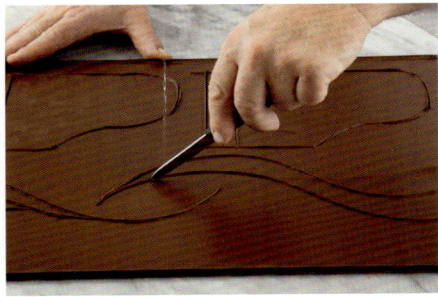

Die Kuvertüre anziehen lassen, bis sie wachsweich ist. Mit einem kleinen, spitzen Messer, eventuell mithilfe von Kartonschablonen, in die gewünschte Form schneiden oder mit einem Ausstecher ausstechen.

Oberfläche mit Pergaminpapier abdecken. Folie und Papier am oberen Rand nehmen und auf ein Backblech umdrehen. Dadurch wird ein Aufwölben der Schokoladenteile beim Erkalten verhindert. Kühl stellen. Nach dem Kristallisieren die Folie abziehen. Schokoladenteile von der Fläche lösen.

Gut zu wissen

- Auf Kunststofffolie hergestellte Schokoladenteile haben einen wesentlich schöneren Glanz.
- Wird die Kuvertüre mithilfe von Distanzschienen aufgestrichen, ist die gesamte Schokoladenfläche gleichmäßig dick.
- Sollte die Kuvertüre vor dem Schneiden zu stark angezogen haben – sie darf nicht vollständig kristallisiert sein –, können kleinere Elemente mit leicht angewärmten Werkzeugen geschnitten oder ausgestochen werden, ohne dass die Kuvertüre dabei bricht bzw. absplittert.

Technik 2

Diese Herstellungstechnik verhindert von vornherein ein Aufwölben der Schokoladenteile.

- Ein gerades Backblech oder eine glatte Arbeitsfläche mit einem Tuch mit Wasser befeuchten.
- Dünne Kunststofffolie darauflegen und glatt streichen, damit keine Luftblasen unter der Folie bleiben.
- Kuvertüre in der gewünschten Stärke aufstreichen.
- Weiterverarbeitung wie bei Technik 1.

SCHOKOLADENTEILE ZUSAMMENSETZEN

Ein nicht unwichtiger Punkt ist das Verbinden der einzelnen Schokoladenteile zu einem ganzen Stück, es entscheidet oft über das Gelingen und auch die Stabilität eines Schaustückes.

KLEBETECHNIK
FÜR AUSGESCHNITTENE SCHOKOLADENTEILE

Mit der richtigen Klebetechnik lässt sich aus ausgeschnittenen und ausgestochenen Schokoladenteilen nahezu jede dreidimensionale Form herstellen. Wichtig dabei ist, dass die zu verbindenden Teile genau aufeinanderpassen.

BEISPIEL: KLAVIER

- Temperierte Kuvertüre gleichmäßig dünn auf eine Hart-PVC-Folie streichen und anziehen lassen.
- Klavierdeckel und gegengleichen Klaviaturboden ausschneiden. Kühl stellen, kristallisieren lassen, bis die Kuvertüre nicht mehr glänzt.
- Für die Klavierbeine temperierte Kuvertüre in Silikonformen mit kegelförmigen Vertiefungen (Pralinenformen) oder in Spritztüllen gießen. Kühl stellen und kristallisieren lassen.
- Für den Klavierständer ein Schokoladenstäbchen gießen (siehe Seite 150) oder schneiden.
- Ausgeschnittene Klavierteile mit geschnittenen Schokoladenteilen verstreben. Dazu eine Palette oder ein Messer kurz anwärmen.
- Klebestelle der Schokoladenverstrebung auf die Palette drücken.

140

In Kuvertüre tauchen.

Um das Klaviergehäuse zu verschließen, temperierte Kuvertüre auf einen Kunststoffstreifen streichen. Anziehen lassen, bis die Kuvertüre wachsweich ist.

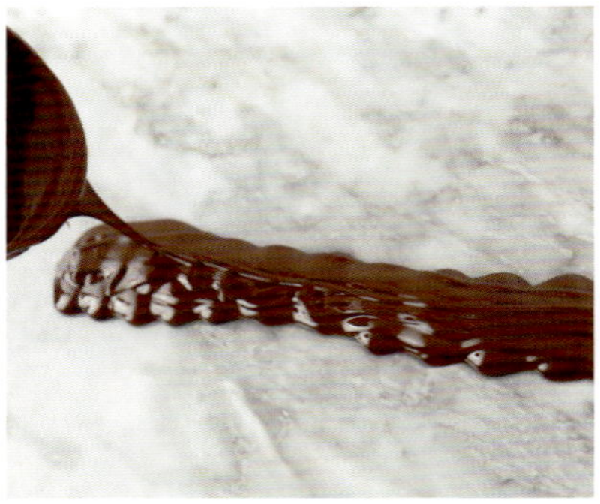

Um den Rand des Klaviaturbodens legen.

Kühl stellen und kristallisieren lassen.

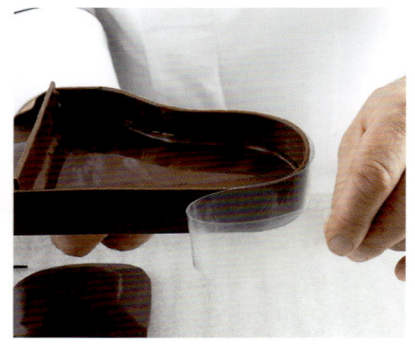

Klavierbeine auf einem heißen Backblech anschmelzen. Kurz auf die vorgesehenen Klebestellen des Klaviaturbodens drücken und wieder abnehmen.

An den Klaviaturboden kleben.

Den Rand des Klaviaturbodens mit einem heißen Messer oder einem Encaustic Mal-Pen anschmelzen. Den mit Kuvertüre bestrichenen Kunststoffstreifen lösen.

Für eine stabile Verbindung entlang der Klebestelle temperierte Kuvertüre aufspritzen.

Kunststoffstreifen abziehen, Klaviergehäuse umdrehen.

Klebestellen mit einem Encaustic Mal-Pen anschmelzen. Klavierbeine auf die Klebestellen drücken. Kühl stellen und anziehen lassen.

Klavierständer anschmelzen, auf die vorgesehene Klebestelle drücken und abnehmen.

Die zu verbindende Seite des Klavierdeckels anschmelzen, in temperierte Kuvertüre tauchen und anziehen lassen. Klavierständer in temperierte Kuvertüre tauchen, auf die Klebestelle drücken.

Die Kante des Klaviergehäuses, an der der Klavierdeckel angebracht wird, anschmelzen. Klavierdeckel in temperierte Kuvertüre tauchen, auf die Kante des Klaviergehäuses drücken.

141

BEISPIEL: ABSTRAKTES DREIDIMENSIONALES OBJEKT

Aus der aufgestrichenen wachsweichen Kuvertüre die Silhouette des Objekts, sein Spiegelbild und rechteckige Teile zum Verstreben schneiden.

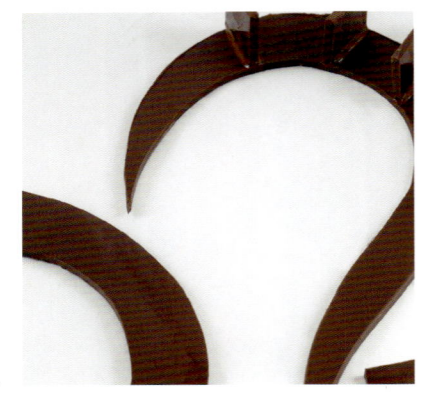

Auf der Silhouette die vorgesehene Klebestelle sowie eine Kante des Schokoladenteils zum Verstreben mit einem Encaustic Mal-Pen anschmelzen.

Schokoladenverstrebung in temperierte Kuvertüre tauchen, auf die Klebestelle drücken. Vorgang mit allen Schokoladenteilen wiederholen. Anziehen lassen.

Objekt umdrehen, die Kanten der Schokoladenverstrebungen auf einem heißen Backblech anschmelzen.

Silhouette auf ihr Spiegelbild drücken und wieder abnehmen.

Auf die Kanten der Schokoladenverstrebungen temperierte Kuvertüre spritzen.

Silhouette auf ihr Spiegelbild drücken, anziehen lassen.

Die Kanten von Silhouette und Spiegelbild auf einem heißen Backblech glätten.

Um das Objekt zu verschließen, temperierte Kuvertüre auf einen Kunststoffstreifen streichen. Anziehen lassen, bis die Kuvertüre wachsweich ist.

Folienstreifen aus der Fläche lösen.

An den Rand des Objekts drücken.

Vorgang wiederholen, bis das Objekt rundherum geschlossen ist. Kühl stellen. Bei 16–18 °C vollständig kristallisieren lassen.

Folienstreifen abziehen.

Überstehenden Rand mit einem Messer wegschneiden.

Flächen mit der Handfläche glatt polieren.

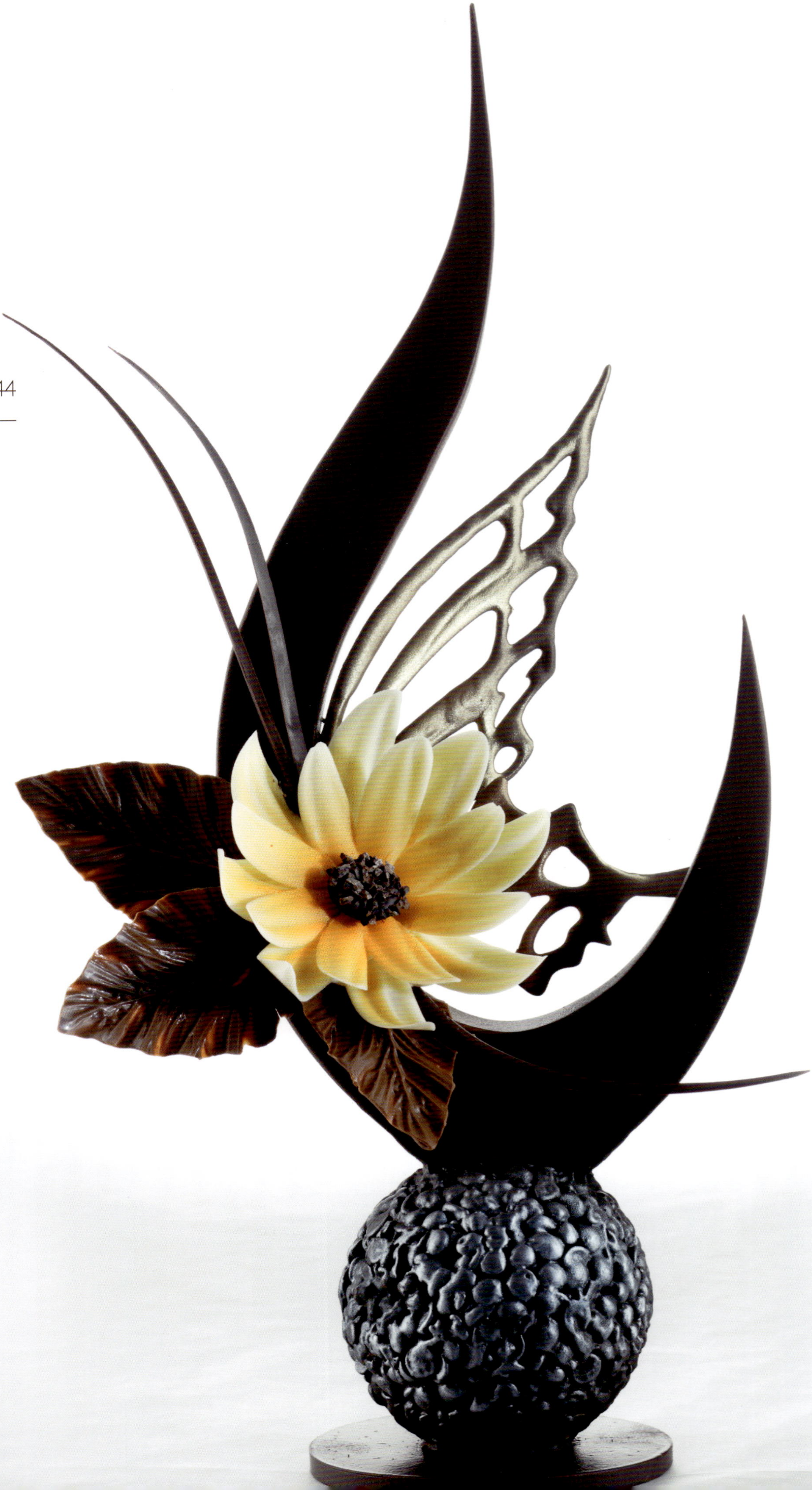

145

KLEBETECHNIK
FÜR ABSTEHENDE SCHOKOLADENTEILE

Abstehende Teile, wie die Hände einer Figur oder der Ast eines Baumes, werden mit einer Klebetechnik, die dem Verkleben mit einem Kontaktkleber ähnelt, verbunden. In Sekundenschnelle erreicht man eine stabile, feste Verbindung der Schokoladenteile, die meist nicht einmal mehr abgestützt werden müssen. Allerdings sollte man dabei äußerst ruhig und gezielt vorgehen, da jegliches Zittern oder Ruckeln die Teile wieder löst.

BEISPIEL: AST

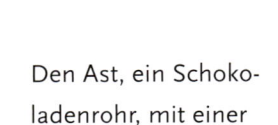

FILM AB

Den Ast, ein Schokoladenrohr, mit einer angewärmten Palette abschneiden.

Schnittkante auf einem heißen Backblech anschmelzen.

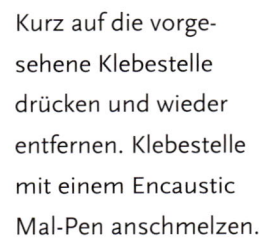

Kurz auf die vorgesehene Klebestelle drücken und wieder entfernen. Klebestelle mit einem Encaustic Mal-Pen anschmelzen.

Den Ast in temperierte Kuvertüre tauchen.

Kurz auf die Klebestelle drücken und abnehmen. Dadurch bleibt an beiden Teilen etwas von der temperierten Kuvertüre haften.

Anziehen lassen, bis die Kuvertüre wachsweich ist. Den Ast nochmals in temperierte Kuvertüre tauchen, einige Sekunden auf die Klebestelle des zweiten Teiles drücken.

GUT ZU WISSEN

Kleine, leichte Teile, die nur appliziert werden, lassen sich gut mit einem Kälte- bzw. Eisspray fixieren. Beim Verkleben von tragenden Teilen sollte Kältespray grundsätzlich vermieden werden, da die temperierte Kuvertüre durch die Kälte einen Schock bekommt: An der Klebestelle entstehen Mikrorisse, die eine Sollbruchstelle im Schaustück darstellen und damit dessen Stabilität gefährden.

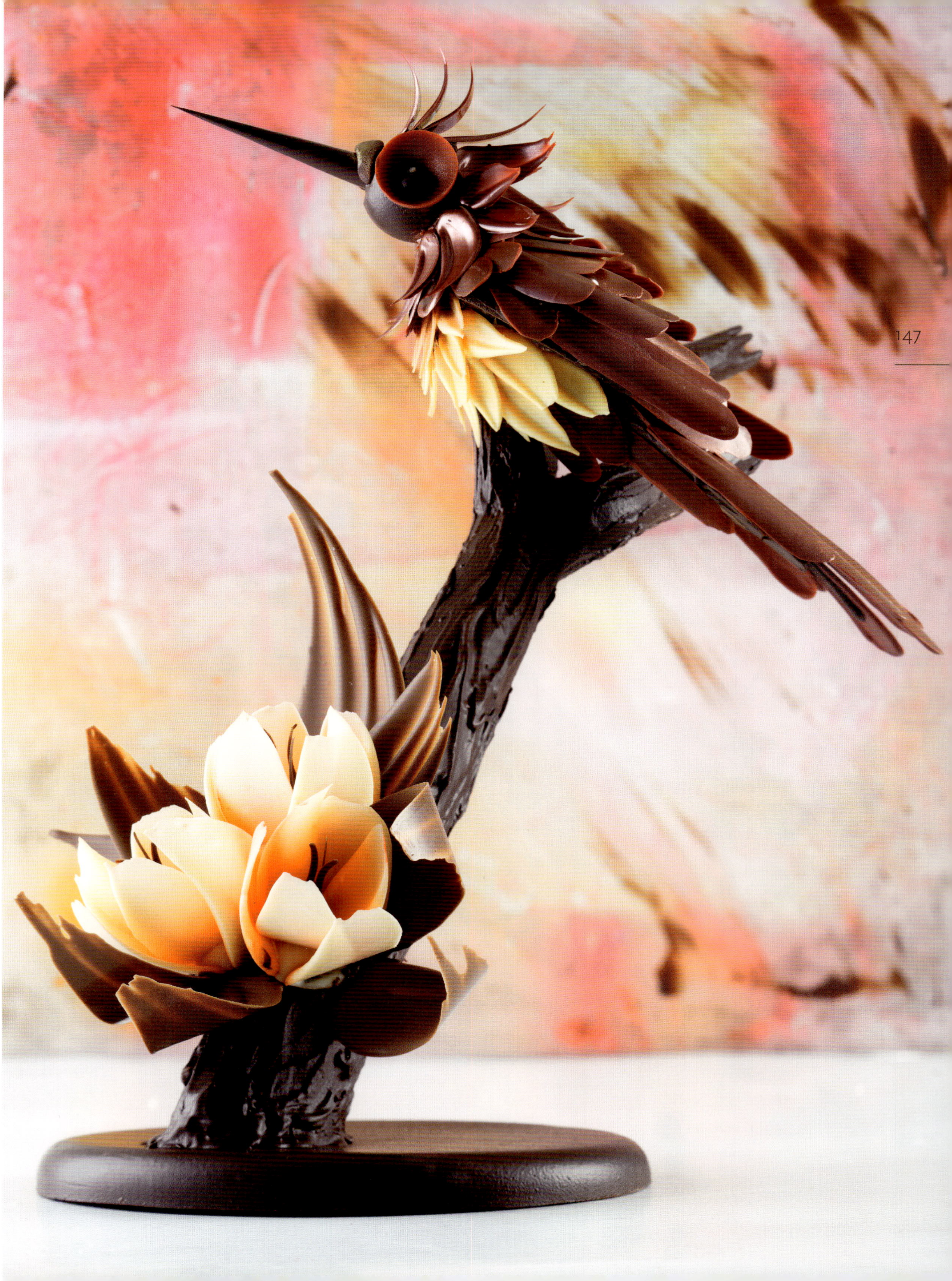

SCHOKOLADENROHRE, SCHOKOLADENSTÄBE, SCHOKOLADENSTANITZEL

Sie dienen meist als gestalterisches Element in Schaustücken.

Schokoladenrohre

- Die Hart-PVC-Folie auflegen. Einen Folienstreifen beim gewünschten Rohrdurchmesser darauflegen. Temperierte Kuvertüre auf die Folie gießen.
- Mit der Winkelpalette verstreichen, dabei die Kuvertüre einige Zentimeter über den Rand der Folie hinausstreichen.

Kuvertüre anziehen lassen, bis sie wachsweich ist. Folienstreifen abziehen.

Hart-PVC-Folie aus der aufgestrichenen Fläche lösen.

Folie zügig einrollen.

Rolle mit Gummibändern oder Klebestreifen fixieren.

Etwas Kuvertüre in das Rohr gießen, um die Stoßkanten zu verbinden.

Überschüssige Kuvertüre mit der Palette abstreifen.

Rohr kühl stellen. Nach dem Kristallisieren Klebestreifen entfernen und die Folie abrollen.

GUT ZU WISSEN

- Die Kuvertüre wird deshalb über den Rand der Folie hinausgestrichen, da sie nach dem Anziehen an den Rändern bereits hart und dadurch nicht mehr formbar ist. Beim Herausziehen der Folie verbleibt der harte Rand auf der Arbeitsfläche.

- Rohre mit großem Durchmesser lässt man aufrecht stehend kristallisieren, damit sie ihren runden Querschnitt beibehalten.

- Rohre mit nicht allzu großem Durchmesser kann man in Plexiglasrohren gießen.

SCHOKOLADENSTÄBE
UND SCHOKOLADENSTANITZEL

Dünne Stäbe lassen sich mit Trinkhalmen oder selbst gefertigten Papierhülsen herstellen. Formen für spitz zulaufende Schokoladenstäbe bzw. -stanitzel werden aus Zellophan gefertigt. Die Formen werden mit der Spritztüte mit temperierter Kuvertüre gefüllt.

SCHOKOLADEN-STÄBE

VARIANTE 1

Temperierte Kuvertüre mit einem Trinkhalm ansaugen.

Öffnung mit dem Daumen verschließen und den Trinkhalm in ein Gefäß mit etwas temperierter, wachsweicher Kuvertüre stellen. Kühl stellen und kristallisieren lassen.

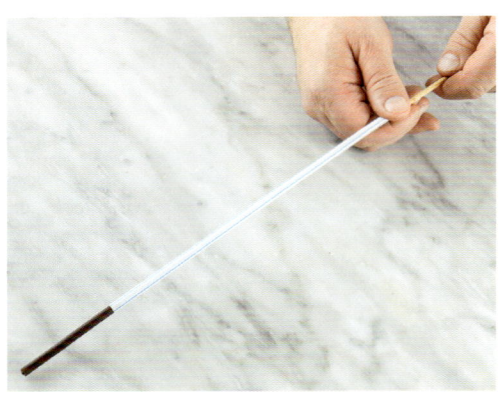

Schokoladenstäbchen mit einem passenden Holzstäbchen etwas aus dem Trinkhalm schieben. Herausziehen.

VARIANTE 2

Ein Stäbchen aus Holz, Metall oder Kunststoff mit Pergaminpapier umwickeln.

Ende mit einem Klebeband fixieren. Holzstäbchen herausziehen.

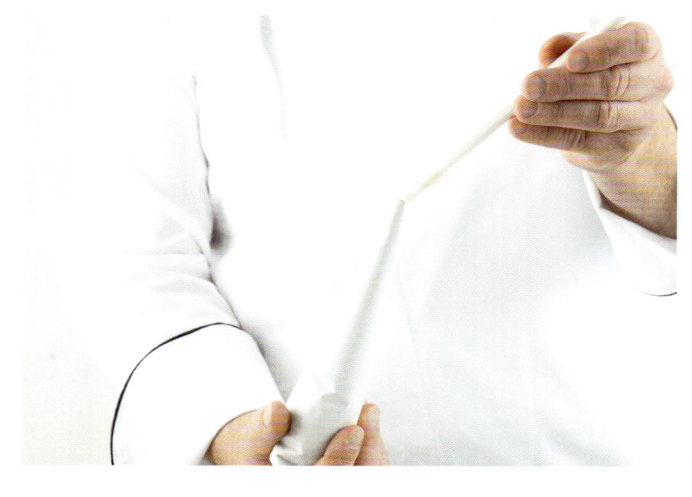

Papierhülsen mit der Spritztüte mit temperierter Kuvertüre von unten nach oben füllen, um Lufteinschlüsse zu vermeiden.

Hülsen mit der Füllöffnung nach unten in ein Gefäß mit etwas temperierter Kuvertüre stellen. Kühl stellen und kristallisieren lassen. Klebeband entfernen und das Papier abrollen.

SCHOKOLADEN-STANITZEL

Eine Spritztüte aus Zellophan formen (siehe Seite 38).

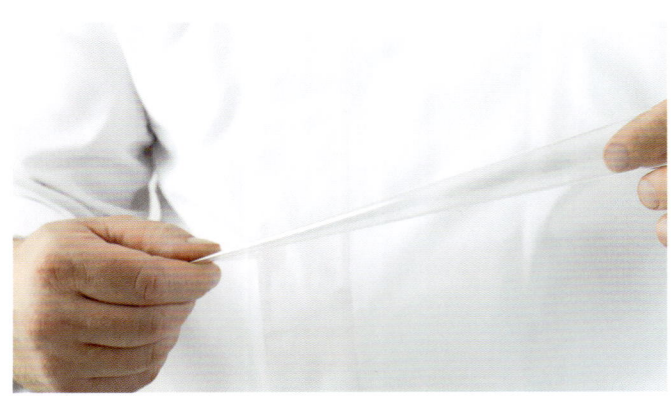

Mit einer Hand das untere Ende der Tüte fixieren und mit Daumen und Zeigefinger der anderen Hand die Tüte in die Länge ziehen. Tütenform mit einem Klebeband fixieren.

Tüte von unten nach oben mit temperierter Kuvertüre füllen (siehe Schokoladenstäbchen) und in ein hohes Gefäß stellen. Kühl stellen und kristallisieren lassen.

Klebestreifen lösen und die Folie etwas abrollen.

Stanitzel aus Form ziehen.

KLASSISCHES
SCHOKOLADENDEKOR

SCHOKOLADENBÖGEN

FILM AB

Ein äußerst zartes Dekor, das so manches Tellerdekor kreativ vollendet.

Ein tiefgekühltes Metallrohr auf ein gekühltes, mit Pergaminpapier belegtes Randblech legen. Temperierte Kuvertüre mit der Spritztüte darüberspritzen.

Gut zu wissen

Für in Serie produzierte Schokoladenbögen füllt man das Metallrohr mit Eis, damit es länger kalt bleibt.

Bögen abstreifen.

Für kleinere Bögen die Kuvertüre über ein Rohr mit kleinerem Durchmesser spritzen.

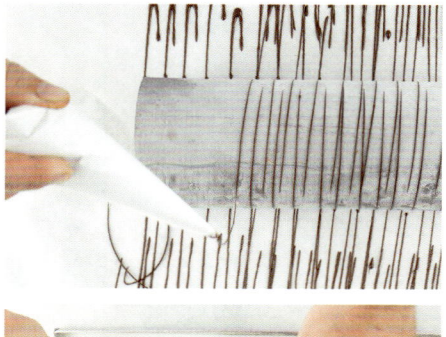

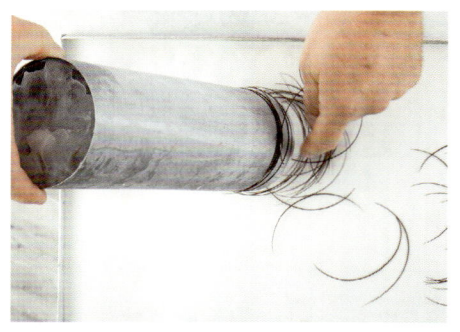

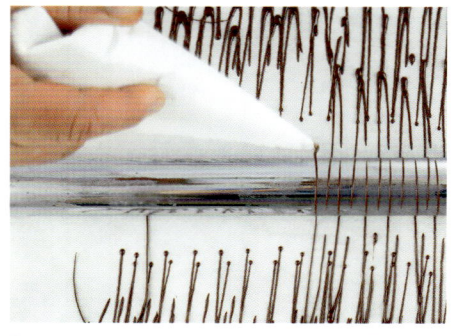

Sofort abstreifen. Bei 18 °C mindestens zwei Stunden kristallisieren lassen.

SCHOKOLADEN-
GITTER

Daraus hergestellte Elemente sind ein beliebtes Teller- und Tortendekor.

Temperierte Kuvertüre mit der Spritztüte auf Kunststofffolie spritzen, dabei einige Zentimeter über den Rand der Folie hinausspritzen. Etwas anziehen lassen.

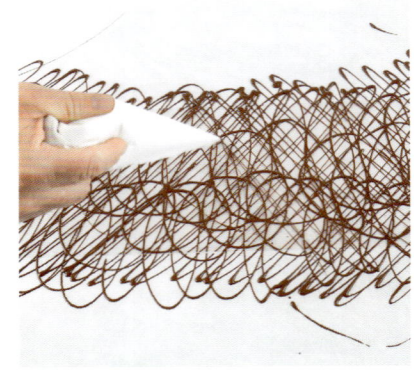

Spritzvorgang wiederholen. Kuvertüre anziehen lassen, bis sie wachsweich ist.

Folie von der Fläche lösen.

Gitter eventuell mit Goldpulver bestauben. Formen ausstechen. Für gebogene Formen das Schokoladengitter mit der Folie einrollen und kristallisieren lassen.

Oder das Schokoladengitter mit einem Messer in die gewünschte Form schneiden. Eventuell formen und kühl stellen.

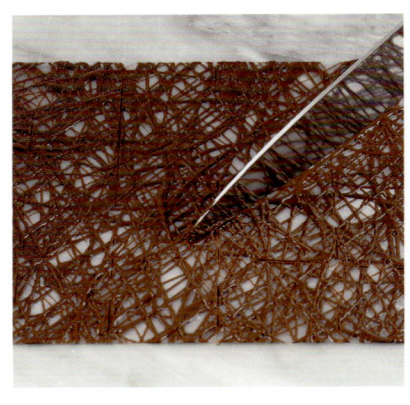

Schokoladengitter auf Pergaminpapier umdrehen, Folie abziehen.

Schokoladenteile von der Fläche lösen.

Die Elemente haben eine glatte, glänzende Rückseite und eine strukturierte Oberfläche.

155

SCHOKOLADENFÄCHER
UND SCHOKOLADENRÖLLCHEN

Fächer und Röllchen lassen sich gut auf Vorrat herstellen. Die folgende Technik ist nicht nur äußerst simpel, sie funktioniert auch immer.

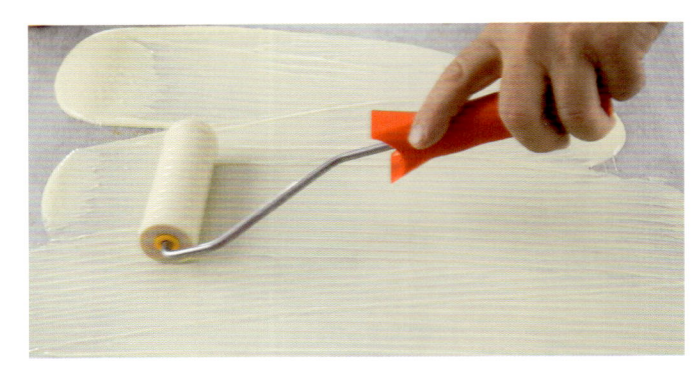

- Für Röllchen ca. 300 g Kuvertüre pro Backblech (65 x 53 cm), für Fächer ca. 200 g auf 45 °C schmelzen. Backblech auf 45 °C temperieren.
- Geschmolzene Kuvertüre mit einer Palette dünn aufstreichen oder mit einer Schaumstoffwalze auftragen. Um eine glatte Oberfläche zu erzielen, das Blech auf die Arbeitsfläche klopfen.
- Mindestens zwei Stunden, besser noch länger, kühl stellen. Vor der Weiterverarbeitung ca. 20 Minuten bei Raumtemperatur stehen lassen.

GUT ZU WISSEN

Damit sich hochprozentige dunkle Kuvertüre (ab einem Kakaoanteil von 70 %) gut formen lässt, gibt man 5–10 % Pflanzenöl dazu.

Mit einer Spachtel Fächer oder Röllchen formen.

SCHOKOLADENRINGE
UND SCHOKOLADENSCHLEIFEN

Ein äußerst zartes Tellerdekor, das sich mithilfe eines Kunststoffkammes rationell herstellen lässt.

Folienstreifen auflegen, temperierte Kuvertüre darübergießen, mit einer Winkelpalette dünn verstreichen.

Mit dem Kunststoffkamm abziehen.

Folie von der Fläche lösen.

Zu Schleifen formen.

Für Schokoladenringe rund formen.

Oder spiralförmig eindrehen.

Geformte Elemente in eine Terrinenform legen. Kühl stellen.

Folie abziehen und einzelne Dekorelemente herauslösen.

OBERFLÄCHEN-
EFFEKTE

FARB-
EFFEKTE

Schokoladenteile, flach oder gebogen, mit einer glänzenden, farbigen Oberfläche wirken äußerst effektvoll, speziell als Element eines Schaustückes. Glanz- und Farbeffekt lassen sich mit relativ einfachen Mitteln – einer glatten Kunststofffolie und Kakaobutterfarben in verschiedensten Varianten – erzielen. Der Kreativität sind dabei keine Grenzen gesetzt: Die Kakaobutter kann gesprüht, gewalzt, gepinselt oder gewischt werden. Auch verschiedene Farbkombinationen mit und ohne Metallic-Farbpulver sind möglich.

FARBEFFEKTE
MIT GEFÄRBTER KAKAOBUTTER

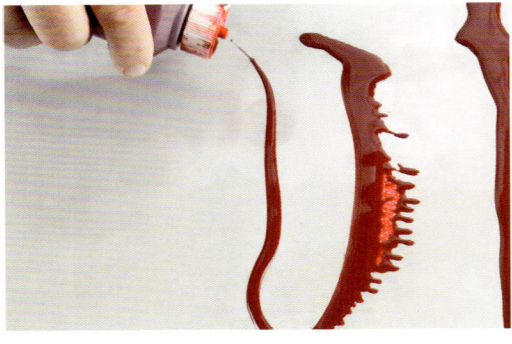

Gefärbte Kakaobutter auf die Kunststofffolie auftragen.

Mit einem Silikonpinsel verstreichen.

Andersfarbige Kakaobutter darüberstreichen.

Abschließend eine Schicht weiße Kakaobutter auftragen.

161

Farbeffekte mit Dekorfolien (Transferfolien)

Dekorfolien, auch Abzieh- oder Transferfolien genannt, sind in verschiedenen Farben, Größen und mit unterschiedlichen Motiven (Herzen, Musiknoten u. Ä.) im Handel erhältlich.

Temperierte Kuvertüre auf die bedruckte Seite der Folie auftragen und anschließend wie bei Farbeffekten mit gefärbter Kakaobutter weiterverarbeiten (siehe Abbildung links).

Sprüheffekte

Natürlich lässt sich gefärbte Kakaobutter ebenso wie gefärbte oder ungefärbte Sprühschokolade zum Besprühen einer Oberfläche nutzen. Je nach Temperatur des zu besprühenden Objekts oder durch Auftragen von Metallic-Farbpulver nach dem Besprühen lassen sich unterschiedliche Effekte erzielen.

Besprüht wird mit einer angewärmten Sprühpistole, um ein Verstopfen der Düse zu verhindern. Sie kann ebenso wie die Sprühschokolade und die Kakaobutter kurzfristig im Wärmeschrank (35 °C) aufbewahrt werden.

Seidenmatte Oberfläche

Das Objekt bei Raumtemperatur mit nicht zu warmer Sprühschokolade (ca. 35 °C) in mehreren dünnen Schichten besprühen. Dadurch wird die Oberfläche gleichmäßig schokoladenfarbig (oder auch bunt) und hat einen leicht seidenmatten Glanz. Ist die Sprühschicht zu dick, wird die Oberfläche grau, da der Kristallisierungsprozess zu lange dauert.

Samteffekt

Das Objekt vor dem Besprühen kurz tiefkühlen. Je höher der Luftdruck beim Sprühen, desto feinsamtiger wird die Oberfläche.

Struktureffekte

Struktureffekte lassen sich mit unterschiedlichen Techniken herbeiführen.

Folieneffekte

Temperierte Kuvertüre entweder auf die Strukturfolie gießen oder die Folie in die noch weiche Kuvertüre drücken (siehe Abbildung rechts).

Knittereffekt

Temperierte Kuvertüre auf zerknülltes Backtrenn- oder Pergaminpapier gießen.

Effektwerkzeuge

Gebürstete, gewalzte Oberflächen, Maserungen u. Ä. werden mit Effektwerkzeugen wie Strukturwalzen, Strukturstempeln, Drahtbürsten, Schaumstoffwalzen oder mit der rauen Seite eines Schwammes angebracht.

Gebürstete Oberflächen

Die Schokoladenoberfläche mit einer Drahtbürste oder mit der rauen Seite eines Schwammes bürsten.

Gewalzte Oberflächen

Auf die Oberfläche der kristallisierten Schokoladenteile mit einer Schaumstoffwalze temperierte Kuvertüre auftragen.

HOLZMASERUNG

Variante 1
- Temperierte Kuvertüre mit einer Palette auf eine Hart-PVC-Folie streichen.
- Holzmaserung durch Auf-und-ab-Bewegungen mit dem Strukturstempel anbringen. Kuvertüre wachsweich anziehen lassen.
- Temperierte weiße Kuvertüre darüberstreichen, wachsweich anziehen lassen.
- Durch Schneiden oder Ausstechen beliebig in Form bringen.

Variante 2
Die Holzmaserung durch Auf-und-ab-Bewegungen mit einem halbrunden Strukturstempel auf der kristallisierten, mit temperierter Kuvertüre bestrichenen Schokoladenoberfläche anbringen.

METALLEFFEKT

Die kristallisierten Schokoladenteile je nach gewünschtem Oberflächeneffekt
- mit Sprühschokolade besprühen.
- mit der Schaumstoffwalze strukturieren.
- mit der rauen Schwammseite bürsten.
- mit dem Holzstempel strukturieren.
- Anschließend mit einem Pinsel Metallic-Farbpulver auftragen.

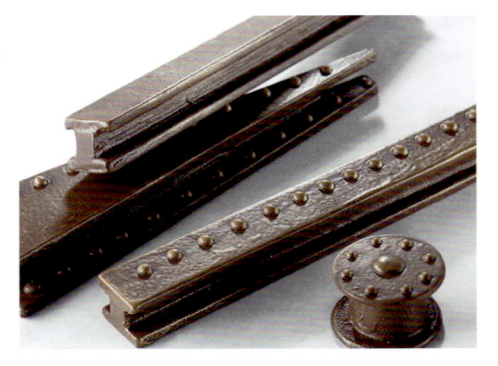

ABSTRAKTE OBERFLÄCHENEFFEKTE

Für bewegte, abstrakte Oberflächen die temperierte Kuvertüre in eine dicke Schicht Kakaopulver, Kristallzucker, Kokosflocken, Kakaobohnenbruch o. Ä. gießen (siehe Abbildung rechts).

SCHOKOLADENGRANULAT

- 500 g gehackte Kuvertüre oder kleine Kuvertüredrops
- 185 g Kakaobutter

Gehackte Kuvertüre oder kleine Kuvertüredrops mit auf 35 °C temperierter Kakaobutter mischen.

Mischung in beliebige Kunststoffformen – Kugel-, Herzformen oder Plexiglasrohre – pressen.

Auf ein mit Pergaminpapier belegtes Backblech stürzen. Mindestens zwei Stunden bei 18 °C kristallisieren lassen.

Hälften auf einem heißen Backblech anschmelzen.

Zwei Hälften zusammenpressen.

Stoßkante glatt streichen.

Kugel auf einen Ausstecher setzen.

Oberfläche eventuell mit gefärbter Kakaobutter oder Sprühschokolade besprühen oder mit Metallic-Farbpulver bestäuben.

SCHOKOLADENTERRAZZO

Für den Terrazzo werden gehackte Kuvertüre und temperierte Kakaobutter im Verhältnis 2 : 1 verarbeitet.

Einen Kapselrahmen auf einem mit Pergaminpapier belegten Randblech vorbereiten. Verschiedene gehackte Kuvertüren mischen.

Kakaobutter auf 35 °C temperieren, etwas rote Lebensmittelfarbe dazugeben.

Damit der Rotton nicht zu künstlich wirkt, eine kleine Menge temperierte Kuvertüre dazugeben und verrühren.

Gefärbte Kakaobutter zur Kuvertüremischung geben.

Gut umrühren.

In den Kapselrahmen füllen.

Oberfläche glatt verstreichen. Kühl stellen.

Sobald die Mischung fest ist, den Schokoladenterrazzo mit einem kleinen Messer aus der Form lösen und mindestens zwei Stunden bei 18 °C kristallisieren lassen.

Flächen des Terrazzos auf einer Wärmeplatte oder einem heißen Backblech glatt schmelzen.

Mit einer breiten Spachtel glätten.

SCHOKOLADE

GUT ZU WISSEN

- Natürlich kann man für den Terrazzo jede beliebige Form verwenden. Wichtig ist, dass die Form gerade Flächen zum Anschmelzen und Glätten hat, um den Terrazzoeffekt zu erzielen.

- Äußerst dekorativ wirken in den Terrazzo eingelegte ausgestochene Schokoladenelemente, z. B. Schneekristalle.

168

169

SCHOKOLADEN-
DRUSEN

Sie werden wie Zuckerdrusen (siehe Seite 256) hergestellt, jedoch besteht die Kugel aus zwei zusammengesetzten Schokoladenhalbkugeln. Die Temperatur der gesättigten Zuckerlösung (siehe Zuckerkristalle, Seite 255) darf beim Eingießen nicht höher als 25 bis 28 °C sein.

Zwei Schokoladenhalbkugeln gießen (siehe Hohlkörper, Seite 125). Formen mit dunkler Kuvertüre ausgießen und den Gießvorgang mit weißer Kuvertüre wiederholen.

Kugelhälften auf einem heißen Backblech anschmelzen.

Zusammensetzen. Anziehen lassen.

Für den Struktureffekt die Schokoladenkugel zwischen den Händen in temperierter Kuvertüre rollen.

In Kakaopulver wälzen und anziehen lassen.

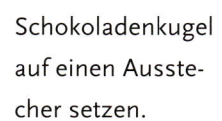

Schokoladenkugel auf einen Ausstecher setzen.

Für die Öffnung der Kugel einen kleinen Ausstecher mit dem Lötbrenner erhitzen.

Ein Loch in die Kugel schmelzen.

Ausgekühlte Zuckerlösung in die Öffnung gießen.

Etwa zwei Wochen stehen lassen. Zuckerkruste mit einem Messer durchstoßen.

Überschüssige Zuckerlösung in ein Gefäß gießen.

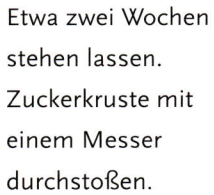

Drusen auf einem Glasiergitter abtropfen lassen.

Aufbrechen.

BLUMEN

Blüten und Blätter aus Schokolade, die Zartheit und Leichtigkeit ausstrahlen, stellen auch für den Profi eine Herausforderung dar. Neben dem optischen Aspekt ist auf eine ausreichende Stabilität zu achten, um die Blüten und Blätter weiterverarbeiten und gegebenenfalls auch transportieren zu können. Was bringt einem die schönste Blume, wenn sie beim Montieren in der Hand zerbricht.

Natürlich lassen sich einfache Blüten auch aus Modellierschokolade – ähnlich wie Marzipanblüten – herstellen. Jedoch sind Blumen aus Schokolade wesentlich effektvoller und auch der Charakter der Kuvertüre wird stärker betont.

Die bei den Tulpen beschriebene Art der Blütenherstellung hat sich aus der Vorbereitung für einen Wettbewerb heraus entwickelt und wird nunmehr schon seit Jahren erfolgreich im Praxisalltag eingesetzt.

DAHLIEN

Temperierte weiße Kuvertüre in Form von Tropfen in Tiefziehformen mit kreisförmigen Vertiefungen spritzen.

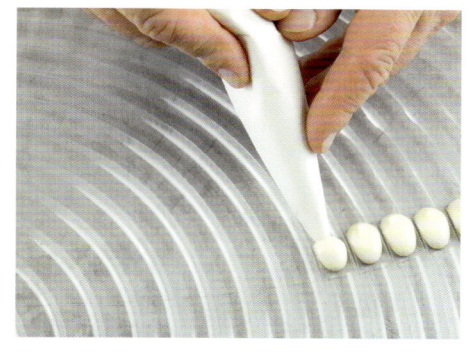

Kuvertüre durch Senkrechthalten der Folie und durch Klopfen in die Länge fließen lassen. Kühl stellen.

Blütenblätter aus der Form lösen, indem man auf der Rückseite der Form die Rillen entlangstreift. Zum Zusammensetzen der Blütenblätter einen runden Karton bis zur Mitte hin einschneiden. Schnittkanten etwas übereinanderschieben, sodass eine leichte Vertiefung entsteht. Form mit einem Klebestreifen fixieren. Eine gleich große Form aus Kunststofffolie herstellen. Kartonform auf einen Dessertring oder Ausstecher setzen, Folienform einlegen.

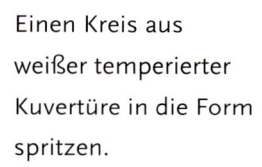

Einen Kreis aus weißer temperierter Kuvertüre in die Form spritzen.

Blütenblätter leicht schräg gestellt arrangieren.

Auf die Blütenblätter einen Kreis aus weißer Kuvertüre spritzen.

Blütenblätter versetzt darauf arrangieren.

In die Blütenmitte weiße Kuvertüre spritzen.

Vier Blütenblätter einsetzen. Zwischenräume mit Blütenblättern füllen.

TULPEN

Punkte aus temperierter weißer Kuvertüre auf eine Hart-PVC-Folie spritzen.

Punkte mit einer Gummispachtel einmal ausstreichen, sodass ein Tropfen entsteht. Die Blütenblätter sollten möglichst gleich groß sein.

Mit der Airbrushpistole in einem sanften Farbverlauf ...

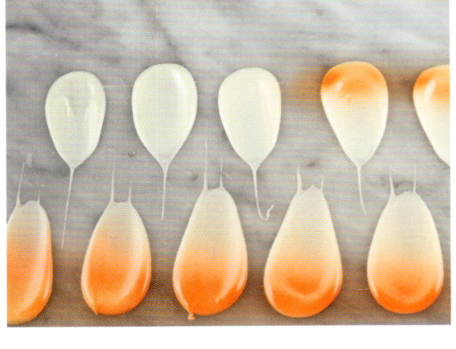

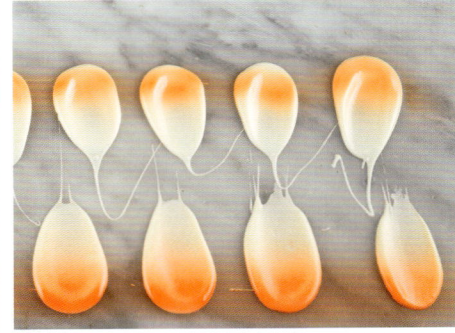

... von dunkel auf hell kolorieren.

Um die Blütenblätter zu formen, die Folien in Terrinenformen legen. Kühl stellen.

Für die Staubgefäße einfache Schwünge aus temperierter Kuvertüre auf eine Kunststofffolie spritzen. Kühl stellen.

Folie mit den Blütenblättern aus der Form nehmen.

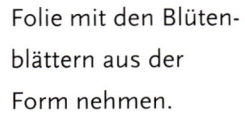

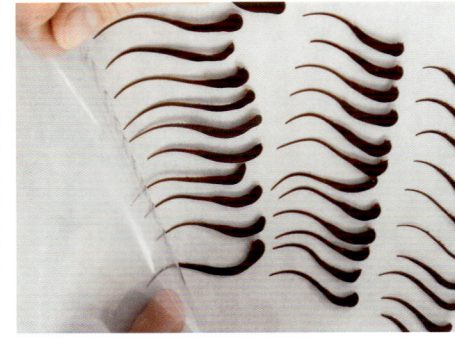

Folie mit den Staubgefäßen auf Pergaminpapier stürzen, Folie abziehen.

Etwas temperierte weiße Kuvertüre in halbkugelige Flexipanformen (Ø ca. 6 cm) spritzen.

Drei Blütenblätter einsetzen.

Drei weitere Blütenblätter versetzt arrangieren.

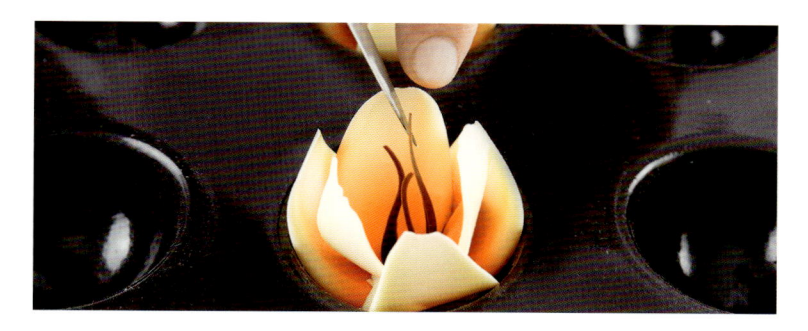

Zum Einsetzen der Staubgefäße in die Mitte etwas weiße Kuvertüre spritzen – nur so viel, dass sie nicht herausquillt und die Staubgefäße gerade noch Halt finden. Sobald die Kuvertüre wachsweich ist, drei Staubgefäße einsetzen.

Die Blütenmitte mit der Airbrushpistole zart färben, um eventuelle Klebestellen abzudecken. Fertige Blüten in den Flexipanformen lagern und transportieren. Bei Bedarf von unten aus der Form drücken.

GUT ZU WISSEN

Grundsätzlich werden Schokoladenprodukte mit fettlöslicher Lebensmittelfarbe koloriert. Solange die Kuvertüre jedoch noch nicht angezogen hat bzw. weich ist, lässt sie sich gut mit wasserlöslicher Lebensmittelfarbe mit der Airbrushpistole färben.

LOVE, PEACE AND FREEDOM

Dekorationen auf Torten setzen eine gewisse Stabilität des Tortenkörpers und eine eher feste, tragfähige Oberfläche voraus. Viele kulinarisch interessante Variationen der modernen Konditorei, wie leichte Obers-, Mousse- und Fruchttorten, scheiden deshalb von vornherein aus, ebenso wie Oberflächen aus weichen Gelee- und Canacheglasuren oder Schaummassen.

Eine empfehlenswerte Alternative ist, die Torte auf eine größere stabile Unterlage zu stellen und das Dekor daneben zu platzieren. Der Vorteil liegt auf der Hand: Die Torte lässt sich auf jegliche Art zubereiten und auch perfekt aufschneiden, ohne dass Dekor und Torte dabei Schaden nehmen.

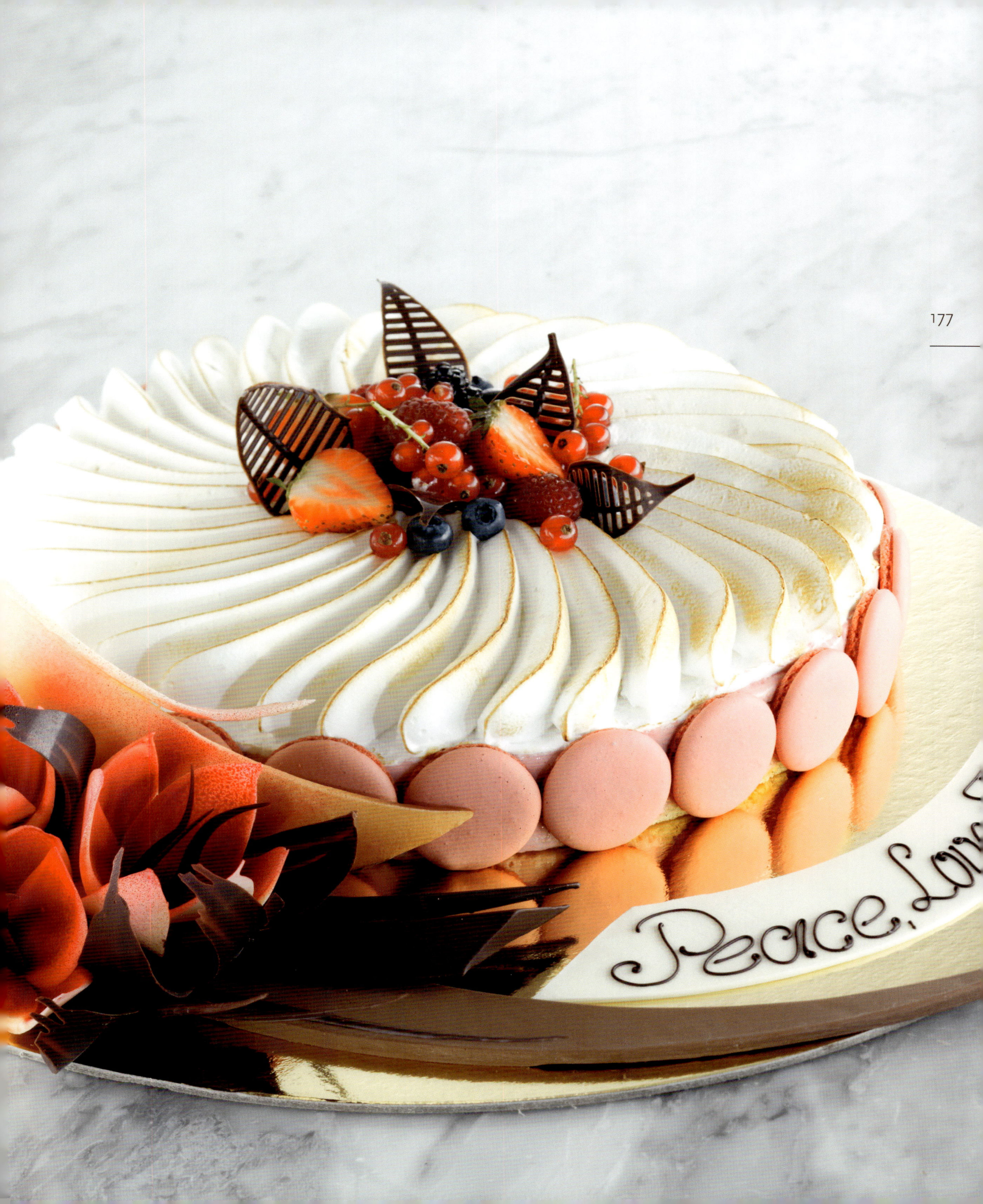
Peace,

SEEROSEN & LOTUSBLUMEN

Die stilisierten Blütenblätter werden in Spezialformen aus Hart-PVC gegossen. Die Formen sind im Handel erhältlich, man kann sie aber auch selbst herstellen (siehe Tiefziehformen, Seite 132).

Temperierte weiße Kuvertüre in die Vertiefungen füllen – sie sollen nicht ganz gefüllt sein.

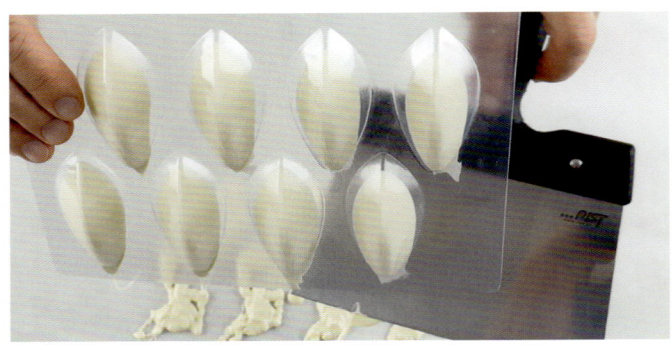

Form gegen die Arbeitsfläche klopfen, damit eventuelle Lufteinschlüsse entweichen. Umdrehen, überschüssige Kuvertüre ausfließen lassen und mit der Spachtel abstreifen.

Form zum Kristallisieren der Kuvertüre schräg abstellen. Dabei fließt die Kuvertüre nach unten, der obere Rand der Blüten wird dünner, der Blütenansatz dicker und dadurch stabiler.

Die Blütenblätter, solange die Kuvertüre noch weich ist, mit der Airbrushpistole kolorieren. Form kühl stellen. Blütenblätter entformen, sobald sie sich leicht von der Form lösen.

Zum Zusammensetzen der Blütenblätter einen Kreis aus weißer Kuvertüre auf Pergaminpapier spritzen.

GUT ZU WISSEN

Um eine fülligere Blütenform zu erzielen, die Blütenblätter auf einer aus weißer Kuvertüre gegossenen Halbkugel arrangieren.

Zwölf Blütenblätter vorsichtig darauf arrangieren.

Auf die Blütenblätter einen Ring aus weißer Kuvertüre spritzen.

Acht Blütenblätter versetzt arrangieren.

In die Blütenmitte weiße Kuvertüre spritzen.

Drei Blütenblätter in die Mitte der Blume setzen.

Zwischenräume mit Blütenblättern füllen.

LILIEN

- Blütenblätterformen aus Silikon anfertigen. Dazu natürliche Blätter mit Silikonmasse (siehe Seite 94) bepinseln, über Nacht trocknen lassen. Anschließend die Blätter abziehen.
- Silikonformen in temperierte weiße Kuvertüre tauchen.
- In Terrinenformen legen.
- Mit der Airbrushpistole kolorieren und sprenkeln. Kühl stellen.
- Etwas temperierte weiße Kuvertüre in kegelförmige Flexipanformen spritzen.
- Drei Blütenblätter einsetzen, drei weitere versetzt arrangieren.
- Für den Mittelteil des Stempels einen kleinen Strang aus temperierter Milchkuvertüre auf Pergaminpapier spritzen und kristallisieren lassen. Umdrehen und die Rückseite aufspritzen.
- Für die feinen Staubgefäße die Kuvertüre über tiefgekühlte Rohre spritzen (siehe Schokoladenbögen, Seite 153).
- In die Mitte der Blütenblätter weiße Kuvertüre spritzen. Stempelteile einsetzen.

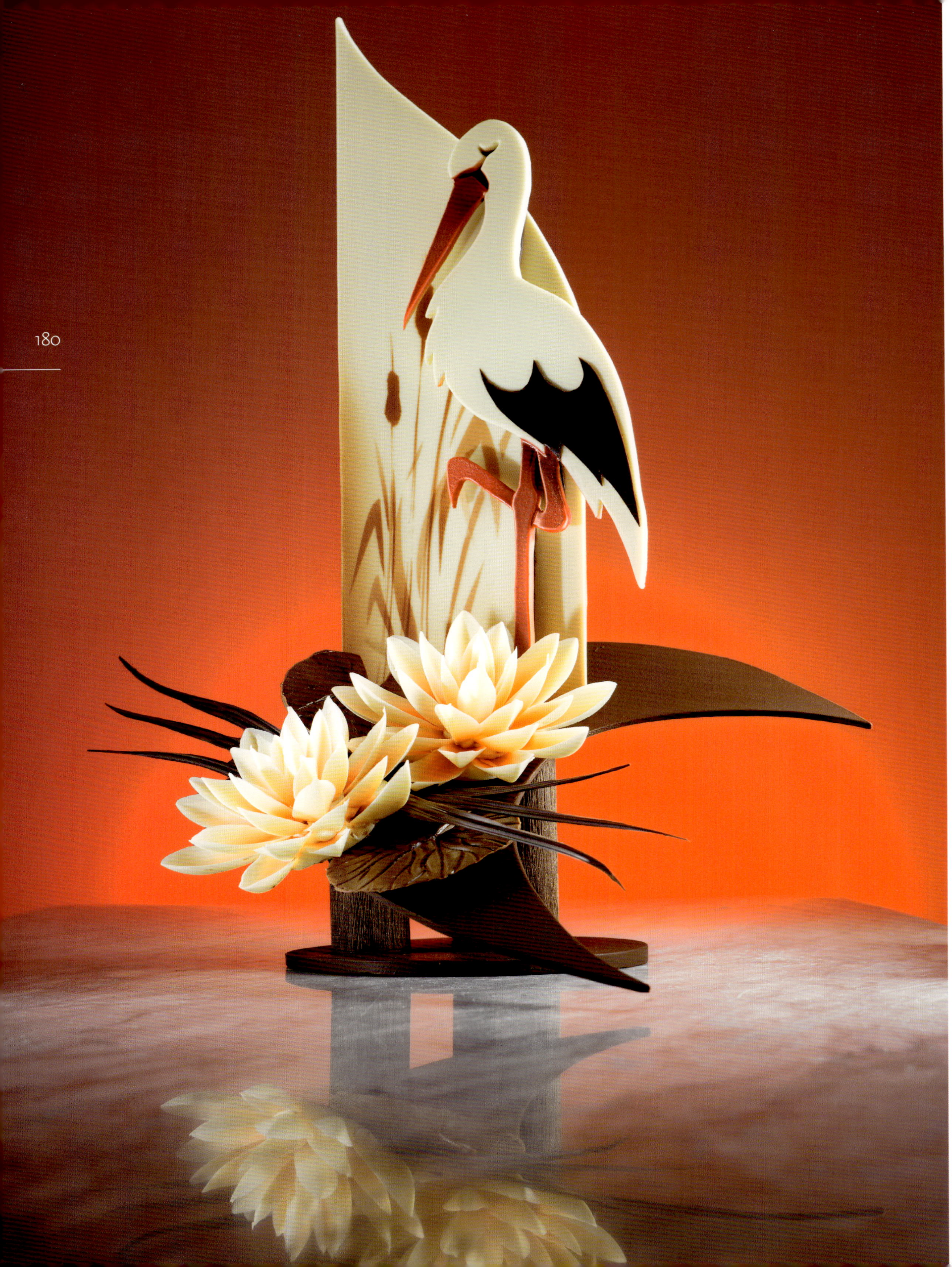

CHRYSANTHEMEN

- Kleine und große Blütenblätter in vier verschiedenen Größen auf Kunststofffolie spritzen (siehe Tulpen). Eher kleine schlanke für die Knospe und eher große für das Äußere der Chrysantheme.
- Blütenblätter wie bei den Tulpen kolorieren und formen.
- Für das Innere der Chrysantheme etwas temperierte weiße Kuvertüre in halbkugelige Flexipanformen (Ø ca. 6 cm) spritzen.
- Ca. zwölf kleinere Blütenblätter, je nach Größe der Blume, in der Form arrangieren.
- Kühl stellen.

Das Äußere der Chrysantheme wird mithilfe eines Ausstechers (Ø 12–16 cm) o. Ä. geformt. Dazu entlang der Innenseite des Ausstechers mit etwas Abstand zum Formenrand einen Kreis aus temperierter weißer Kuvertüre spritzen.

Sechs Blütenblätter vorsichtig einsetzen.

Auf die Blütenblätter einen Kreis aus temperierter Kuvertüre spritzen.

Sechs Blütenblätter versetzt arrangieren.

Etwas Kuvertüre in die Mitte spritzen und den gekühlten Innenteil einsetzen.

Sollte der Abstand zwischen Innenteil und Äußerem der Chrysantheme zu groß sein, noch eine Reihe Blütenblätter einsetzen. Eventuell in der Mitte mit der Airbrushpistole kolorieren.

82

FANTASIE-
BLUMEN

ROSALIA

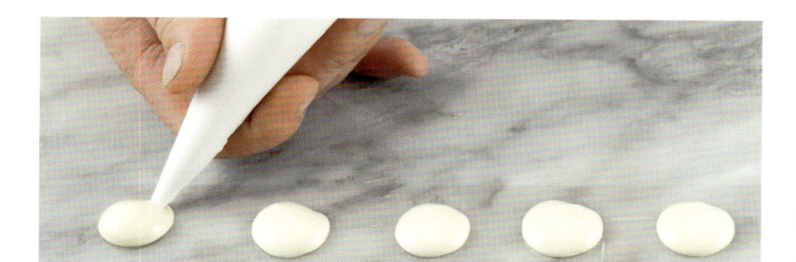

FILM AB

Punkte aus temperierter weißer Kuvertüre auf eine Hart-PVC-Folie spritzen. Für zweifärbige Blütenblätter etwas dunkle Kuvertüre aufspritzen.

Mit einem kleinen Messer eine Spitze herausziehen.

Folie senkrecht halten, sodass die Kuvertüre nach unten fließt.

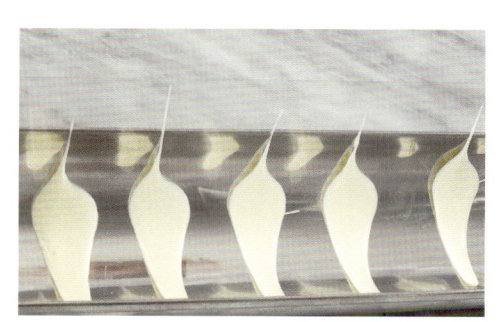

Folie in eine Terrinenform legen. Kühl stellen.

Einen Kreis aus temperierter weißer Kuvertüre auf ein mit Pergaminpapier belegtes Backblech spritzen. Blütenblätter darauf arrangieren.

Für eine schmälere Form die Blütenblätter mit einem Ausstecher umstellen oder gleich zu Beginn in einem Ausstecher arrangieren (siehe Chrysanthemen). In die Mitte etwas weiße Kuvertüre spritzen und eine farbige Hohlkugel einsetzen. Kühl stellen.

GROSSE SONNE

Blütenblätter aus Kunststofffolie ausschneiden, insgesamt zehn bis zwölf große und genauso viele kleine.

Einen Folienstreifen auflegen. Blütenblätter mit der Spitze nach oben entlang der oberen Kante auflegen. Weiße oder gelb gefärbte, temperierte Kuvertüre dünn darüberstreichen.

Folienstreifen aus der Fläche lösen.

Mit der Airbrushpistole einen Farbverlauf auf die noch weichen Blütenblätter sprühen.

Blütenblätter samt Folie aus der Fläche lösen.

In kegelförmige Vertiefungen stellen. Kühl stellen, bis sich die Blütenblätter leicht von der Folie lösen.

GUT ZU WISSEN

Sehr gut eignen sich dafür Spritztüllen, die in eine Styroporplatte gesteckt werden. Ist die Kuvertüre dabei noch weich – nicht dünnflüssig –, läuft sie nach unten. Dadurch erhält das Blütenblatt oben eine zarte Kante und unten, wo sich die Kuvertüre sammelt, einen stabilen Blütenansatz.

In der Zwischenzeit eine Form wie bei den Dahlien vorbereiten. Den Folienkegel mit temperierter Milchkuvertüre auspinseln und in die Form legen.

Einen Kreis aus temperierter gelb gefärbter Kuvertüre aufspritzen.

Darauf die großen Blütenblätter arrangieren.

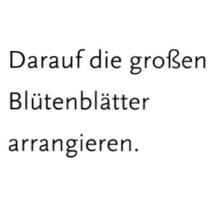

Blütenblätter mit einem Encaustic Mal-Pen anschmelzen.

Kleine Blütenblätter versetzt darauf arrangieren.

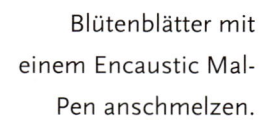

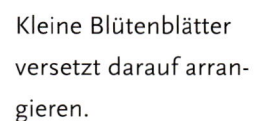

In die Blütenmitte gelb gefärbte Kuvertüre spritzen.

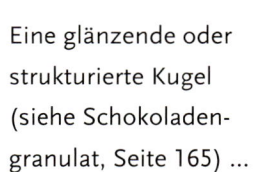

Eine glänzende oder strukturierte Kugel (siehe Schokoladengranulat, Seite 165) ...

... oder Staubgefäße o. Ä. in die Mitte setzen.

Kleiner Sonnstern

Bei dieser Blume werden die Blütenblätter mit einem kleinen Messer, dessen Schneide und Klingenrücken gleich gewölbt sind, hergestellt.

FILM AB

Das Klingenblatt in die temperierte Kuvertüre tauchen, auf die Kunststofffolie legen, hochheben und in Richtung Körper wegziehen.

Blütenblätter mit dem Blütenansatz nach unten in eine Terrinenform legen. Kühl stellen. Nach dem Kristallisieren mit weißer Kuvertüre zu einer Blume zusammensetzen.

BLÄTTER

In einem perfekt inszenierten Blumenarrangement dürfen Blätter nicht fehlen. Um den Schokoladencharakter des Arrangements zu betonen, werden nachfolgend beschriebene Blätter aus Milchkuvertüre und dunkler Kuvertüre hergestellt. Sie sind somit schokoladenfarbig und nicht grün – Grün wirkt oftmals sehr künstlich. Natürlich lassen sich die Blätter auch aus gefärbter weißer Kuvertüre herstellen oder mit der Airbrushpistole kolorieren – aber das bleibt der Kreativität des Einzelnen überlassen.

Grundsätzlich empfiehlt es sich, die Blätter immer in verschiedenen Größen und in genügender Anzahl herzustellen. Das erleichtert es, kurzfristig die passenden Blätter für ein Arrangement zu finden, denn Arrangieren ist meist ein spontaner Prozess. Die Wahl des Blattes hängt von der Größe und Farbe der Blüten ab, auch die Positionierung im Arrangement spielt eine Rolle.

EINFACHE BLÄTTER

Punkte aus temperierter Kuvertüre auf eine Hart-PVC-Folie spritzen.

GUT ZU WISSEN

Beim Ausstreichen der Kuvertürepunkte ist darauf zu achten, dass das Blatt an seiner spitzen Seite ganz dünn ist, während die zum Montieren verwendete Seite dick bleiben soll.

Punkte mit einem kleinen Messer oder einer kleinen Palette drei- bis viermal ausstreichen, sodass ein strukturierter Tropfen entsteht.

Folie mit den Blättern in eine Terrinenform oder flach auf ein Backblech legen.

Kühl stellen, bis sich die Blätter leicht von der Folie lösen. Folie auf Pergaminpapier gleiten lassen.

Blätter von der Folie lösen.

STILISIERTE BLÄTTER

Mit dieser Technik lassen sich äußerst zart wirkende, zerbrechliche Blätter herstellen. Eigentlich vermitteln sie den Eindruck eines Blattgerüstes, das nur aus den Blattadern besteht.

GROBE BLÄTTER

Hart-PVC-Folie in handliche, der gewünschten Blattgröße entsprechende Quadrate schneiden.

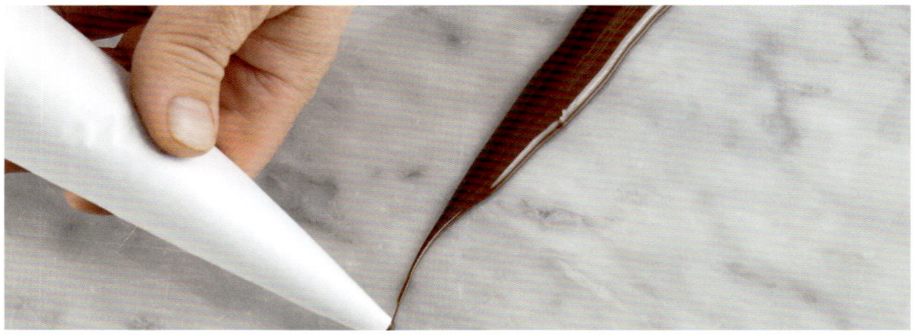

Entlang der Folienmitte einen dicken Strang temperierte Kuvertüre aufspritzen.

Den weichen Kuvertürestrang mit einem Garnierkamm von der Mitte ausgehend nach rechts und links kämmen, sodass in der Mitte ein schmaler Steg entsteht.

Mit dem Finger oder einer kleinen Gummispachtel links und rechts des Steges von unten nach oben die Blattkontur bestimmen.

Entlang der Blattmitte Kuvertüre aufspritzen, um den Stiel und die Blattmitte zu betonen.

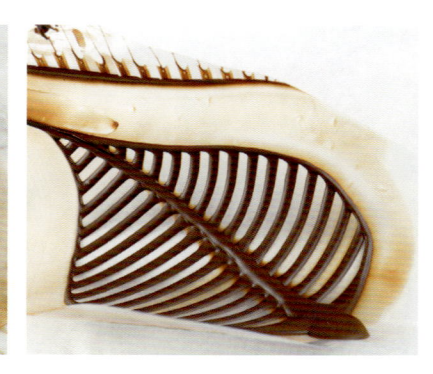

Das Blatt eventuell formen, z. B. in eine Rundbogenform legen. Kühl stellen. Folie auf Pergaminpapier legen.

Blatt von der Folie lösen.

KLEINE BLÄTTER

Diese Art der Herstellung wird bei serieller Produktion eingesetzt.

- Temperierte Kuvertüre der Länge nach auf einen Streifen Hart-PVC-Folie gießen.
- Kuvertüre mit der Palette gleichmäßig dünn verstreichen.
- Mit dem Garnierkamm abziehen.

Mit einem Silikonschaber schlaufenförmig die Blattkontur herausarbeiten.

Entlang der Blattmitte einen dünnen Strang Kuvertüre aufspritzen. Blätter eventuell mit Metallic-Farbpulver bestäuben.

Folienstreifen in eine Terrinenform legen. Kühl stellen.

Folie aus der Form gleiten lassen. Umdrehen, Folie vorsichtig abziehen.

Blätter aus der Fläche lösen.

NATURALISTISCHE BLÄTTER

MIT NATÜRLICHEN BLÄTTERN

Die Schokoladenblätter werden auf der Rückseite von sauberen, essbaren Blättern (z. B. Rosenblättern) aus der Natur hergestellt. Dadurch haben sie auch die Blattstruktur eines echten Blattes. Naturalistische Blätter passen jedoch nicht immer zu stilisierten Blüten.

Die Rückseite des Blattes mit temperierter Kuvertüre bepinseln.

In temperierte Kuvertüre tauchen.

Überschüssige Kuvertüre abstreifen.

Blatt auf Pergaminpapier legen. Kühl stellen.

Den Blattrand mit einem Encaustic Mal-Pen anschmelzen. Das echte Blatt abziehen.

MIT TIEFZIEHFORMEN

Naturalistische Blattformen in verschiedenen Größen lassen sich auch mit selbst hergestellten Tiefziehformen (siehe Seite 132) anfertigen.

Diese haben den Vorteil, dass die Blätter nach dem Ablösen der Folie eine hochglänzende Oberfläche haben.

VARIANTE 1

Folienblatt mit temperierter Kuvertüre bepinseln.

In temperierte Kuvertüre tauchen.

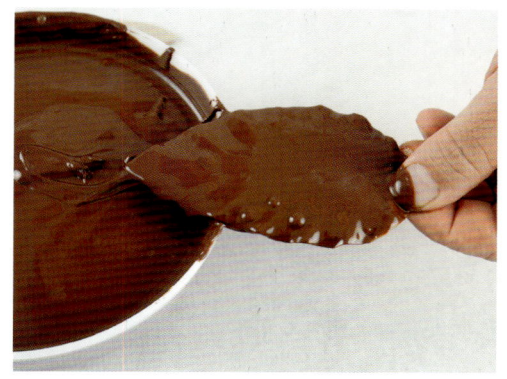

Überschüssige Kuvertüre abstreifen, Blatt auf Pergaminpapier legen. Kühl stellen. Form ablösen.

VARIANTE 2

Die Blattform, z. B. eines Eichenblattes, mit temperierter Kuvertüre in die Tiefziehform spritzen. Kühl stellen.

Schokoladenblatt aus der Form stürzen.

Stiele, Schwünge, Äste

Ein Arrangement braucht verschiedene Elemente, die ihm Bewegung und Schwung verleihen. Stiele, Stäbe und Schwünge, aber auch Elemente wie Rinde oder Ast geben dem Arrangement den nötigen Pep.

Stiele und Schwünge

Temperierte Kuvertüre mit der Spritztüte in Tiefziehformen spritzen.

Oder freihändig auf Pergaminpapier spritzen.

Äste

Äußerst dekorativ wirken in Kakaopulver hergestellte Äste (siehe Seite 128).

GRAFISCHE SCHOKOLADEN-TECHNIKEN

KAKAO-MALEREI

Malen mit Kakao als Pigment ist eine relativ alte Technik. Gemalt wird auf Marzipan, weißer Schokoladenmodelliermasse und Zuckermodelliermasse sowie auf Gelatinezucker.

- Das Marzipan dünn ausrollen. Die Oberfläche mit dem Handballen polieren, um eine möglichst glatte Oberfläche zu erzielen. Mit einer dünnen Schicht Kakaobutter besprühen und einige Tage trocknen lassen. Ist das Marzipanblatt zu frisch, neigt die Kakaomalerei zum Verlaufen.

- Weiße Schokoladenmodelliermasse eignet sich noch besser als Marzipan. Sie ist wie Marzipan zu behandeln, kann allerdings gleich nach dem Abtrocknen der aufgesprühten Kakaobutter bemalt werden.

- Zuckermodelliermasse und Gelatinezucker sind ideal, wenn man einen reinweißen Hintergrund haben will. Beide Massen nach dem Ausrollen mit den Handflächen polieren und abtrocknen lassen. Ein Besprühen mit Kakaobutter erübrigt sich.

MALPROZESS
(BEISPIEL: PFERD)

FILM AB

Je nach künstlerischer Begabung kann das Motiv freihändig oder mithilfe einer Vorlage gemalt werden.

- Dünn ausgerolltes Trägermaterial über das Motiv legen. Eventuell auf einem Leuchttisch arbeiten, um die Sichtbarkeit des Motivs zu erhöhen. Oder das Motiv direkt mit einem Papierbildprojektor auf das Trägermaterial projizieren.

- Zum Anrühren der Kakaofarbe eine Emulsion aus flüssiger Kakaobutter und Pflanzenöl im Verhältnis 1 : 1 mischen. Je nach Kakaosorte und -marke lassen sich unterschiedliche Grundtöne erzielen, von Rötlichbraun bis Dunkelbraun.

- Gefäß mit der Emulsion auf eine Wärmeplatte oder auf ein mit Pergaminpapier belegtes warmes Blech stellen. Blech zwischendurch immer wieder kurz erwärmen. Etwas Kakaopulver neben das Gefäß geben.
- Mit dem Pinsel eine kleine Menge der Emulsion auf das Papier geben und mit etwas Kakaopulver verrühren. Das Verhältnis zwischen Emulsion und Kakaopulver bestimmt den Farbton: Je mehr Kakaopulver, desto dunkler die Farbe. Umgekehrt, je mehr Emulsion, desto heller der Farbton.

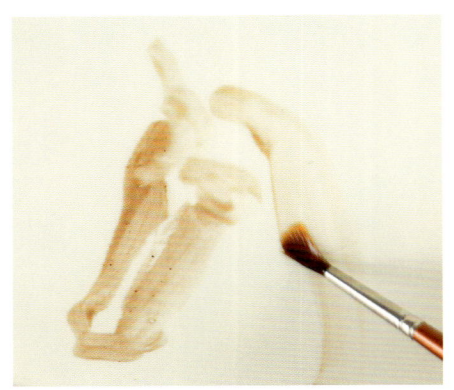

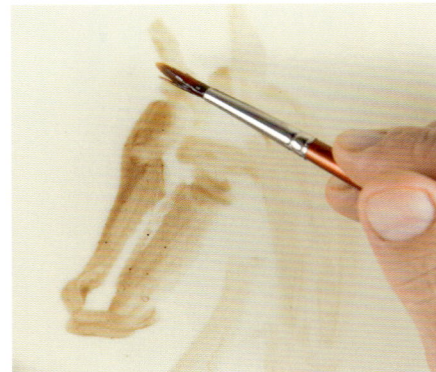

Die Grundform des Motivs mit einem breiten Pinsel festlegen.

Details mit einem feinen Pinsel ausarbeiten.

Feinheiten herausarbeiten, größere Flächen mit dem Stielende des Pinsels, ...

... kleine, weiße Flächen mit der Messerspitze.

SCHABLONEN-
SPRÜHTECHNIK

Wie der Name bereits sagt, benötigt man für diese Technik Schablonen, um ein beliebiges Motiv mit Kuvertüre umzusetzen. Am besten eignen sich hierfür selbst gefertigte Schablonen aus Polystyrol (siehe Kapitel Zucker, vom Motiv zur Schablone, Seite 261).

Das Motiv wird mit einer Sprühpistole – Düsendurchmesser 0,7 bis 1,5 mm – mit Sprühschokolade auf eine 0,15 mm dünne Hart-PVC-Folie übertragen. Um farbige Akzente zu setzen, kann auch gefärbte Kakaobutter eingesetzt werden.

Bei manchen Motiven arbeitet man mit mehreren Schablonen, um dem Motiv mit verschiedenen Hell-dunkel-Schattierungen die nötige Tiefe und Farbintensität zu geben. Das Spiel aus Licht und Schatten lässt das Motiv lebendig erscheinen. Jedoch können auch einfache, mit nur einer Schablone hergestellte stilisierte Motive sehr wirkungsvoll und attraktiv sein.

Ob eine oder mehrere Schablonen, das Resultat ist in beiden Fällen gleich: ein Bild auf weißer Kuvertüre mit glänzender Oberfläche.

SPRÜHPROZESS
(BEISPIEL: LÖWENKOPF)

Der Löwenkopf wird mit vier verschiedenen Schablonen hergestellt, die übereinandergelegt deckungsgleich sind.

Erste Schablone auf die Folie legen, mit kleinen Gewichten beschweren und mit der Sprühpistole besprühen. Schablone entfernen. Anziehen lassen.

Zweite Schablone deckungsgleich darüberlegen.

Sprühvorgang wiederholen.

Schablone entfernen. Anziehen lassen.

Dritte Schablone auflegen.

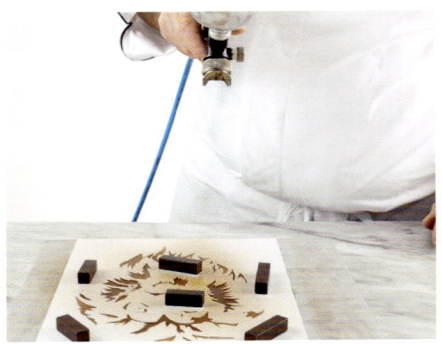

Sprühvorgang wiederholen.

Schablone entfernen. Anziehen lassen.

Vierte Schablone auflegen. Sprühvorgang wiederholen.

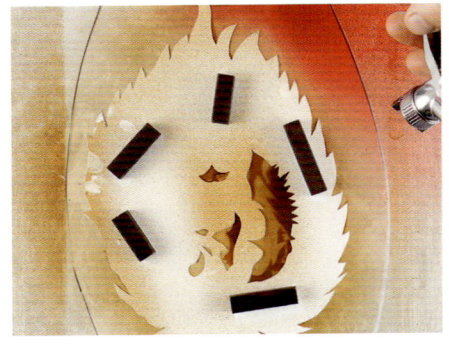

Folienrand mit gefärbter Kakaobutter besprühen.

Schablone entfernen.

Freihändig Schatten in das Löwengesicht sprühen. Trocknen lassen, bis die Sprühschicht nicht mehr glänzt.

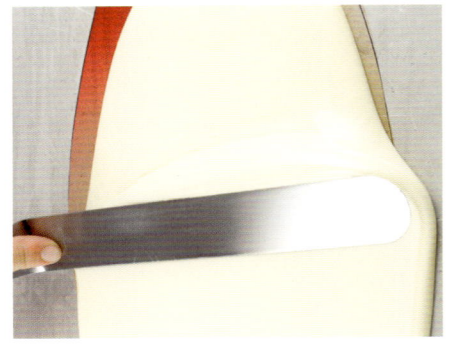

Folie von der Fläche lösen und auf ein Backblech legen. Temperierte weiße Kuvertüre darüberstreichen, dabei die Kuvertüre über den Rand der Folie hinausstreichen.

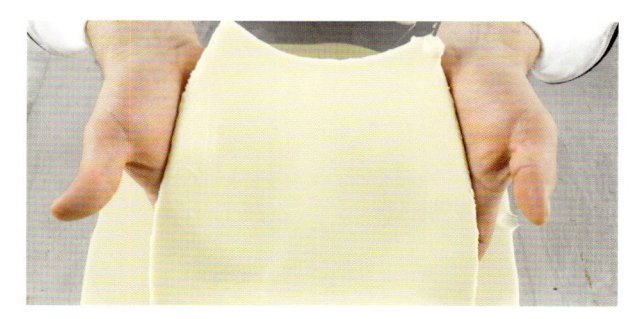

Blech auf die Arbeitsfläche klopfen, um eine glatte Oberfläche zu erzielen. Kuvertüre wachsweich anziehen lassen. Folie von der Fläche lösen.

In eine halbrunde Form legen.

Kanten mit einem Messer sauber schneiden. Kühl stellen und kristallisieren lassen. Folie aus der Form nehmen. Umdrehen und Folie abziehen.

GUT ZU WISSEN

- Um ein Verwischen der Sprühschichten zu vermeiden, muss die gesprühte Schokoladenschicht angezogen haben, bevor die nächste Schicht aufgetragen wird.

- Die Kuvertüre darf beim Formen bzw. Einlegen in die Form nicht zu kalt sein, mindestens 31 °C, da sich das gesprühte Motiv ansonsten nicht mit der Kuvertüreschicht verbindet und beim Abziehen der Folie auf dieser verbleibt.

EMAIL-TECHNIK

Diese Technik eignet sich am besten für einfache Schwarz-Weiß-Motive, wie einen Schattenriss oder Scherenschnitt.

Das Resultat – ein Motiv auf weißer Schokolade mit hochglänzender Oberfläche – lässt sich vielfältig auf Torten oder bei Schaustücken einsetzen.

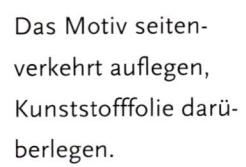

Das Motiv seitenverkehrt auflegen, Kunststofffolie darüberlegen.

Mit Spritzschokolade die Konturen des Motivs nachziehen.

Flächen mit Spritzschokolade einlassen. Blech auf die Arbeitsfläche klopfen, damit die Schokolade glatt verläuft.

Wachsweich anziehen lassen.

Temperierte weiße Kuvertüre darüberstreichen, wachsweich anziehen lassen.

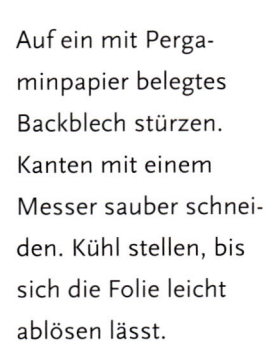

Folie von der Fläche lösen.

Auf ein mit Pergaminpapier belegtes Backblech stürzen. Kanten mit einem Messer sauber schneiden. Kühl stellen, bis sich die Folie leicht ablösen lässt.

GUT ZU WISSEN

- Größere Flächen werden mit temperierter Kuvertüre eingelassen, für kleine Flächen kann man auch Spritzschokolade verwenden.
- Die Emailtechnik kann auch mit gefärbter weißer Kuvertüre oder Milchkuvertüre umgesetzt werden.

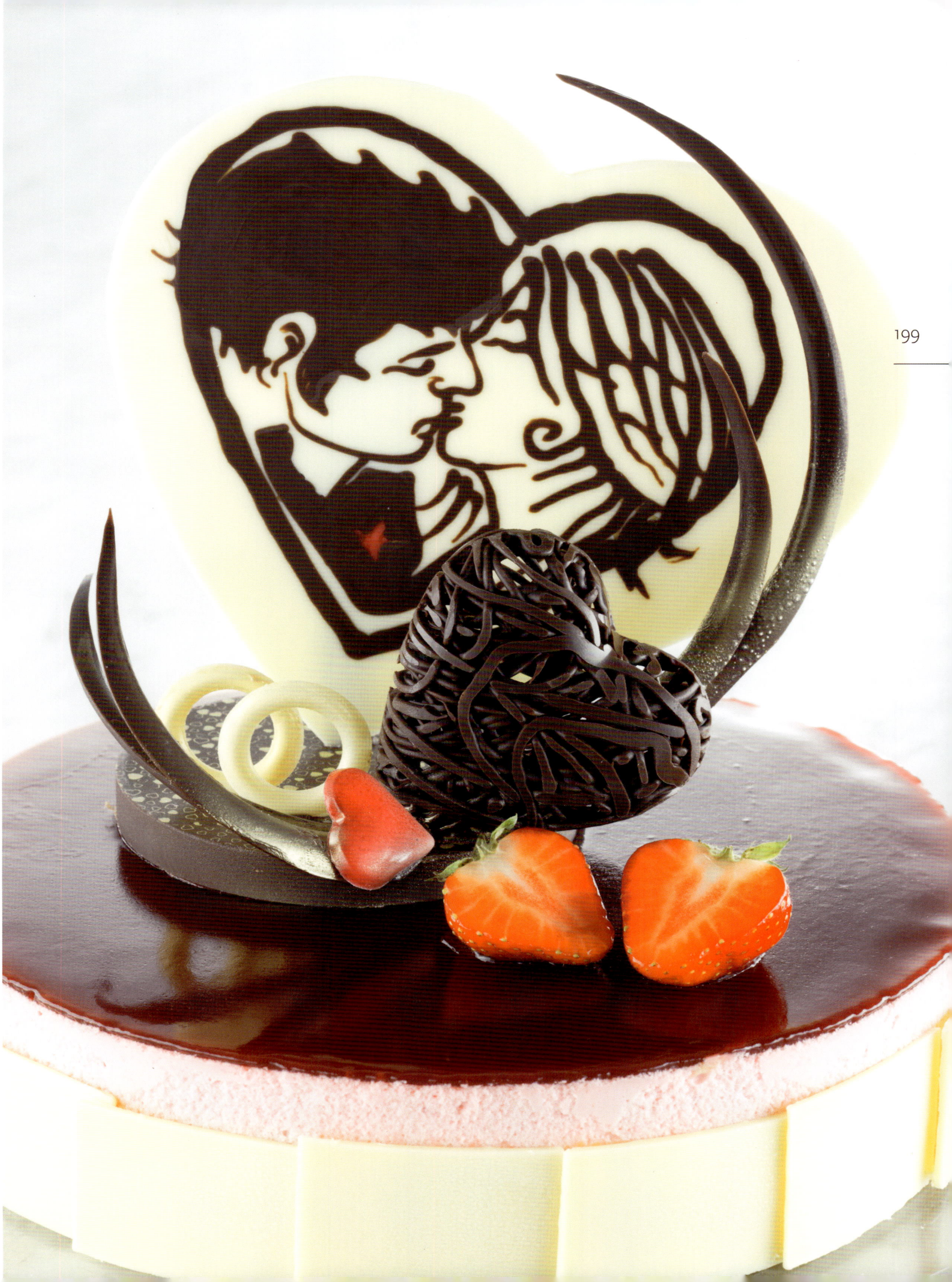

MODELLIERSCHOKOLADE (SCHOKOPLASTIK)

Figuren und sonstige Dekorelemente aus Modellierschokolade lassen sich gut in ein Schokoladenschaustück integrieren. Ihre Herstellung ist denkbar einfach.

Modellierschokolade
aus dunkler Kuvertüre
(Dunkle Schokoladenmodelliermasse)

Zutaten
600 g temperierte Kuvertüre oder Milchkuvertüre
200 g Glukosesirup
80 g Läuterzucker

- Kuvertüre und Glukosesirup verrühren.
- Läuterzucker einrühren.
- Ist die Masse zu weich, kurz in den Kühlschrank stellen, bis sie knetfähig ist. Anschließend gut durchkneten.
- Die Masse muss bei der Weiterverarbeitung (z. B. beim Ausrollen oder Modellieren) die richtige Temperatur haben. Ist sie zu kalt, wird sie brüchig.
- Hat die Masse die richtige Temperatur, ist sie aber zu fest, etwas Läuterzucker beigeben.

Modellierschokolade
aus weisser Kuvertüre
(Weisse Schokoladenmodelliermasse)

Die Modelliermasse hat eine leicht gelbliche Farbe. Sie kann mit fettlöslicher Lebensmittelfarbe beliebig gefärbt werden.

Zutaten
500 g weiße Kuvertüre
150 g Glukosesirup
50 g flüssige Kakaobutter
80 g Läuterzucker

Herstellung und Verarbeitung wie bei Modellierschokolade aus dunkler Kuvertüre.

Modellierschokolade
aus Kakaobutter

Diese Modelliermasse ist wegen des hohen Puderzuckeranteils eher weiß und eignet sich deshalb hervorragend zum Bemalen (Kakaomalerei). Sie kann auch zur Herstellung von Schildern anstelle von Marzipan verwendet werden. Auch diese Masse lässt sich mit Lebensmittelfarbe färben.

Zutaten
280 g Puderzucker
200 g Glukosesirup
200 g flüssige Kakaobutter (Pulverisierte Lebensmittelfarbe)

- Die Kakaobutter mit den restlichen Zutaten mischen. Die Kakaobutter darf beim Mischen nicht zu flüssig sein, sie soll ein milchiges Aussehen haben – ein Zeichen dafür, dass sie bereits Kristalle gebildet hat.
- Weiterverarbeitung wie bei Modellierschokolade aus dunkler Kuvertüre.

Modellierschokolade
aus Kuvertüredrops
(mit dem Mixer hergestellte Modellierschokolade)

Daraus hergestellte Teile sind meist stabiler als jene aus herkömmlicher Modellierschokolade. Allerdings lässt sich die Masse nicht so einfach verarbeiten.

Die zur Herstellung verwendete Kuvertüre sollte Raumtemperatur haben.

- Die Kuvertüredrops mit einem starken Mixer, z. B. Robot Coupe oder Thermomix, zerkleinern, bis durch die Reibungswärme eine knet- und formbare Schokoladenmasse entsteht.
- Wird die Kuvertüre zu lang gemixt, wird sie zu weich, zu kurz gemixt wird sie porös und brüchig.

Auf der Arbeitsfläche rasch durchkneten. Eventuell die Arbeitsfläche vor der Weiterverarbeitung mit etwas Puderzucker bestauben.

Die Teile rasch modellieren (Äste, Stiele, Korpusse) ...

... und in die gewünschte Form bringen (z. B. Schwünge).

Geformte Teile ruhig liegen lassen, bis sie vollkommen kristallisiert sind. Eventuell kühl stellen.

TELLERDEKOR

Schokolade, eine allseits beliebte Gaumenfreude, ist auch auf dem Teller nie fehl am Platz. Beinahe alle der bereits vorgestellten Schokoladetechniken lassen sich auch in der Patisserie umsetzen, wie etwa Schokoladengitter und zarte Schokoladenbögen (siehe klassisches Schokoladendekor, Seite 153) sowie bunte Schokoladenornamente (siehe Seite 159).

Zarte Schokoladenschwünge

Schokoladengitter

Stilisierte kleine Blätter

203

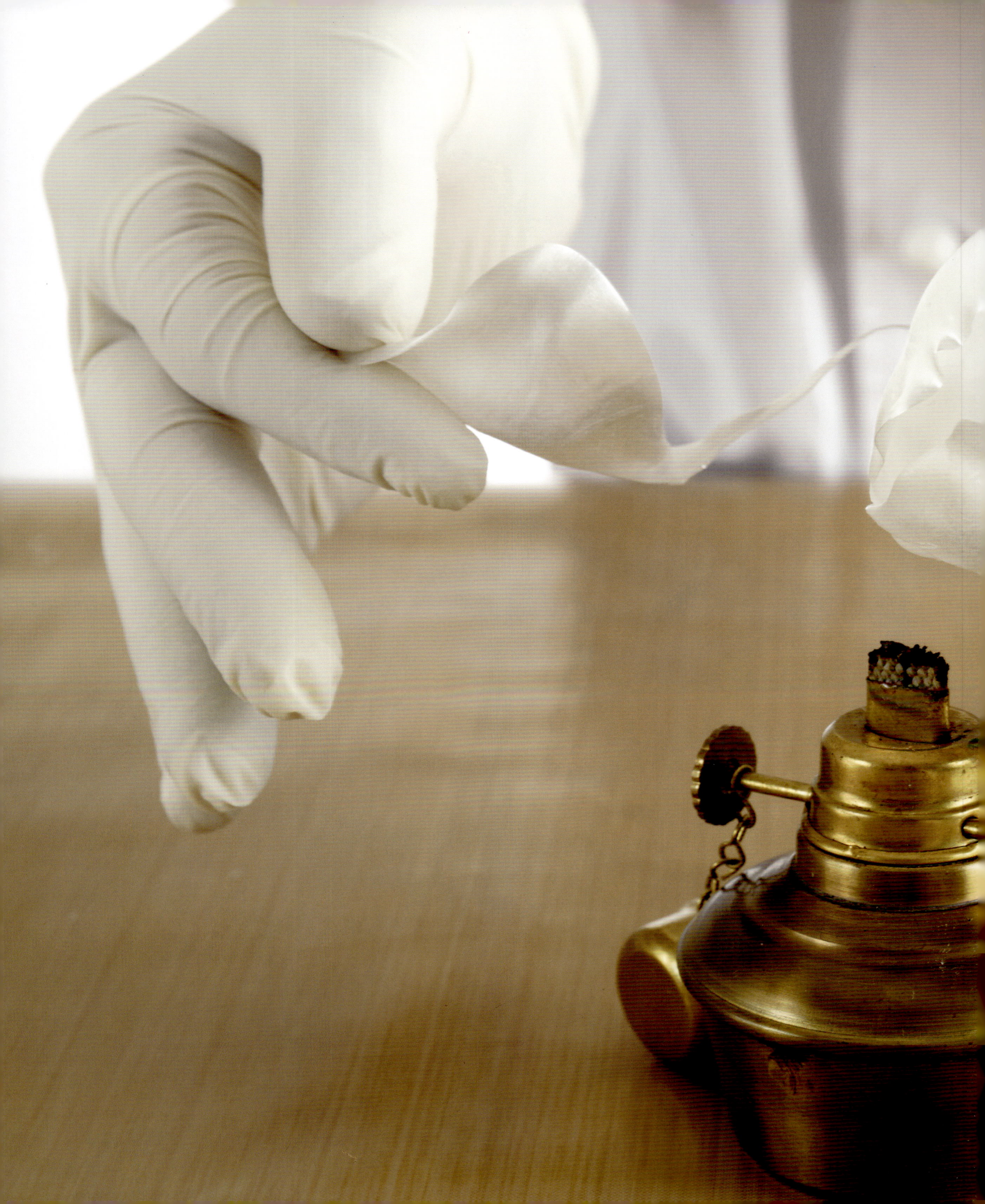

ZUCKER

Die Verarbeitung von Zucker für Dekorationen und Schaustücke ist wahrscheinlich eine der ältesten Techniken in der Konditorei. Bereits in der Barockzeit bildeten Schaustücke aus Tragantzucker den krönenden Mittelpunkt mancher Festtafel. Erst später entwickelte sich in Frankreich die Kunst des Seidenzuckerdekors. Diese wunderschönen, seidig glänzenden Zuckerarbeiten sind wohl am faszinierendsten, jedoch auch am vergänglichsten. Ihre Herstellung erfordert einiges an Übung und Erfahrung.

206

Neben vielen heute bereits vergessenen und unbekannt gebliebenen Zuckerkünstlern auf der ganzen Welt, die diese Kunst durch die Jahrzehnte vorantrieben und entwickelten, bleiben zwei Namen, die seit den 1980er-Jahren diese Kunst geprägt haben wie kaum ein anderer. Stellvertretend für alle, die durch ihr hohes Können und ihre Inspiration diese Technik weiterentwickelt haben: **Ewald Notter**, ein Schweizer, der mit seiner Schule weltweit Konditoren in dieser Kunst ausgebildet hat. Und der Franzose **Stephane Klein**, der Mann der Stunde. Neue, revolutionäre Techniken, wie das Gießen dreidimensionaler Formen, hat man erstmals von ihm gesehen. Mit fantasievollen, perfekt ausgeführten Kreationen, die meist eine Symbiose verschiedenster Zuckertechniken sind, inspiriert er im Moment alle, die mit Zucker arbeiten.

DIE BASIS

Um Zuckerkunst professionell auszuüben, benötigt man eine Grundausstattung an Arbeitsutensilien.

ARBEITSUTENSILIEN

Gas- oder Elektroherd (1), Induktionsplatte (2), Zutatenwaage (3), Mikrowelle (4), Stielkasserolle mit gebogenem Rand oder Ausguss (5), Metallschüssel (6), Teesieb (7), Pinsel (8), Zuckerthermometer (9)

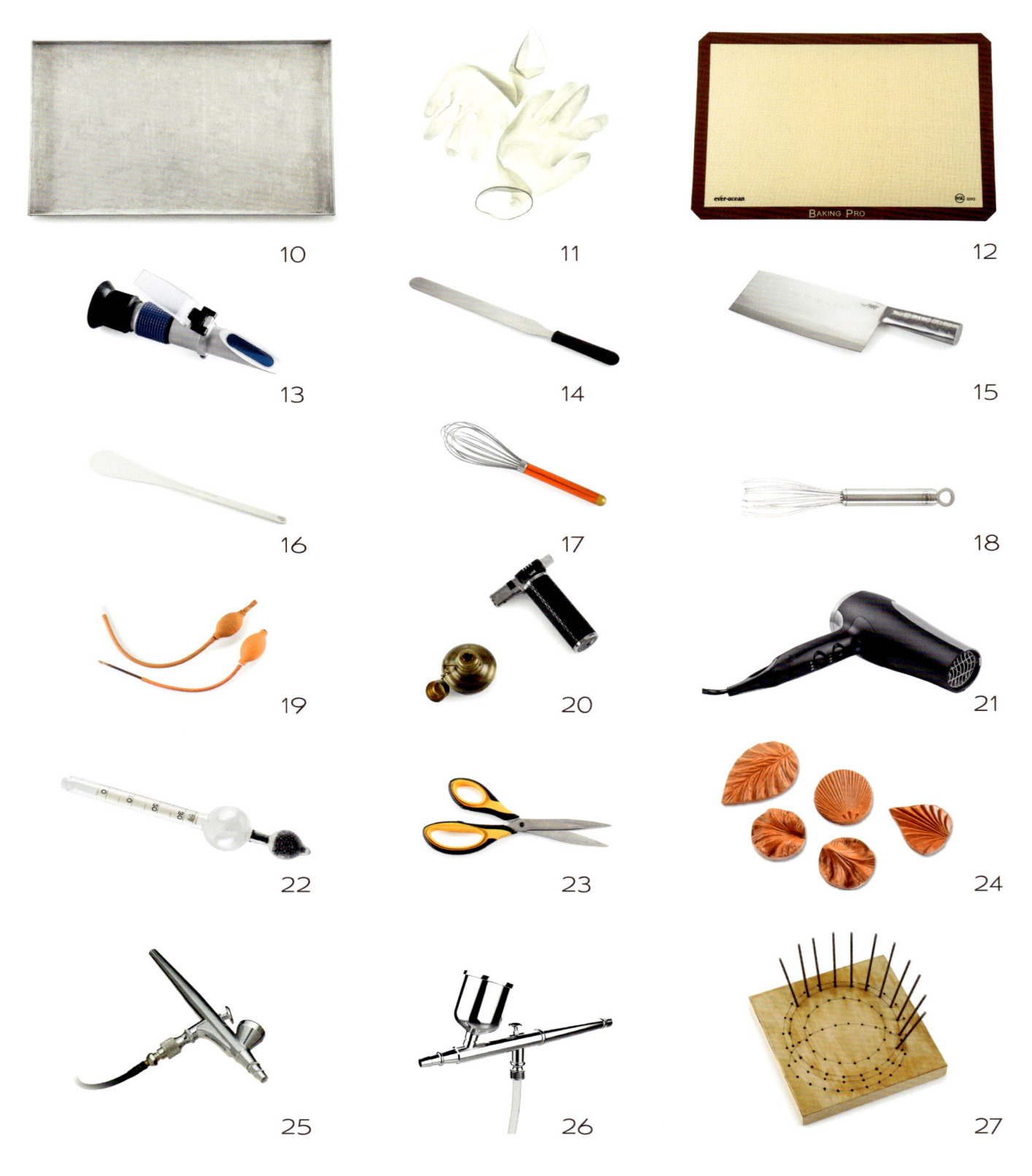

Randblech (10), Latexhandschuhe (11), Silpatmatte (12), Refraktometer (13), Palette (14), Messer (15), Kochlöffel (16), Schneebesen (17), Schneebesen, abgeschnitten (18), Zuckerblasebalg mit Mundstück (19), Spiritusbrenner (links), Lötbrenner (rechts) (20), Kaltluftföhn oder Ventilator (21), Zuckerwaage (22), Schere (23), Prägestempel (24), Airbrushpistole, Single Action (25), Airbrushpistole, Double Action (26), Korbflechtbrett mit Stäben (27)
Gegenüberliegende Seite: Heizstrahler (28) oder Zuckerlampe mit Standfuß (29)

28

29

Die Werkzeuge gibt es relativ günstig zu kaufen, mit etwas Geschick lässt sich eine Zuckerlampe auch improvisieren.

ZUTATEN

- **Feinkristallzucker:** Raffinierter Rohrzucker eignet sich besser als Rübenzucker.
- **Glukosesirup:** verzögert die Rekristallisation, das sogenannte Absterben des Zuckers.
- **Weinsteinsäure:** macht den Zucker geschmeidiger bzw. elastischer. Der Zucker lässt sich besser verarbeiten. Die pulverisierte Säure mit Wasser im Verhältnis 1 : 1 aufkochen und in eine Pipettenflasche füllen – Säure und Fläschchen sind in Apotheken erhältlich.

ZUCKER-KOCHTABELLE

Das Zuckerkochen erfordet große Genauigkeit und etwas Training – die hohen Temperaturen sind anfänglich gewöhnungsbedürftig. Die nachfolgende Tabelle gibt einen Überblick darüber, was in den verschiedenen Stadien des Kochvorganges passiert, und informiert darüber, welcher Kochgrad für welches Produkt nötig ist.

LÄUTERZUCKER
Dichte: Bis 28 °Baumé, 64,5 % Brix

Verwendung: Für Kompotte, Füllungen, Eis, zum Tränken, zum Dickziehen

SCHWACHER FADEN
Dichte: 32 °Baumé, 68 % Brix
Temperatur: 84 °Reaumur, 105 °Celsius

Verwendung: Für Fadenzucker, Spritzglasur

STARKER FADEN
Dichte: 35 °Baumé, 81 % Brix
Temperatur: 87 °Reaumur, 109 °Celsius

Verwendung: Zum Kandieren, für Fadenzuckerglasur

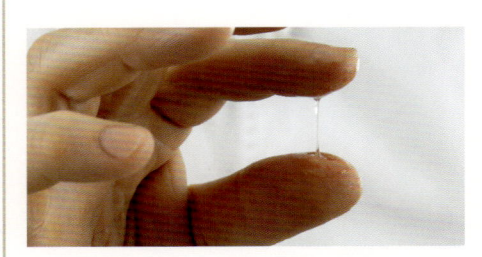

Handprobe: Zuckertropfen zwischen Daumen und Zeigefinger nehmen und dehnen; Fadenbildung

KLEINE PERLE
Dichte: 37 °Baumé, 82 % Brix
Temperatur: Reaumur 88 °, Celsius 110 °

Verwendung: Für Lebkuchen, Krustenpralinen

Handprobe: Zucker in kaltes Wasser tropfen lassen; kleine Perle

GROßE PERLE
Dichte: 38 °Baumé, 83 % Brix
Temperatur: 89 °Reaumur, 111 °Celsius

Verwendung: Für Lebkuchen

Handprobe: Wie oben; größere Perle

SCHWACHER FLUG
Dichte: 39 °Baumé, 85 % Brix
Temperatur: 90 °Reaumur, 112,5 °Celsius

Verwendung: Für Fondant

Handprobe: Drahtschlinge eintauchen, blasen

STARKER FLUG
Dichte: 43 °Baumé, 87 % Brix
Temperatur: Bis 94 °Reaumur, bis 117 °Celsius

Verwendung: Für Fondant, Konservezucker

Handprobe: Wie oben; mehrere Blasen

KETTENFLUG
Dichte: 88 % Brix
Temperatur: 95 °Reaumur, 119 °Celsius

Verwendung: Für Schaummasse, Maronipüree, Konfitüre

Handprobe: Wie bei schwacher Flug; Blasenkette

SCHWACHER BALLEN
Dichte: 92 % Brix
Temperatur: Bis 97 °Reaumur, 121 °Celsius

Verwendung: Für Konfitüre

Handprobe: Mit nassen Fingern eine weiche Kugel formen

STARKER BALLEN
Temperatur: Bis 100 °Reaumur, bis 125 °Celsius

Verwendung: Für Rahmkaramellen

Handprobe: Wie oben; festere Kugel formen

SCHWACHER BRUCH
Temperatur: Bis 110 °Reaumur, bis 137 °Celsius

Verwendung: Für Montélimarnougat

Handprobe: Zuckerprobe erstarrt im Wasser; noch biegsam

STARKER BRUCH
Temperatur: Bis 114 °Reaumur, bis 143 °Celsius

Verwendung: Für Montélimarnougat, karamellisierte Früchte

Handprobe: Wie oben; Zuckerprobe bricht

HELLER KARAMELL
Temperatur: Über 114 °Reaumur, über 143 °Celsius

Verwendung: Für Klarzuckergießarbeiten, Seiden-, Spinn- und Felsenzucker

Handprobe: Wie oben; Zuckerprobe bricht sofort

HYGROSKOPIE

Zucker ist hygroskopisch – diese Eigenschaft setzt auch Zuckerarbeiten massiv zu: Die Oberfläche verliert innerhalb kürzester Zeit ihren Seidenglanz, sie wird klebrig und bekommt ein milchig mattes Aussehen (siehe Abbildung rechts). Deshalb ist es ratsam, Zuckerarbeiten in Glaskuppeln oder luftdichten Vitrinen auszustellen und Dekorteile in luftdicht verschlossenen Lagerboxen aufzubewahren. Die günstigste Jahreszeit für Zuckerarbeiten ist der Winter, da die Luftfeuchtigkeit am geringsten ist. Im Sommer hingegen benötigt man einen Raum, dem die Luftfeuchtigkeit entzogen wurde, um Zuckerarbeiten überhaupt möglich zu machen.

ZUCKER ZUM ZIEHEN UND BLASEN

FILM AB

Gekochter Zucker mit Glukosesirup und Säure ist die Basis von gezogenem und geblasenem Zuckerdekor. Er kann entweder aus Kristallzucker oder aus Isomalt hergestellt werden.

Jeder, der sich intensiver mit Zuckerkunst auseinandersetzt, sollte sich mit beiden Herstellungstechniken beschäftigen und die jeweiligen Vor- und Nachteile für sich zu nutzen lernen.

SEIDENZUCKER AUS KRISTALLZUCKER

Zutaten
1 000 g Kristallzucker
500 g Wasser
200 g Glukosesirup
Pulverisierte Lebensmittelfarbe
20 Tropfen Weinsteinsäure

Kristallzucker in eine Stielkasserolle geben, Wasser beigeben.

Unter Rühren langsam erhitzen.

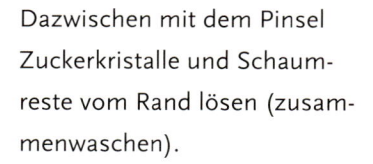

Dazwischen mit dem Pinsel Zuckerkristalle und Schaumreste vom Rand lösen (zusammenwaschen).

Den weißen Schaum mit den gebundenen Nichtzuckerstoffen (pflanzlichen Eiweißrückständen) mit einem Teesieb abschöpfen (abschäumen).

Das Zusammenwaschen und Abschäumen so oft wiederholen, bis der Zucker ganz klar ist.

Wenn die Zuckerlösung perfekt abgeschäumt ist, den Glukosesirup beigeben. Zuckerlösung rasch weiterkochen.

Pulverfarbe mit etwas Wasser verrühren.

Bei ca. 138 °C der Zuckerlösung beigeben und rasch weiterkochen.

Bei 155–159 °C den Topf vom Herd nehmen und in kaltem Wasser abschrecken.

Weinsteinsäure dazugeben und durch Schwenken daruntermengen.

ZUCKER

214

Zuckerlösung auf eine Silpatmatte gießen.

Mit der Matte zusammenschlagen.

Den Zucker in die Länge ziehen ...

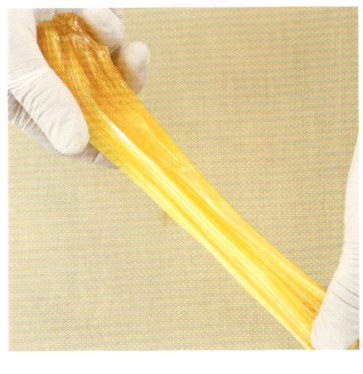

... und seilartig zusammendrehen.

Mit dem Handballen flach drücken.

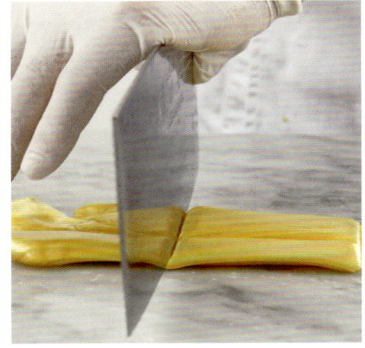

Mit einem geölten Messer portionieren und auskühlen lassen.

Oder den gekochten Zucker auf Backtrennpapier gießen.

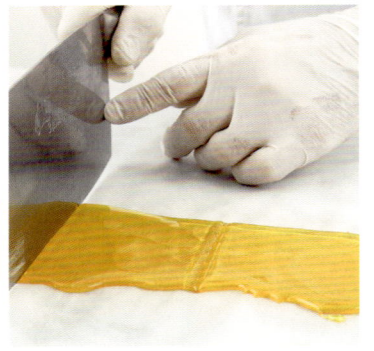

Kurz vor dem Festwerden mit einem geölten Messer portionieren und auskühlen lassen.

FILM AB

In Stücke brechen.

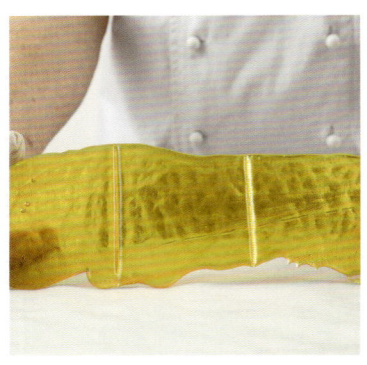

Portionen in Plastik verpacken, in Plastikboxen mit Silicagel aufbewahren. Oder bei längerer Lagerung vakuumieren. So verpackt ist der Zucker mehrere Monate haltbar.

GUT ZU WISSEN

- Den Zucker vor dem Aufkochen oft und intensiv rühren, da die Bewegung das Lösen der Zuckerkristalle beschleunigt. Nach dem Aufkochen nicht mehr rühren – auch nicht bei der Säure- und Farbbeigabe –, damit der Zucker nicht rekristallisiert.

- Den Zucker bei 90–100 °C abschäumen, da sich ab dem Zeitpunkt des Kochens keine pflanzlichen Eiweißrückstände mehr absetzen. Ohne Abschäumen sind keine Zuckerarbeiten möglich – der Zucker würde absterben.

- Flüssige Lebensmittelfarben werden meist mit Säure konserviert. Zu viel Säure macht den Zucker instabil.

- Den Zucker nicht zu wenig bzw. bei zu niedrigen Temperaturen kochen, da sonst die Produkte, z. B. gezogene Blätter, weniger glänzen, länger weich bleiben und ihre Form nicht so gut behalten.

- Um einen schöneren, länger anhaltenden Glanz der Produkte zu erzielen, die Zuckerlösung nach der Sirupbeigabe zusammenwaschen und anschließend mit Frischhaltefolie abdecken. Erst am darauffolgenden Tag den Zucker laut Rezept fertig kochen. Diese Art des Zuckerkochens bewirkt, dass sich die Zuckerkristalle besser lösen.

- Den Zucker zum Ziehen mindestens einen Tag vorher kochen, da er sich besser verarbeiten lässt.

ISOMALT
VERSUS ZUCKER

In den letzten Jahren hat sich bei Zuckerarbeiten mehr und mehr Isomalt, auch Mikrozucker genannt, durchgesetzt. Isomalt ist ein Zuckeraustauschstoff, der synthetisch-enzymatisch aus der Saccharose des Rübenzuckers gewonnen wird.

Das Ergebnis ist ein Zuckeraustauschstoff mit demselben Volumen wie Zucker – Isomalt kann Zucker 1 : 1 ersetzen –, der nur halb so viele Kalorien hat. Die Süßkraft entspricht ca. 45–60 % der Süßkraft von Zucker.

VORTEILE BEI DER ZUCKERVERARBEITUNG

- Isomalt ist nicht so hygroskopisch wie Kristallzucker. Über einen längeren Zeitraum hinweg wird er jedoch genauso feucht wie Zucker.
- Isomalt ist auch etwas dünnflüssiger als gekochter Zucker. Dadurch fließt die Masse beim Gießen auch in kleinere Ecken von Formen und Schablonen.
- Isomalt schmilzt bei 145–150 °C zu einer glasklaren, farblosen Masse. Kristallzucker hat immer eine leicht gelbliche Farbe, da er beim Kochvorgang Farbe annimmt.
- Der wahrscheinlich größte Vorteil ist, dass er sich außerordentlich lang bearbeiten lässt, ohne abzusterben bzw. zu rekristallisieren – im Vergleich zu gekochtem Zucker ist Isomaltzucker viel robuster.
- Übungsstücke lassen sich gut einschmelzen bzw. recyceln – vor allem zum Gießen von Grundelementen.

WAS VORTEILE HAT, HAT AUCH NACHTEILE

- Isomalt ist zehnmal so teuer wie herkömmlicher Zucker.
- Isomalt ist beim Verarbeiten spröder als Zucker, er reagiert empfindlich auf Temperaturunterschiede. Deshalb dürfen gegossene Teile beim Verkleben mit dem Lötbrenner nicht vollständig durchgekühlt sein, da durch den großen Temperaturunterschied sofort feine Risse entstehen würden. Diese gefährden die Stabilität des Schaustückes oder lassen die Teile zerbrechen. Daher eignet sich gekochter Zucker besser zum Gießen von großen Teilen als Isomalt.

SEIDENZUCKER AUS ISOMALT

Zutaten

1 000 g Isomalt

100 g Wasser

Flüssige wasserlösliche Lebensmittelfarben

Isomalt mit Wasser verrühren, Zuckerlösung bis ca. 120–130 °C kochen. Um eine matte Oberfläche der Zuckerteile zu erzielen, der Zuckerlösung eine kleine Menge (ca. einen Teelöffel, je nach gewünschter Mattheit) mit Wasser angerührte Schlämmkreide beigeben.

GUT ZU WISSEN

Eine matte Oberfläche lässt sich auch durch Beigabe von etwas weißer Farbe erzielen (links glasklar, rechts matt).

Anschließend die Farbe hinzufügen. Weiterkochen bis 166–170 °C. In kaltem Wasser abschrecken und wie Seidenzucker aus Kristallzucker weiterverarbeiten.

ZUCKER ZUM GIESSEN

Zucker zum Gießen enthält keine Säure, da Elastizität kein Kriterium bei der Verarbeitung ist. Durch den Verzicht auf die Weinsteinsäure erhöht sich auch die Stabilität der daraus hergestellten Elemente, die speziell beim Gießen von Figuren unverzichtbar ist.

Zutaten

1 000 g Kristallzucker

350 g Wasser

200 g Glukosesirup

Pulverisierte Lebensmittelfarben

- Herstellung wie bei Seidenzucker aus Kristallzucker.
- Den Zucker nach dem Abschrecken einige Minuten stehen lassen, damit die beim Kochprozess entstandenen Luftblasen entweichen können und man beim Gießen ein klares Endprodukt erhält. Den leicht angedickten Zucker in die vorbereiteten Formen gießen.

GUT ZU WISSEN

Zur Herstellung von dreidimensionalen, voll gegossenen Formen eignet sich am besten Isomalt, der auf 180 °C gekocht wird. Zum Gießen von kleineren Teilen genügt es, den Isomalt einfach zu schmelzen.

ZUCKER ZIEHEN

BLUMEN

Eine der ersten und einfachsten Übungen ist das Ziehen von gleich dünnen Blütenblättern. Die Zuckerplatten unter der Zuckerlampe oder in der Mikrowelle bei 750 Watt ca. fünf Sekunden, je nach Größe des Zuckerstückes, erwärmen. Vorsicht, der Zucker darf nicht zu heiß werden bzw. zerfließen, um Verbrennungen zu vermeiden.

Durcharbeiten, damit der Zucker durch und durch die gleiche Temperatur hat.

Den Zucker auseinanderziehen und wieder zusammenfalten. Diesen Vorgang so oft wiederholen, bis der Zucker durch das Einarbeiten von feinsten Luftbläschen den charakteristischen Seidenglanz bekommt.

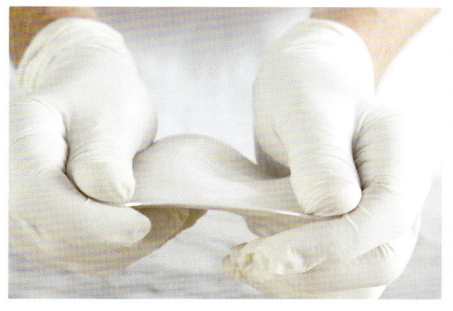

Etwas Zucker aus dem Zuckerstück ziehen und mit Daumen und Zeigefinger beider Hände auseinanderziehen, sodass eine dünne Kante entsteht.

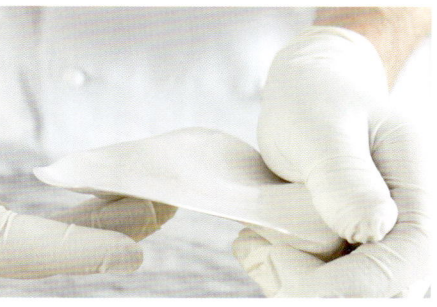

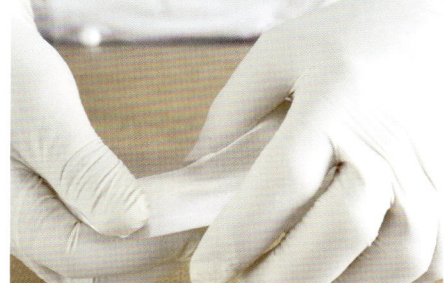

Mit Daumen und Zeigefinger ein Blütenblatt herausziehen.

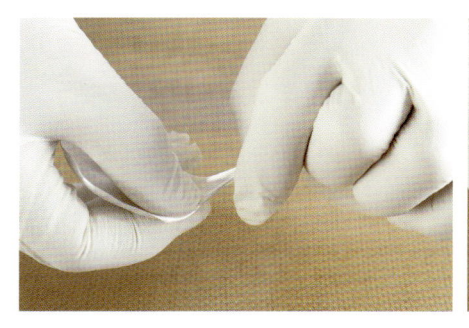

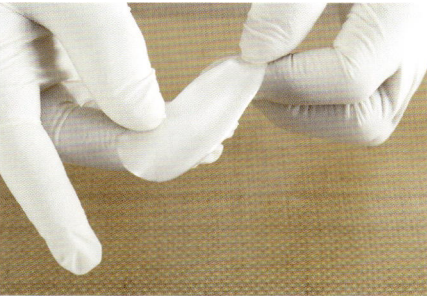

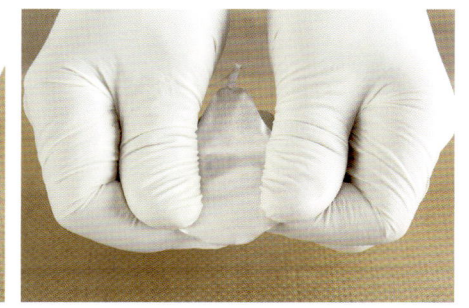

Mit Daumen und Zeigefinger der anderen Hand dagegenhalten und den beim Ziehen entstandenen Faden mit einer schnellen Bewegung abreißen oder mit der Schere abschneiden. Den Faden sofort wieder einarbeiten, um eine Rekristallisation zu vermeiden. Das gezogene Blatt auf eine kühle Fläche legen und weitere Blütenblätter herausziehen – breite Blätter mit der Längsseite des Daumens, schmale Blätter mit der Daumenkuppe.

ROSEN

FILM AB

Die Rose besteht aus einer Knospe und 17 Blütenblättern, die in vier Reihen um die Knospe arrangiert werden.

Für die Knospe mit Daumen und Zeigefinger ein Blütenblatt aus dem Zucker ziehen und noch warm zu einem spitzen Kegel formen.

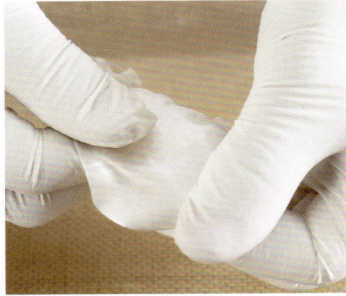

Für die erste Reihe vier Blütenblätter ziehen.

Jedes Blütenblatt mit Daumen und Zeigefinger bauchig formen, indem man es längs ...

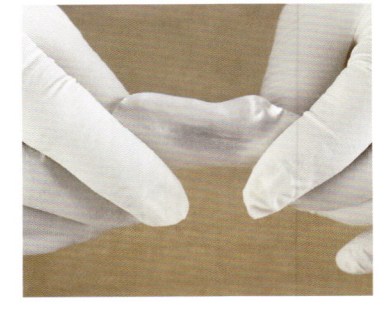

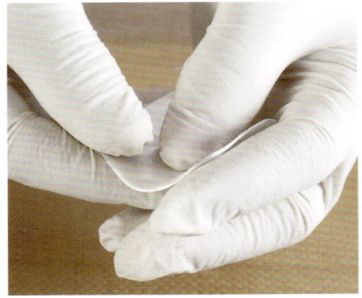

... und quer auseinanderzieht.

Die Unterseite der Knospe und des Blütenblattes mit dem Spiritusbrenner erhitzen und zusammensetzen.

Die übrigen Blütenblätter nach und nach leicht überlappend um die Knospe herummodellieren.

Für die zweite Reihe vier Blütenblätter ziehen, bauchig formen und den oberen Rand nach hinten umbiegen.

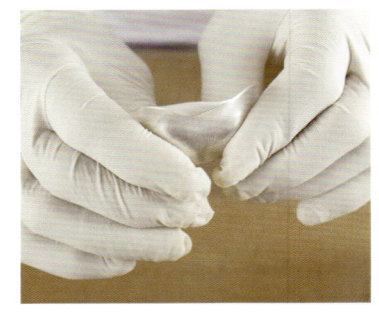

Die Blütenblätter arrangieren.

Für die dritte Reihe vier Blütenblätter ziehen, bauchig formen und den rechten Rand leicht nach hinten biegen.

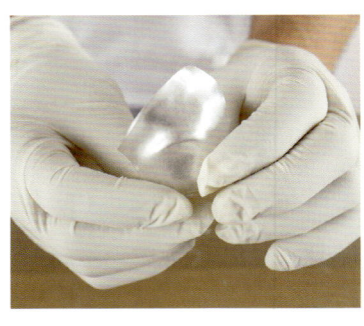

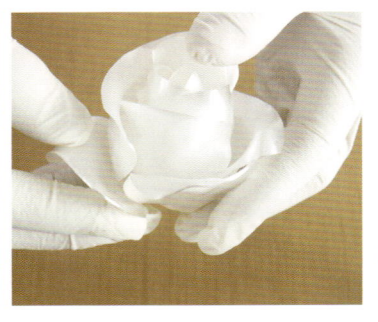

Die mittleren Blütenblätter arrangieren.

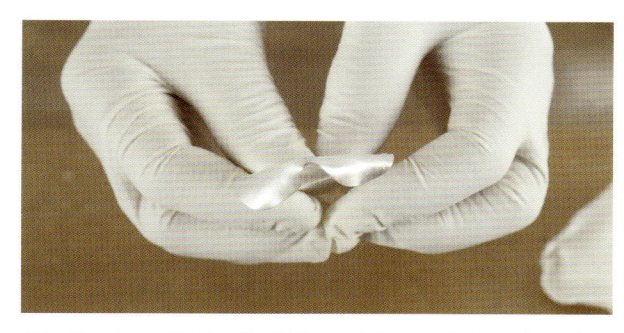

Für die vierte Reihe fünf Blütenblätter ziehen, bauchig formen, rechten und linken Rand leicht nach hinten biegen.

Die äußeren Blütenblätter arrangieren.

GUT ZU WISSEN

- Je kühler man den Zucker verarbeitet, desto schöner wird der Seidenglanz. Wird der Zucker jedoch zu kalt, brechen die Teile beim Modellieren. Das Arbeiten im unteren Temperaturgrenzbereich erfordert etwas Übung.

- Seidenzucker, der beim Bearbeiten bzw. Ziehen zu kalt geworden ist, erwärmt man unter der Zuckerlampe – oder, was noch schneller geht, ein paar Sekunden in der Mikrowelle und faltet ihn anschließend wieder ein paar Mal zusammen.

- Zucker, der zu oft gezogen und zu stark bearbeitet wird, stirbt ab. Er verliert seinen Seidenglanz, wird stumpf und matt, beginnt schließlich auseinanderzubröseln und ist für Seidenzuckerarbeiten unbrauchbar.

- Der Spiritusbrenner eignet sich zum flächigen Erhitzen von Zuckerteilen, der Lötbrenner für punktuelles Erhitzen.

ROSENBLÄTTER

Den Rosenblatt-Prägestempel unter der Zuckerlampe erwärmen.

Mit Daumen und Zeigefinger ein Blatt aus dem Zucker ziehen.

Das Blatt auf den Stempel legen. Mit der Handfläche fest andrücken.

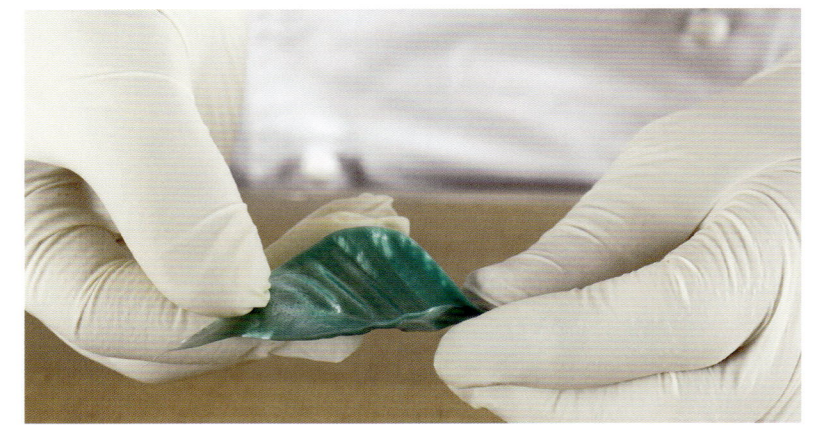

Abheben und modellieren.

Auf diese Weise lassen sich vielerlei Arten von Blättern herstellen. Bei Arrangements ist es wichtig, sich bereits im Vorfeld zu überlegen, welche Farben miteinander harmonieren.

Chrysanthemen

Ein rundes Blatt ziehen und als Boden in die Form legen.

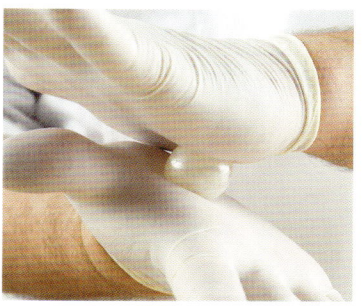

Eine kleine Kugel formen.

Kugel anwärmen und auf das Blatt setzen.

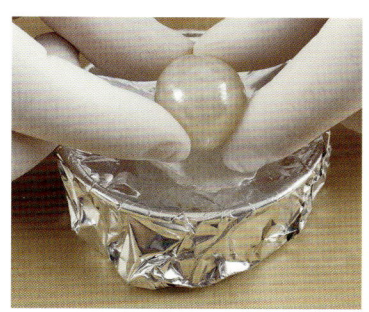

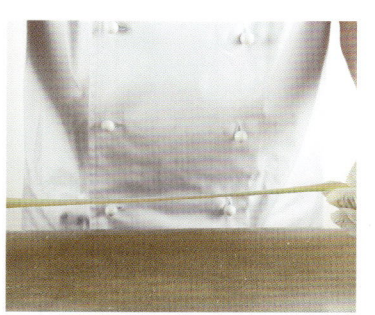

Für das Innere der Chrysantheme einen dünnen Strang ziehen.

Den Strang in Stücke schneiden. Insgesamt ca. 20 Stücke.

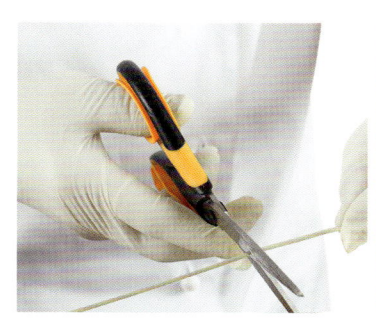

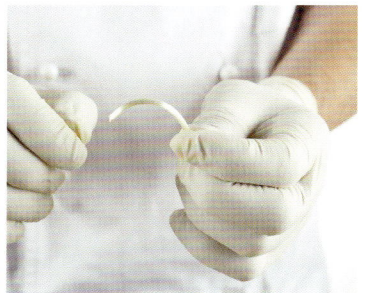

Stücke halbrund formen.

Das untere Ende der Bögen anwärmen, Bögen um die Kugel arrangieren.

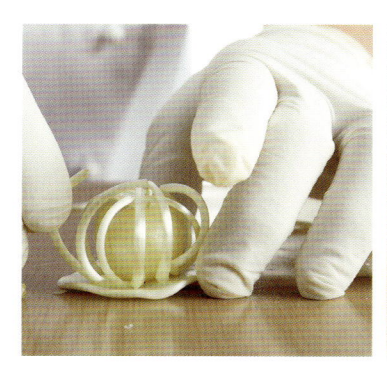

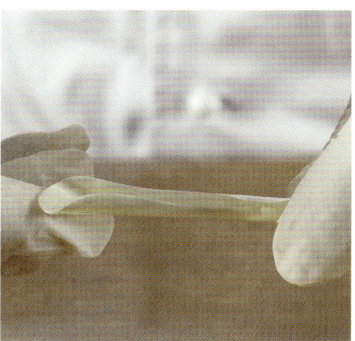

Für die äußeren Blütenblätter ein dünnes längliches Blatt ziehen. Blatt mit Daumen und Zeigefinger einer Hand halten, mit Daumen und Zeigefinger der anderen Hand einrollen und leicht formen. Insgesamt ca. 30 Blütenblätter.

Das Innere der Chrysantheme in die vorbereitete Form setzen.

Die Enden der äußeren Blütenblätter anwärmen, Blütenblätter arrangieren.

ORCHIDEEN

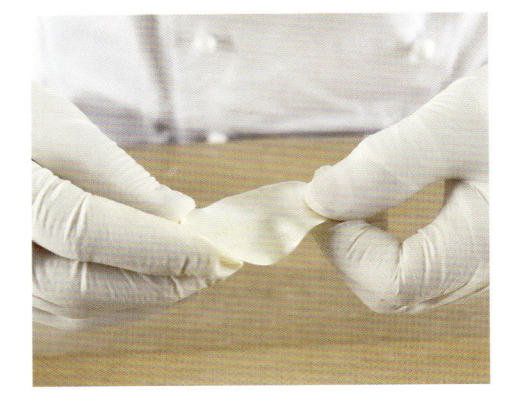

Fünf Blütenblätter ziehen und formen.

Ein rundes Blatt ziehen und als Boden in die Form legen.

Den unteren Rand der Blütenblätter mit dem Spiritusbrenner erwärmen, Blütenblätter in der Form arrangieren.

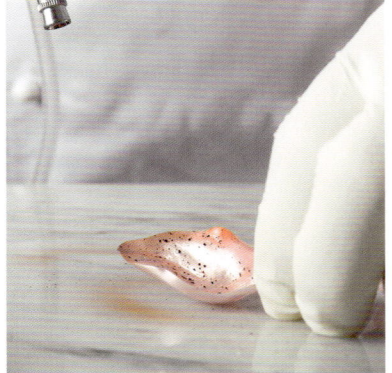

Für den Blütenkelch zwei verschieden große Blütenblätter ziehen. Blätter mit der Airbrushpistole oder einer Zahnbürste sprenkeln. Eventuell mit der Airbrushpistole kolorieren.

Den unteren Rand der Kelchblätter erwärmen, ...

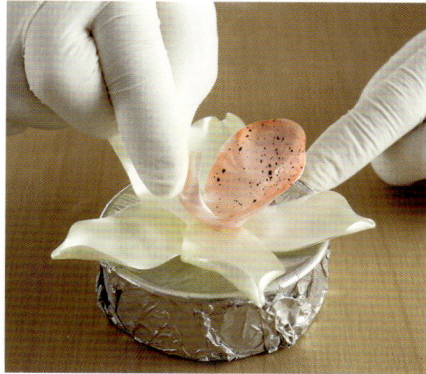

... die Kelchblätter in die Mitte der Blütenblätter setzen.

Für die Staubgefäße einen dünnen Strang ziehen.

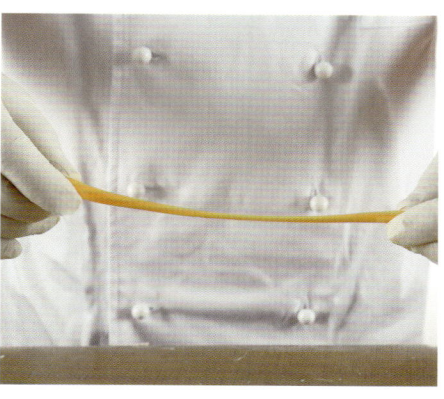

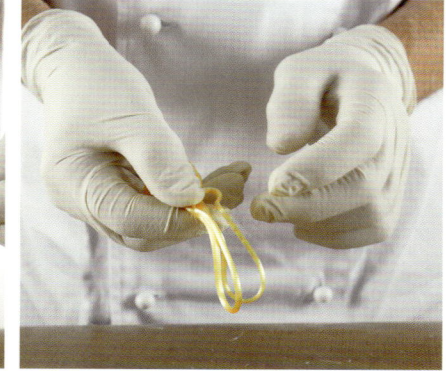

Den Strang zweimal zusammenlegen, es entstehen zwei Schlaufen.

Die Schlaufen aufschneiden.

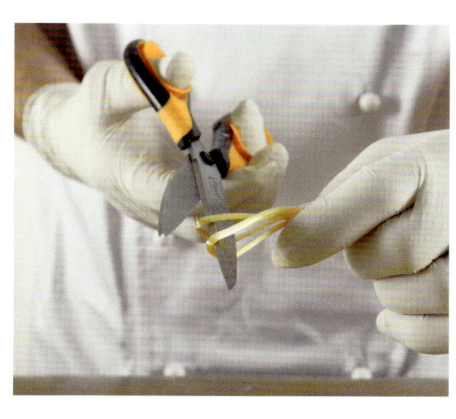

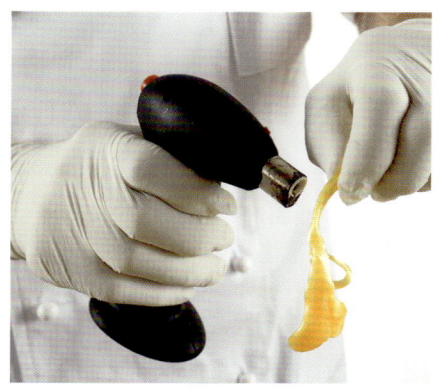

Das Ende der Schlaufen anwärmen und abschneiden.

Das Ende der Staubgefäße anwärmen, die Staubgefäße in die Mitte der Blüte setzen.

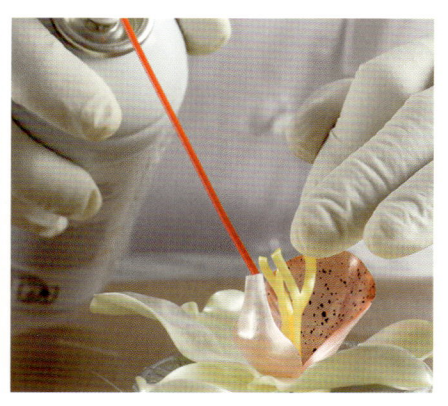

Mit dem Kältespray fixieren.

SONNENBLUMEN

- 20 bis 25 Blütenblätter ziehen.
- Ein rundes Blatt ziehen und als Boden in die Form legen.
- Blütenblätter anwärmen, in der Form arrangieren.
- Für den Blütenkorb ein Stück braun gefärbten Zucker rund formen und flach drücken.
- Zuckerstück anwärmen, in Mohn drücken und einsetzen.

LILIEN

- Sechs Blütenblätter ziehen und über eine Rundbogenform (Terrinenform) legen.
- Für den Stempel sieben dünne Stränge ziehen und abschneiden.
- Für die Narbe ein kleines Stück Zucker formen.
- Einen der Stränge anwärmen und die Narbe daraufsetzen.
- Blütenblätter mit der Airbrushpistole kolorieren und sprenkeln.
- Ein rundes Blatt ziehen und als Boden in die Form legen.
- Blütenblätter anwärmen, in der Form arrangieren, Stempel anwärmen und einsetzen.

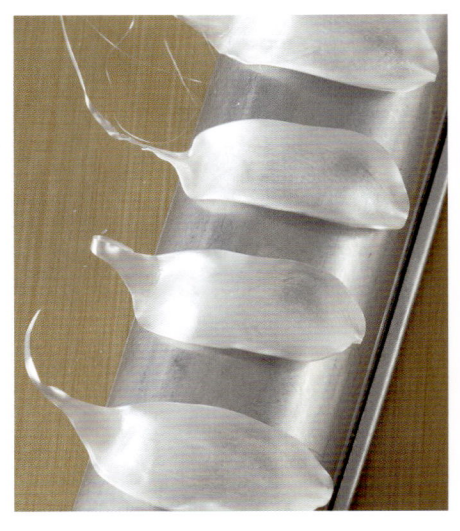

225

OSTERGLOCKEN (GELBE NARZISSEN)

- Sechs Blütenblätter ziehen und formen.
- Für den Blütenkelch ein rundes Stück Zucker über den Finger stülpen, leicht vorformen und über ein rundes Holz stülpen. Überschüssigen Zucker abschneiden.
- Vom Holz nehmen, Rand erwärmen und mit einer kleinen Schere einschneiden.
- Ein rundes Blatt ziehen und als Boden in die Form legen.
- Drei Blütenblätter anwärmen und in der Form arrangieren.
- Die restlichen Blütenblätter anwärmen und einsetzen.
- Den Blütenkelch anwärmen, einsetzen und mit Kältespray fixieren.
- Die Staubgefäße anfertigen (siehe Orchideen, Seite 223) und einsetzen.

HIBISKUS

- Fünf Blütenblätter ziehen, mit einem Blattstempel strukturieren (siehe Rosenblätter, Seite 220) und formen.
- Blütenblätter anwärmen und in einem schmalen Ausstecher arrangieren.
- Für den Stempel einen dünnen Strang ziehen.
- Oberes Ende in Kristallzucker tauchen, unteres Ende anwärmen, Stempel einsetzen.

Abstrakte Blumen

Große Sonne
Blütenblätter: gezogener Zucker
Kugel: kristalliner Gelatinezucker

Fächerblume
Blütenblätter: gezogener Zucker
Kugel: gegossener Zucker

Murano
Blütenblätter: gezogener und geblasener Zucker

MASCHEN

Eine künstlerische Technik, die geübt sein will, den Betrachter jedoch immer wieder in Staunen versetzt. Besonders effektvoll wirkt eine Kombination aus farbigem und transparentem Seidenzucker.

Nachfolgende Masche wird aus gelbem und grünem Zucker, der zuvor erwärmt und gezogen worden ist, sowie aus nicht gezogenem dunklem Zucker hergestellt.

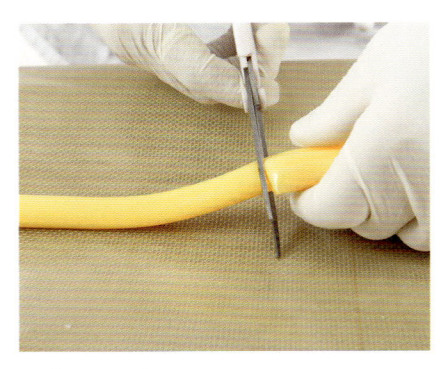

Gelben Zucker zu einem Strang ziehen, in gleich lange Stücke schneiden.

Fünf Stränge aneinanderlegen und mit der Teigkarte glatt streichen.

Grünen Zucker zu einem Strang ziehen, in gleich lange Stücke schneiden.

Nicht gezogenen dunklen Zucker zu einem Strang ziehen und in gleich lange Stücke schneiden.

Zuerst einen dunklen Zuckerstrang, dann zwei grüne Stränge und abschließend nochmals einen dunklen Strang an die gelben Stränge legen. Mit der Teigkarte darüberstreichen.

Stränge langsam in die Länge ziehen, bis ein schmales, dünnes Band entsteht.

Das Band in ca. 20 cm lange Stücke schneiden.

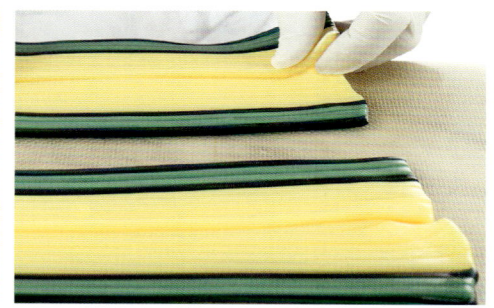

Je zwei Streifen so aneineinanderlegen, dass die gelben Stränge innen liegen.

Um die Streifen zu verbinden, die Kanten leicht anwärmen und mit der Teigkarte darüberstreichen.

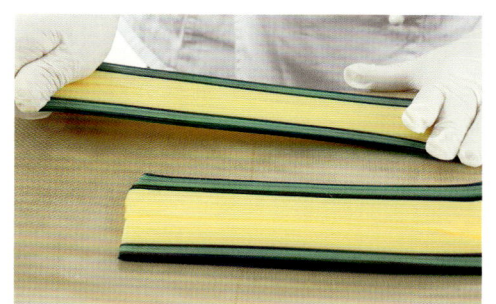

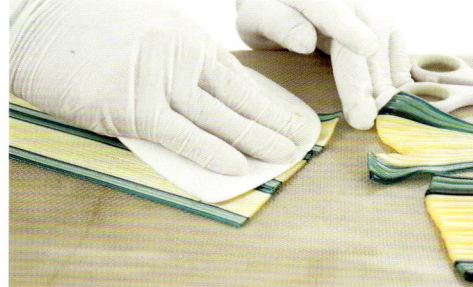

Das Band langsam in die Länge ziehen. In ca. 20 cm lange Stücke schneiden. Je drei Stücke aneinanderlegen, anwärmen und mit der Teigkarte verbinden.

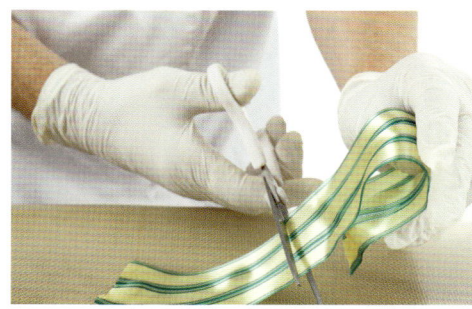

Das Band vorsichtig in die Länge ziehen. In Stücke schneiden, die Schnittstelle vorher mit dem Lötbrenner anwärmen. Mit der Schere durchschneiden.

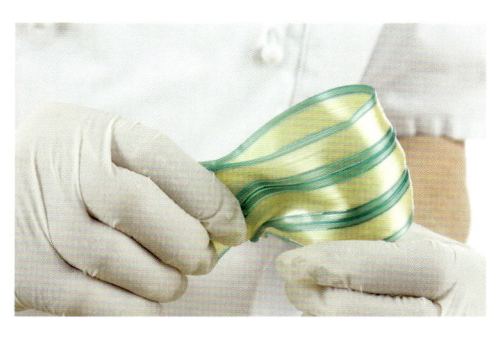

FILM AB

Stücke zu Schleifen formen und auskühlen lassen. Besonders gleichmäßig werden die Schleifen, wenn man sie über einem runden Stab formt. Schleifen mit dem Spiritus- oder Lötbrenner anwärmen und zu Maschen arrangieren – außen vier bis fünf größere, innen drei bis vier kleinere Schleifen.

ZUCKER

KORB

Das zum Korbflechten benötigte Arbeitsutensil, ein Korbflechtbrett, ist im Handel erhältlich, kann mit etwas handwerklichem Geschick aber auch selbst hergestellt werden.

Die leicht geölten Metallstäbe in das Korbflechtbrett stecken.

Aus dem erwärmten gezogenen Zucker – die Farbe Bronze erzielt man durch Mischen von rotem und grünem Zucker – einen dünnen Strang ziehen, jedoch nicht vom Zuckerstück lösen. Den Strang abwechselnd von innen nach außen um die Metallstäbe führen.

Den Strang immer gleichmäßig in die Länge ziehen. Zum Stückeln die Enden anwärmen, ansetzen und bis zur gewünschten Höhe weiterflechten. Anschließend kalt föhnen.

Für die Zuckerstäbe einen dünnen Strang ziehen und in Stücke schneiden. Die Metallstäbe vorsichtig herausdrehen und durch die Zuckerstäbe ersetzen. Eventuell den Korbrand mit einer Kordel abschließen. Dazu einen dünnen Strang ziehen, den Strang einmal zusammenlegen und verdrehen. Den Korbrand anwärmen, die Kordel darauflegen und andrücken.

231

ZUCKER
BLASEN

Die Ähnlichkeit zur Glasverarbeitung ist zweifellos gegeben. Zum Blasen muss der Zucker die richtige Temperatur haben – er darf weder zu kalt noch zu warm sein. Wichtig ist vor allem, dass das Zuckerstück durch und durch die gleiche Temperatur hat, da es sonst beim Aufblasen unregelmäßig auseinandergeht.

GUT ZU WISSEN

Größere Zuckerstücke lassen sich gleichmäßiger erwärmen, bei kleinen besteht die Gefahr des Überhitzens.

Bei der Farbgestaltung der Figuren und Formen gibt es zwei Möglichkeiten: Entweder bereits gefärbten Zucker zum Blasen verwenden – auch eine Kombination aus verschieden gefärbtem Zucker ist möglich – oder die Zuckerarbeiten nach dem Blasen mit der Airbrushpistole dezent färben. Beim Besprühen sollten die Teile allerdings noch leicht warm sein, damit die in der Farbe enthaltene Flüssigkeit rasch verdampft. Besser noch, man rührt die Farbe mit Alkohol an, der nach dem Aufsprühen schneller verdampft.

KUGEL

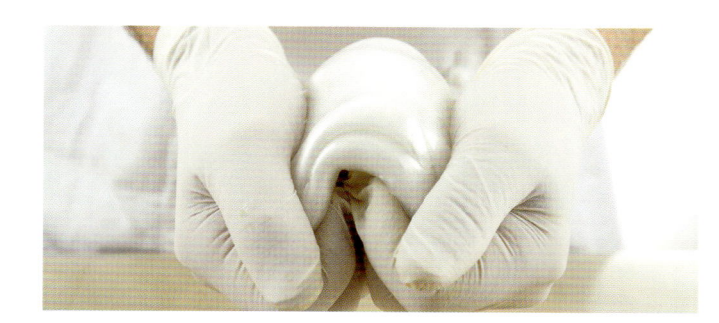

FILM AB

Den erwärmten Zucker durcharbeiten. Ein Stück Zucker abschneiden.

Das Zuckerstück rund formen und mit dem Finger in der Mitte eine Vertiefung drücken – der Zucker um die Vertiefung soll gleichmäßig dick sein.

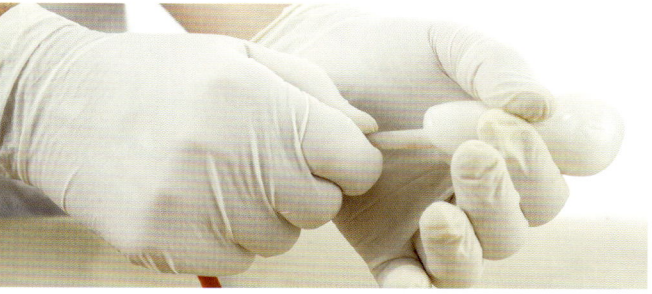

Den oberen Rand der Vertiefung kurz anwärmen und das Mundstück des Blasebalgs einsetzen. Rand gut andrücken, damit die eingeblasene Luft nicht entweichen kann.

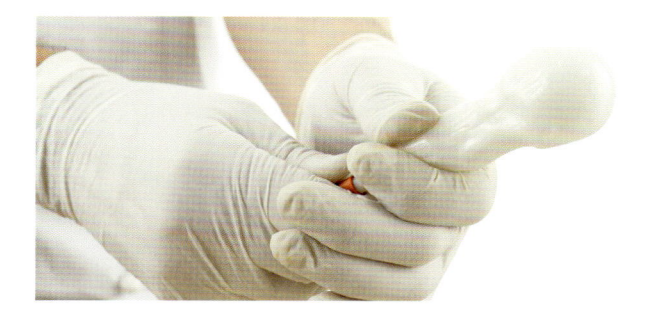

Mit kleinen Pumpbewegungen etwas Luft in das Zuckerstück blasen. Die noch kleine Kugel etwas vom Mundstück wegziehen (einen Hals bilden), um die fertig geblasene Kugel ohne Beschädigung vom Mundstück schneiden zu können. Eventuelle Unregelmäßigkeiten beim Aufblasen durch Abkühlen (Anblasen oder Berühren mit der Handfläche) ausgleichen.

Die Kugel bis zur gewünschten Größe aufblasen. Durch langsames, vorsichtiges Nachpumpen werden kleine bei der Formgebung entstehende Druckstellen ausgeglichen. Mit dem Kaltluftföhn abkühlen, damit sich die Kugel nicht mehr verformt (Lippenprobe).

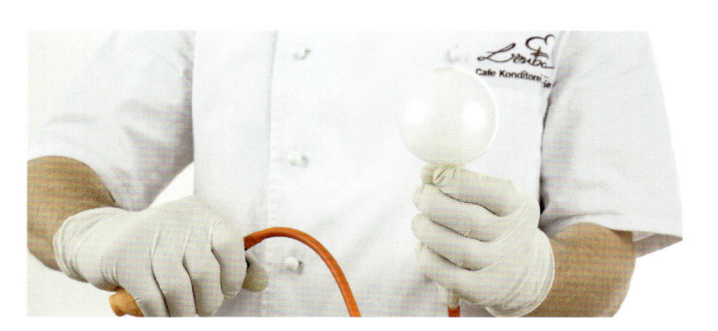

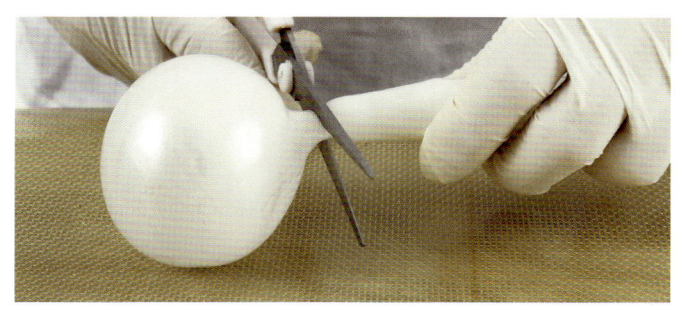

Den Kugelhals 1 cm von der Kugel entfernt mit dem Lötbrenner anwärmen, damit die Kugel beim Ablösen nicht bricht. Die Kugel vorsichtig (nicht ruckartig) mit einer Schere vom Mundstück schneiden.

VOGEL

Eine kleine Kugel blasen. Kugel länglich formen.

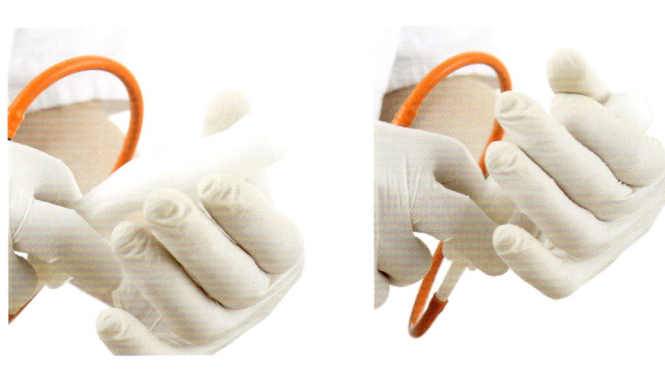

Den Hals mit Daumen und Zeigefinger fixieren.

Luft einpumpen – der Körper entwickelt sich.

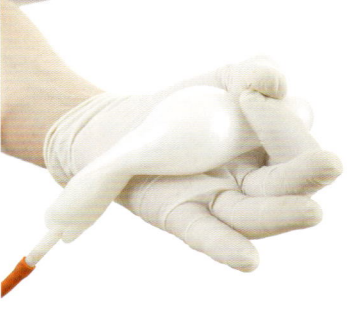

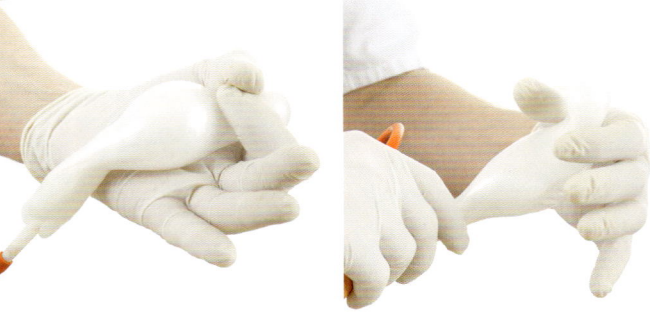

Den Körper mit den Händen nachmodellieren. Eventuelle Dellen durch Nachpumpen ausgleichen.

Mit dem Kaltluftföhn abkühlen, um die Form zu stabilisieren.

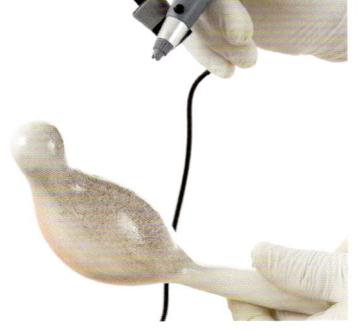

Noch warm mit der Airbrushpistole kolorieren. Den Vogel kalt föhnen.

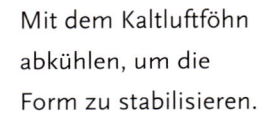

Den Zucker um das Mundstück anwärmen.

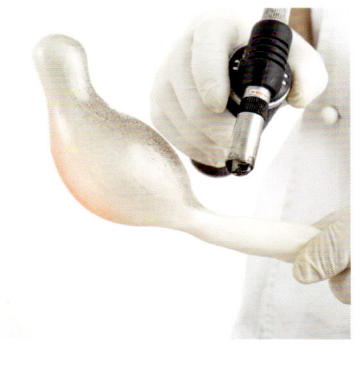

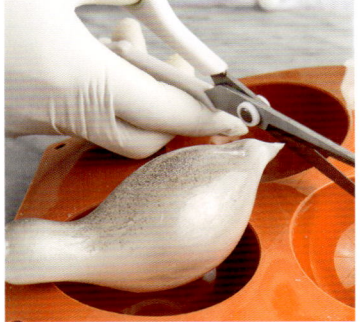

Vogel in eine Silikonform mit halbrunden Vertiefungen legen und mit einer Schere vom Mundstück schneiden. Kalt föhnen.

Für den Schnabel ein kleines Stück Zucker ziehen.

Schnabel anwärmen, ansetzen und kalt föhnen.

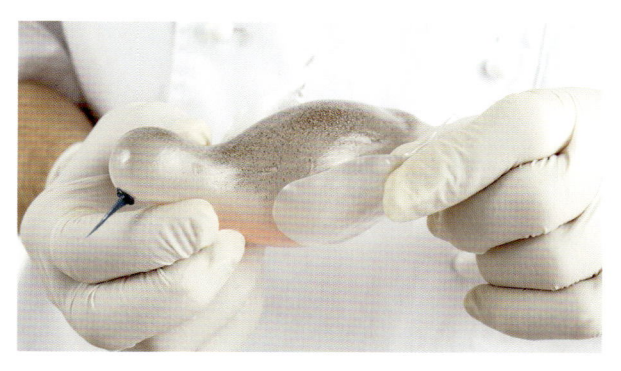

Zwei Flügel ziehen, anwärmen und auf den Körper setzen.

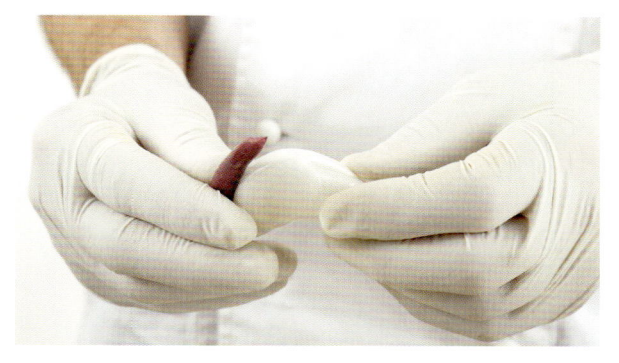

Für die Schwanzfeder einen andersfarbigen Zuckerstrang an den Rand des Zuckerstückes kleben.

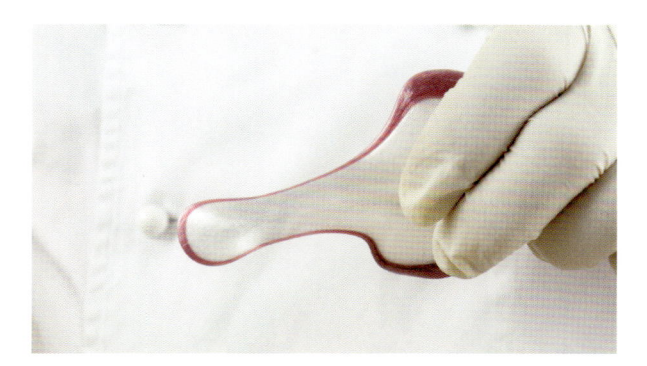

Zwei längliche Federn ziehen.

Federn anwärmen und ansetzen. Kalt föhnen. Abschließend die Augen anbringen (siehe Schwan, Seite 236)

235

SCHWAN

Eine kleine Kugel blasen. Kugel länglich formen. Den Schwanenhals formen.

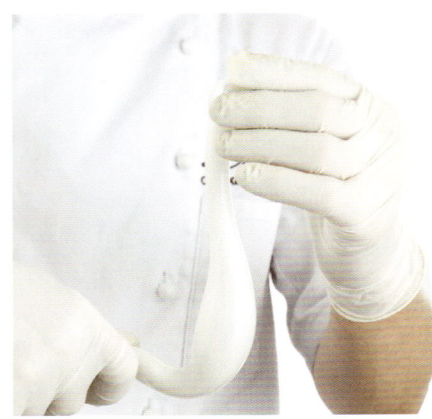

Luft einpumpen – der Körper entwickelt sich.

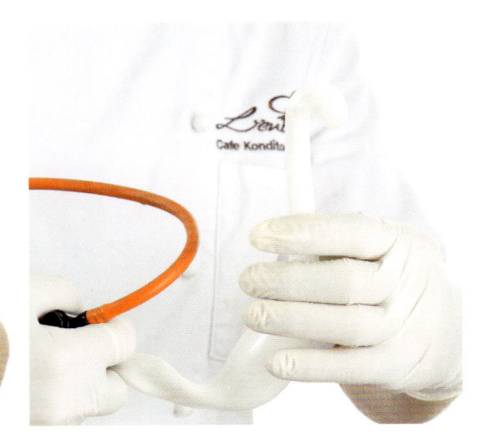

Den Körper mit den Händen nachmodellieren.

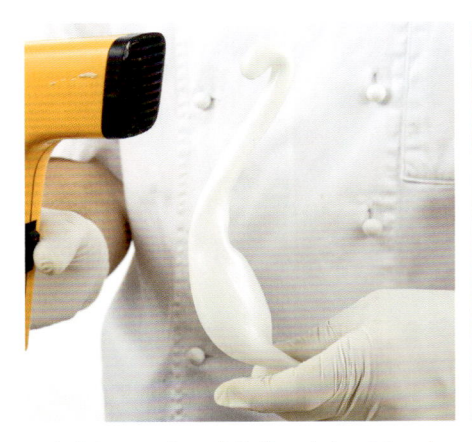

Kalt föhnen. Anschließend das Mundstück wie beim Vogel entfernen.

Den Schwan auf eine Bodenplatte aus geschmolzenem Zucker setzen.

Flügel und Schwanzfedern ziehen, mit dem Prägestempel strukturieren, anwärmen und ansetzen.

Für den Schnabel ein kleines Stück gelben und schwarzen Zucker ziehen, anwärmen und ansetzen.

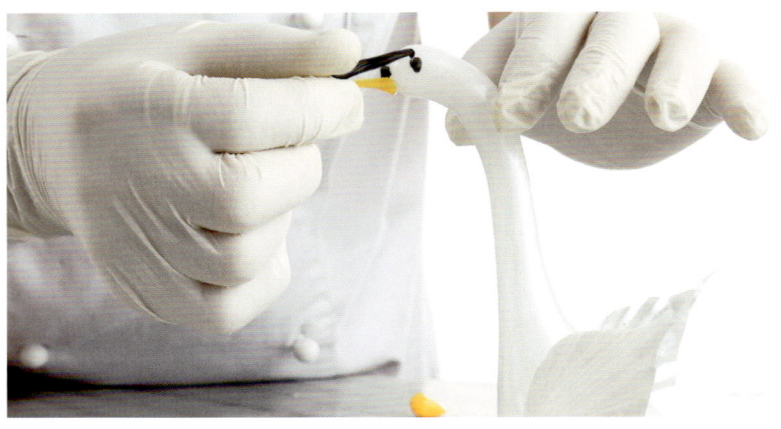

Für die Augen etwas schwarzen Zucker erwärmen und je einen Tropfen anbringen. Oder die Augen mit schwarzer Lebensmittelfarbe mit einem Pinsel auftragen.

FILM AB

237

Obst

Nahezu alle Obstsorten lassen sich aus der Grundform – der Kugel – herstellen.

Birne

Eine kleine Kugel blasen.

Kugel mit drehender Bewegung leicht in die Länge ziehen. Den Birnenhals mit Daumen und Zeigefinger fixieren. Luft nachpumpen.

Vorhandene Druckstellen ausgleichen. Eventuell mit der Airbrushpistole kolorieren. Kalt föhnen.

Mundstück wie beim Vogel lösen. Unterseite der Birne leicht eindrücken, um ihr die charakteristische Form zu verleihen. Anschließend in eine Silikonform mit halbrunden Vertiefungen legen und sprenkeln.

Für den Stängel ein kleines Stück Zucker ziehen, anwärmen und ansetzen.

ZUCKER GIESSEN

Wie für das Ziehen und Blasen von Zucker benötigt man auch für das Gießen entsprechende Utensilien. Diese müssen bereitliegen, bevor man mit dem Zuckerkochen beginnt. Alle angeführten Metall- und Kunststoffformen sowie sämtliche Unterlagen lassen sich individuell – je nach gewünschter Form und Oberflächenstruktur – miteinander kombinieren.

ARBEITSUTENSILIEN

GIESSFORMEN

METALLFORMEN
Leicht geölte Bandeisenformen, Ausstecher und Metallleisten. Bandeisen in die gewünschte Form bringen und mit Gewichten beschweren.

KUNSTSTOFFSCHABLONEN
Aus Silikonkautschukmatten, 2 mm dicken Weich-PVC-Matten oder lebensmittelechten Gummimatten.

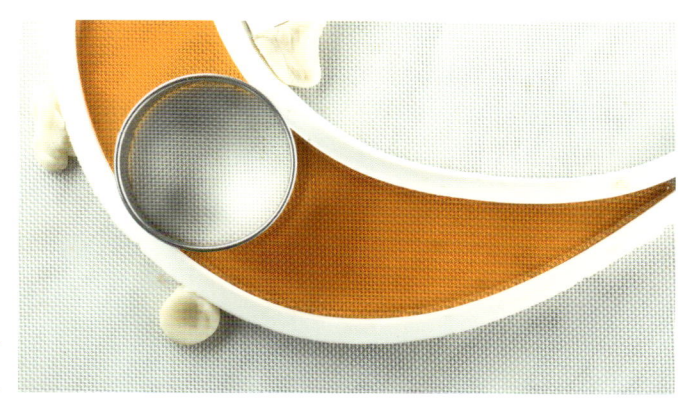

SILIKONBÄNDER
Bänder in beliebiger Form auf eine Silpatmatte legen, mit Marzipan fixieren, in der Mitte leicht geölte Ausstecher platzieren.

SILIKONFORMEN

Ein- oder mehrteilig, z. B. Sphere Mold (Chicago School of Mold Making). Zur Herstellung von dreidimensionalen Elementen wie Kugeln oder Figuren.

GUT ZU WISSEN

- Weichere Silikonformen in Kristallzucker legen, damit sich die gegossenen Teile durch die harte Arbeitsfläche nicht verformen und flach werden.
- Bei der Verwendung von Silikonformen bilden sich immer kleine Luftblasen an der Oberfläche. Um eine glatte, glänzende Oberfläche zu erreichen, die Elemente nach dem Abkühlen und Entformen kurz mit dem Lötbrenner abflämmen.

SILIKONBACKFORMEN

Zum Gießen von zwei- und dreidimensionalen Elementen.

MOTIVSILIKONMATTEN

In verschiedenen Stärken, z. B. Showstopper™ (Chicago School of Mold Making). Die Rückseite ist matt und hat kleine Luftbläschen.

WEICH-PVC-FORMEN

Zum Gießen von mehrfarbigen, glasklaren, dreidimensionalen Objekten mit glatter, glänzender Oberfläche. Die einzelnen Teile aus Weich-PVC-Matten fertigen und mit Klebestreifen zu einer Form zusammenfügen.

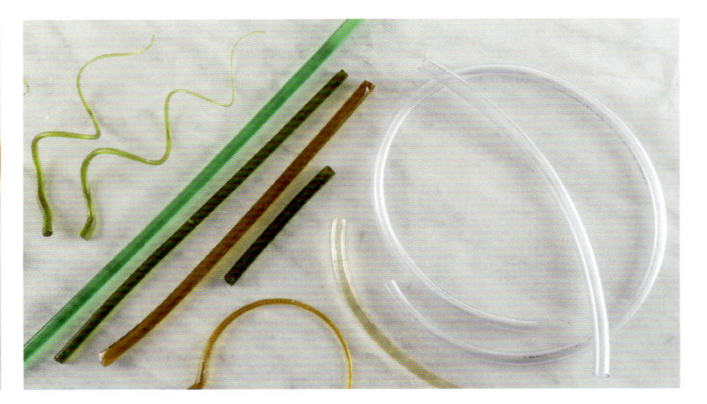

WEICH-PVC-SCHLÄUCHE

Für gegossene Stränge mit glatter, glänzender Oberfläche. Im Baumarkt in verschiedenen Stärken und mit unterschiedlichen Durchmessern erhältlich.

UNTERLAGEN

Als Unterlage eignen sich verschiedene Materialien – je nachdem, welchen Oberflächeneffekt man erzielen möchte.

BACKTRENNPAPIER
Die Elemente haben eine matte Rückseite und eine oftmals nicht ganz glatte Oberfläche. Ein interessanter Effekt lässt sich durch Zerknüllen des Papieres erzielen.

ALUFOLIE
Ergibt durch Zerknüllen eine strukturierte Oberfläche. Die Folie leicht einölen und nach dem Aushärten sofort abziehen. Bei Schaustücken wird die Folie meist nicht entfernt, da die Unterseite dadurch nicht klebt und die durch den Zucker scheinende Folie dem Produkt einen besonderen Glitzereffekt verleiht.

SILPATMATTEN
Die Matten haben meist eine textile Struktur, die auch auf dem gegossenen Zucker gut erkennbar ist.

STRUKTURFOLIEN UND STRUKTURMATTEN
Strukturfolien werden hauptsächlich für Schokoladendekor verwendet, eignen sich aber auch für gekochten Zucker, wenn dieser ausreichend abgekühlt ist. Strukturmatten aus Silikon sind hitzebeständig. Sie ergeben eine matte Oberfläche mit kleinen Luftbläschen.

WEICH-PVC-FOLIEN UND WEICH-PVC-MATTEN
Ergeben eine glatte, glänzende Oberfläche. Ein Papier unter die Matte legen, um ein Ansaugen auf der Arbeitsfläche zu vermeiden.

RELIEF

Den Zucker in die Silikonform gießen und auskühlen lassen.

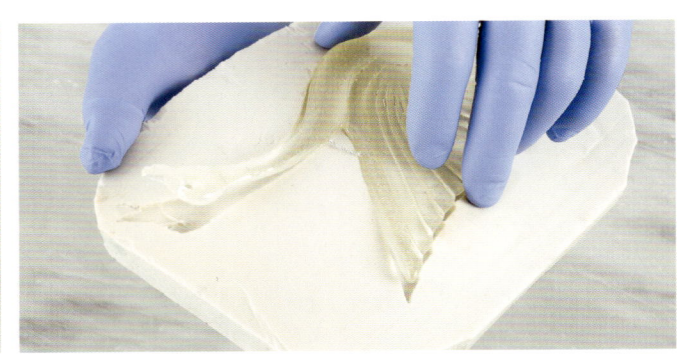

Relief aus der Form nehmen.

Mit dem Lötbrenner abflämmen.

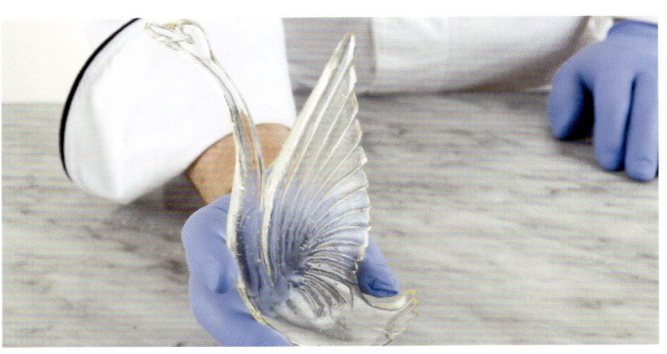

Beim Abflämmen entweichen die Luftblasen und die Oberfläche beginnt zu glänzen.

KUGEL

Den Zucker in die Form gießen, wieder ausgießen und etwas überkühlen lassen.

Andersfarbigen Zucker bis zur halben Höhe eingießen.

Mit einem Röhrchen Luft einblasen oder ein Stäbchen hineinstecken und wieder herausziehen.

Mit dem zuerst gegossenen Zucker die Form füllen. Je nach Größe der Kugel zwei bis drei Stunden aushärten lassen, da die Silikonform die Hitze gut isoliert.

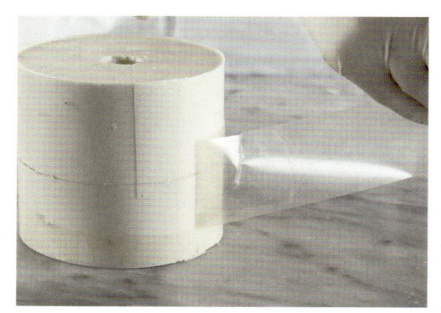

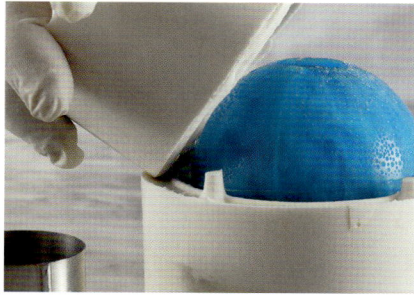

Klebestreifen von der Silikonform entfernen. Silikonform öffnen.

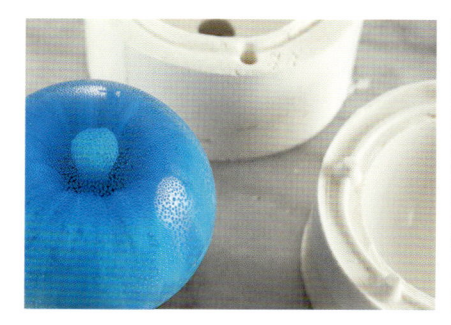

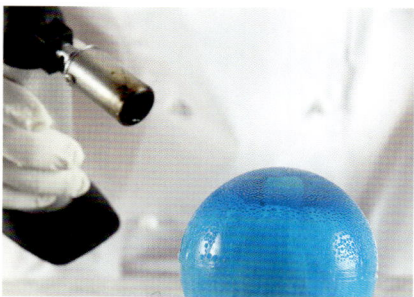

Kugel aus der Form nehmen und auf einen passenden Ausstecher setzen. Mit dem Lötbrenner abflämmen.

STRÄNGE

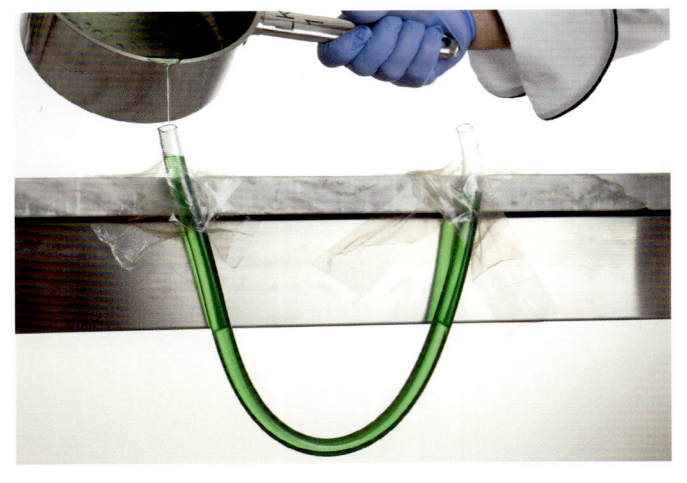

Den Schlauch mit dem Klebeband an der Tischkante fixieren. Den Zucker eingießen und die Enden des Schlauches abklemmen. Schlauch von der Tischkante lösen, auf die Arbeitsfläche legen und ca. 30 Minuten auskühlen lassen.

Klemmen entfernen. Den Schlauch mit einem scharfen, spitzen Messer der Länge nach seitlich einschneiden. Vorsicht, nicht in den Zucker schneiden, um ein Zerspringen zu vermeiden. Schlauch vorsichtig entfernen.

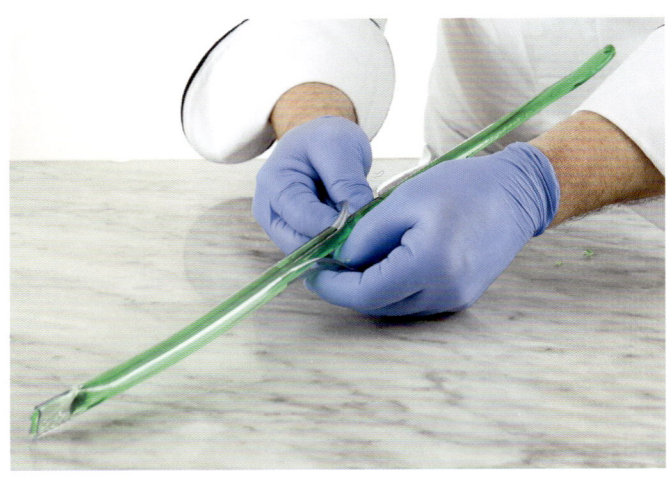

ABSTRAKTE OBJEKTE

Bei größeren dreidimensionalen Objekten wird der Gießvorgang mehrmals wiederholt.

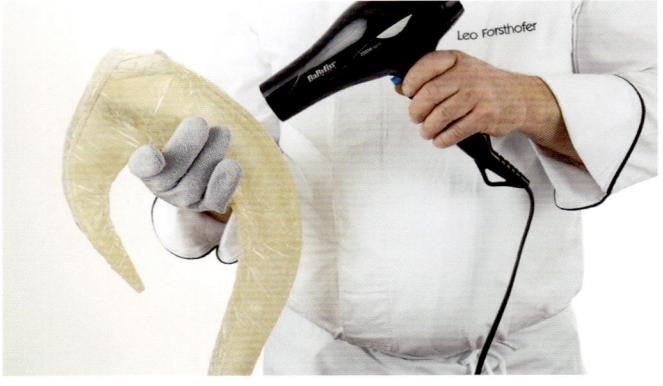

Klaren oder hell gefärbten Zucker in die Form gießen. Mit dem Kaltluftföhn etwas abkühlen.

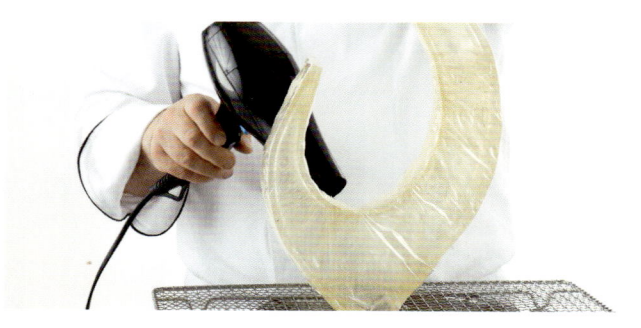

Form wenden und den Zucker auslaufen lassen. Mit dem Kaltluftföhn etwas abkühlen.

Zucker eingießen, etwas überkühlen lassen, ausgießen und unter öfterem Wenden mit dem Kaltluftföhn abkühlen.

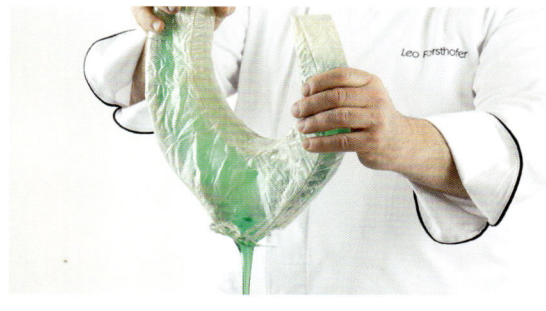

Andersfarbigen Zucker eingießen. Etwas überkühlen lassen und ausgießen.

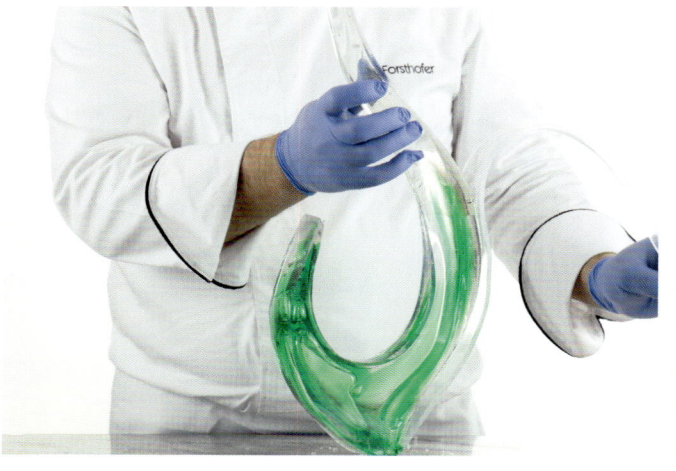

Unter Wenden kalt föhnen, bist der Zucker nicht mehr fließt. Anschließend etwa zwei Stunden auskühlen lassen. Dabei am Beginn die Form alle fünf bis zehn Minuten wenden, bis der Zucker stabil ist. Klebestreifen aufschneiden und entfernen. Silikonstreifen abziehen, dabei an der dünnsten bzw. empfindlichsten Stelle des Objekts beginnen.

ELEMENTE MIT EINGEARBEITETEM MOTIV

Besonders attraktiv wirken gegossene Elemente mit einem eingearbeiteten Motiv, z. B. eine Kugel mit einem Frosch in der Mitte. Oder Würfel, Scheiben und Platten, die auf der Rückseite das Negativ einer Figur aufweisen, das auf der Vorderseite den Eindruck erweckt, als würde die Figur im gegossenen Zucker schweben. Solche Zuckerteile eignen sich hervorragend als Basis eines Schaustückes.

Gut zu wissen

Um die Tiefenwirkung der Figur zu erhöhen, das Silikonrelief mit Metallic-Farbpulver bestäuben oder das fertige eingegossene Relief mit der Airbrushpistole kolorieren.

Die mit einem eingeritzten Motiv versehene Weich-PVC-Matte auf Backtrennpapier legen. Mit einem geölten Rahmen umstellen oder den Rand des Rahmens mit Backtrennpapier auskleiden. Den Zucker eingießen.

Eventuelle Dekorelemente, z. B. Stücke aus Felsenzucker (siehe Seite 254), platzieren.

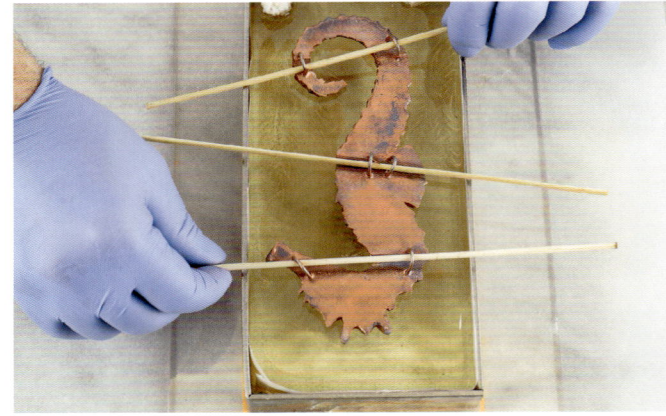

Das Relief aus Silikon hineinlegen und mit Stäben am Formenrand fixieren. Auskühlen lassen.

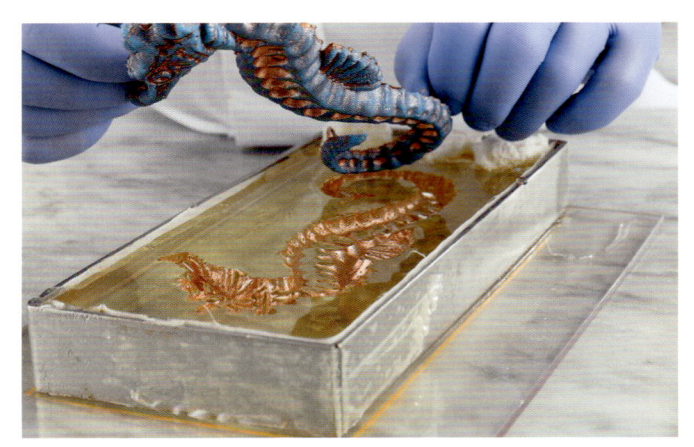

Stäbe entfernen und das Relief herausnehmen.

Den Rahmen entfernen.

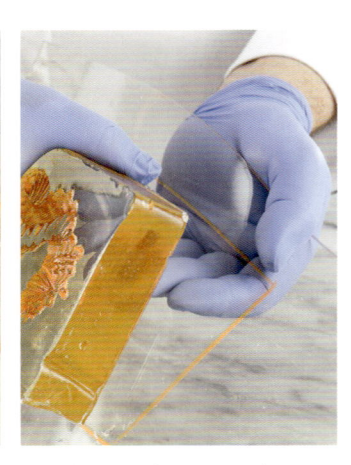

Objekt von der Matte lösen.

247

Spezielle Gießtechniken

Außergewöhnliche abstrakte Formen lassen sich mit folgenden Techniken erzielen, bei denen der Zufall ein wenig mitspielt. Sie lassen sich auch hervorragend mit temperierter Kuvertüre umsetzen.

In Eis Gießen

Für diese Technik eignet sich am besten gekochter Isomalt. Das dabei entstehende Gebilde hat eine organisch gewachsene Form, wie die Natur sie hervorbringt – es ähnelt einer Koralle und passt somit gut zum Thema Unterwasserwelt.

Den Zucker überkühlen lassen, bis er leicht zähflüssig ist.

In ein mit Eiswürfeln gefülltes Metallgefäß gießen. Auskühlen lassen.

Das Gebilde vorsichtig aus dem Eis nehmen. Am besten trägt man dabei Handschuhe, da es scharfe Kanten haben kann.

Auf ein Glasiergitter legen und abtropfen lassen, bis das ganze Eis geschmolzen ist.

Das Gebilde völlig abgetrocknet mit Silicagel in Plastikboxen verpacken, um die Restfeuchtigkeit zu entziehen.

In Zucker Gießen

Im Vergleich zu anderem Zuckerdekor erkennt bei dieser Technik auch ein Laie das Rohmaterial, aus dem die Teile hergestellt sind. Zum Gießen eignet sich sowohl traditionell gekochter Zucker als auch Isomalt. Die Zuckerlösung wird in eine dickere Schicht Kristall- oder Puderzucker gegossen, in die man vorher mit den Händen oder mit einem Objekt eine Form eingedrückt hat. Grundsätzlich gilt: Je feiner der Zucker, desto exakter die Form. Ein wesentlicher Vorteil dieser Technik ist, dass die Elemente durch die umgebende Zuckerschicht keine Feuchtigkeit anziehen.

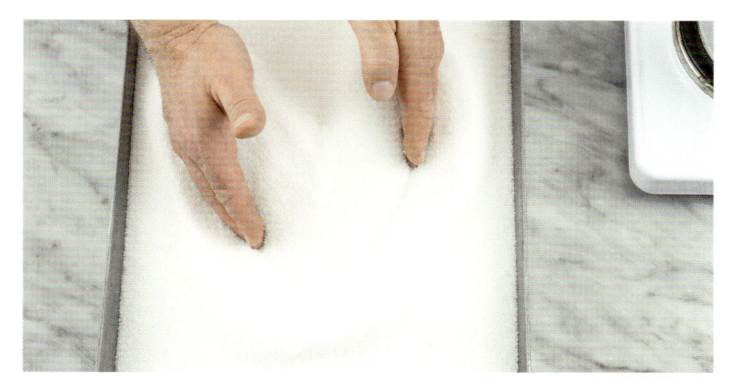

Eine dickere Schicht Kristallzucker in eine Wanne füllen und mit den Händen abstrakte Formen in den Zucker drücken.

Überkühlten Zucker vorsichtig eingießen.

Mit Kristallzucker bedecken und etwas anziehen lassen.

Den Zucker formen. Durch Absenken oder Unterfüllen des Zuckerteils mit Kristallzucker erreicht man eine bewegtere Form. Auskühlen lassen. Zuckerteil aus der Wanne nehmen und abpinseln. Eventuell mit der Airbrushpistole kolorieren.

BLASENZUCKER

Blasenzucker ist nicht nur ein dekorativer Hintergrund für Schaustücke, sondern auch ein beliebtes Tellerdekor. Er wird auf unterschiedliche Art vorwiegend aus Isomalt hergestellt.

BLASENZUCKER
AUS GEKOCHTEM ISOMALT

Backtrennpapier mit Weingeist benetzen.

Weingeist mit den Händen verteilen.

Heißen Zucker daraufgießen.

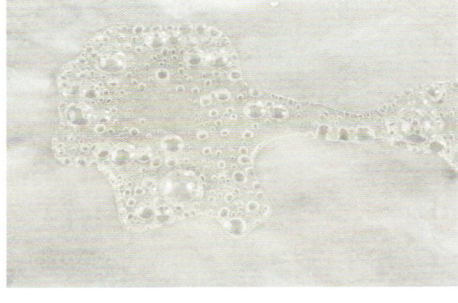

Der Weingeist verdampft und bildet Blasen in dem sich rasch abkühlenden Zucker.

Das Papier anheben, der Zucker fließt auseinander und bildet dekorative zapfenähnliche Gebilde.

Eventuell mit der Airbrushpistole kolorieren. Durch Schräghalten der Airbrushpistole werden die Konturen des Gebildes stärker betont. Auskühlen lassen und vom Papier heben.

FILM AB

Blasenzucker
aus Isomaltgranulat

Isomaltgranulat auf der Silpatmatte dünn verteilen. Für gefärbten Blasenzucker flüssige Farbe auftragen oder verschiedenfarbiges Isomaltgranulat verwenden.

Silpatmatte darüberlegen. Bei 180 °C im Backrohr ca. zwölf Minuten erhitzen. Dabei beginnt der Isomalt zu kochen und bildet das charakteristische Blasenmuster.

Aus dem Backrohr nehmen und mit dem Rollholz darüberrollen – für größere Teile etwas dicker halten, für Tellerdekor so dünn wie möglich ausrollen. Auskühlen lassen.

Silpatmatte abziehen.

Blasenzucker von der Matte heben. In Stücke brechen.

Gut zu wissen

- Je kürzer der Isomalt im Backrohr ist, desto kleiner sind die Blasen. Wird er zu lange erhitzt, werden die Blasen immer größer, bis letztendlich die Struktur zerfällt.

- Der Blasenzucker kann nach dem Abziehen von der ersten Matte nochmals kurz erwärmt und anschließend ausgestochen oder in Stücke geschnitten werden. Besonders dekorativ wirkt er, wenn man ihn zu Fächern formt oder in Wellen legt.

SPINN-
ZUCKER

Allgemein bekannt und beliebt unter dem Begriff Zuckerwatte, ist Spinnzucker auch ein vielseitig einsetzbares Dekorelement, z. B. für Desserts, Vogelnester und Schaustücke. Einen besonderen Blickfang stellen mit Zucker eingesponnene gegossene Objekte, z. B. eine Kugel, dar. Zum Spinnen von größeren Objekten eignet sich am besten ein Schneebesen, dessen Stäbe vorne abgeschnitten werden, sodass eine Rute entsteht. Für kleinere Objekte verwendet man einen Löffel.

ZUCKER
SPINNEN

- Den Zucker überkühlen lassen, bis er leicht zähflüssig ist.
- Zwei gut geölte Stäbe mit ausreichendem Abstand auf Backtrennpapier legen und an der Tischkante oder an einem Ständer befestigen.

Schneerute in den Zucker tauchen und die dabei entstehenden Fäden über die Stäbe schleudern (spinnen).

Gesponnenen Zucker von den Stäben nehmen.

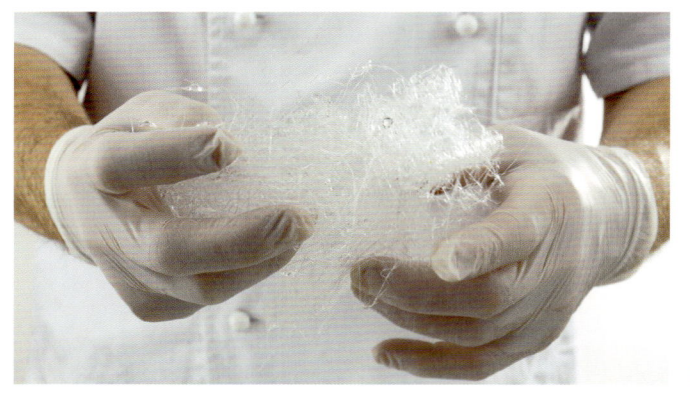

Formen. In Plastikbehältern mit Silicagel luftdicht verpacken.

FILM AB

FÄCHER

Eine geölte Metallplatte auf einen Sockel (z. B. Ausstecher oder Dessertring) auf Backtrennpapier stellen. Den Löffel in den überkühlten Zucker tauchen und den Zucker über die Metallplatte spinnen.

Fäden den Plattenrand entlang abschneiden. Eventuell mit der Airbrushpistole kolorieren.

Den Rand mit dem Lötbrenner anwärmen.

Gesponnenen Zucker mit einem Messer vorsichtig von der Platte lösen. Eventuell formen.

FELSEN-ZUCKER

Kleiner Aufwand – große Wirkung, so die Charakteristik dieses Zuckerdekors. Das Endprodukt erinnert optisch an Lavagestein und lässt sich gut mit der Airbrushpistole kolorieren.

In den Zucker (Zucker zum Gießen, Seite 216, ohne Glukosesirup) am Ende des Kochvorgangs ca. 10 % Spritzglasur (siehe Seite 44) mit dem Schneebesen rasch einrühren. Der Zucker schäumt dabei stark auf.

FILM AB

In ein hohes, mit Alufolie oder Backtrennpapier ausgekleidetes Metallgefäß leeren.

Zucker schäumt weiter. Ca. zwei Stunden aushärten lassen.

Den Zucker auf Backtrennpapier stürzen. Alufolie entfernen.

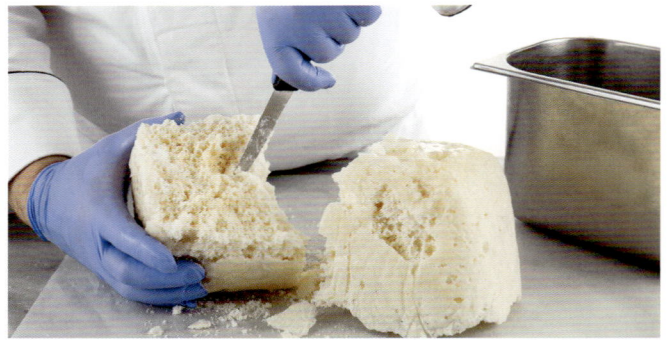

Zucker mit einem kleinen Messer in Stücke brechen. Zuckerstücke in Plastikboxen mit Silicagel luftdicht verpacken.

ZUCKER-KRISTALLE

Eine Technik, bei der man sich die Kristallisation des Zuckers zunutze macht. Die zur Herstellung benötigte Zuckerlösung (Zucker und Wasser im Verhältnis 3 : 1) wird bis zum starken Faden gekocht – sie soll eine Dichte von 34–35 °Bé haben. Hat man keine Zuckerwaage zum Messen der Dichte, lässt man die Zuckerlösung etwa eine Minute kochen.

BERGKRISTALLE

Ein sauberes Gefäß mit Klebestreifen oder Ähnlichem bespannen. Elemente – ein Stückchen Gelatine-, Tragantzucker oder Marzipan auf einem Metallstäbchen oder Faden oder nur ein Holzstäbchen – an den Klebestreifen befestigen. Sie sind der Keim für die Kristallbildung.

Ausgekühlten Zucker eingießen, sodass die Elemente bedeckt sind.

Ein bis zwei Wochen stehen lassen, bis sich rund um das Stäbchen oder den Faden große Kristalle angesetzt haben.

Elemente herausnehmen und auf einem Glasiergitter abtropfen lassen.

GUT ZU WISSEN

Auch gegossene oder geblasene Zuckerteile eignen sich als Keim für die Bildung von Zuckerkristallen. Nach ein bis zwei Wochen ist das Objekt über und über mit Kristallen bedeckt.

KRISTALLINE FLÄCHEN

ABSTRAKTE ELEMENTE

- Heiße Zuckerlösung in ein flaches Gefäß leeren.
- Mit Zucker bestreuen.
- Bis zur gewünschten Kristallgröße stehen lassen.
- Herausnehmen und in Stücke brechen.

KRISTALLINE ZWISCHENRÄUME

Heiße Zuckerlösung in ein flaches Gefäß leeren. Ausgestochene Dekorelemente aus Gelatine- oder Tragantzucker hineinlegen und mit Backzucker bestreuen.

Vier bis fünf Stunden stehen lassen, bis die Zwischenräume mit Kristallen ausgefüllt sind. Das Gefäß darf während der Stehzeit nicht bewegt werden.

GUT ZU WISSEN

Durch das Bestreuen mit Backzucker setzt die Kristallisation schneller ein und es enstehen gleichmäßigere Kristalle. Ohne Bestreuen erhält man eine dünne, beinahe durchsichtige Oberfläche.

ZUCKERDRUSEN

- Zwei Halbkugeln aus Gelatinezucker – eine mit einer Öffnung zum Eingießen – mit Spritzglasur zusammenkleben und trocknen lassen.
- Die gesättigte, eventuell gefärbte Zuckerlösung in die Kugel gießen.
- Etwa zwei Wochen stehen lassen.
- Überschüssige Zuckerlösung durch die Öffnung ausgießen.
- Kugel aufklopfen und in Stücke brechen.

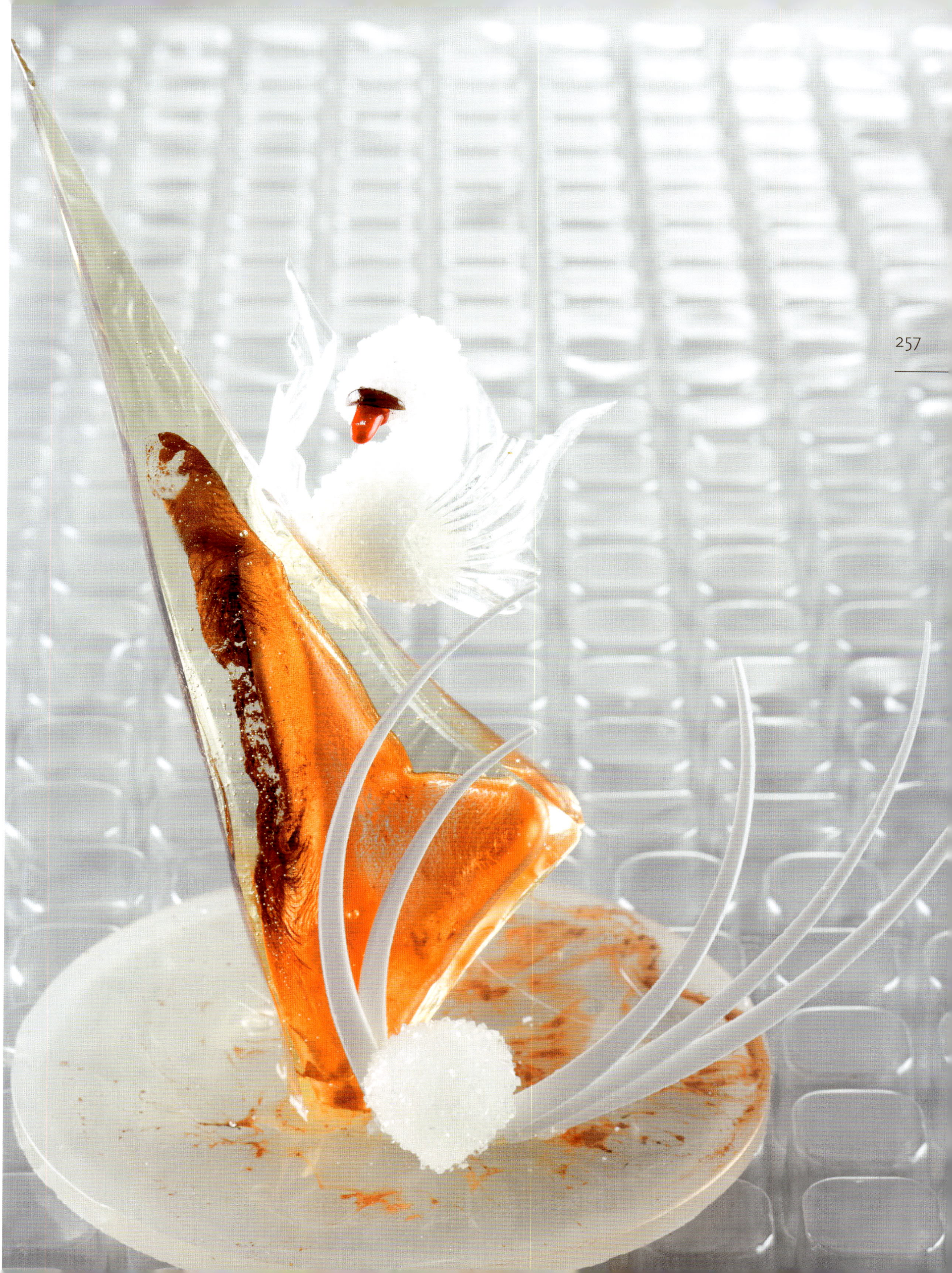

GELATINEZUCKER (PASTILLAGE)

Gelatinezucker – im Französischen auch Pastillage genannt – ist wegen seiner Eigenschaften das Material schlechthin zur Herstellung von Hochzeitstortendekor.

- Frisch zubereitet lässt sich Gelatinezucker leicht ausrollen, schneiden und gut modellieren.
- Daraus hergestellte Teile sind nach dem Trocknen schneeweiß und relativ stabil. Sie eignen sich daher hervorragend zum Bemalen oder zum Kolorieren mit der Airbrushpistole.
- Die Teile sind gut lagerfähig und vergleichsweise unempfindlich gegen Luftfeuchtigkeit und Hitze. Letztere Eigenschaft kommt vor allem bei Schaustücken im Schaufenster zum Tragen, selbst die pralle Sonne kann den Teilen nichts anhaben.

Es gibt verschiedene Rezepte, die Säure enthalten, andere, denen Weizenpuder beigegeben wird. Nachfolgendes Rezept lässt sich einfach herstellen und hat sich jahrzehntelang in der Praxis bestens bewährt.

Zutaten

20 g Gelatinepulver
100 g Wasser
100 g Glukosesirup
1 500 g Puderzucker

Gelatinepulver mit Wasser verrühren und quellen lassen.

In der Mikrowelle erwärmen (nicht kochen!) und den Glukosesirup dazugeben. Eventuell nochmals erwärmen.

Gelatine-Sirup-Mischung zum gesiebten Puderzucker in der Rührschüssel geben.

Mit dem Knethaken mischen. Kneten, bis die Zutaten gebunden sind.

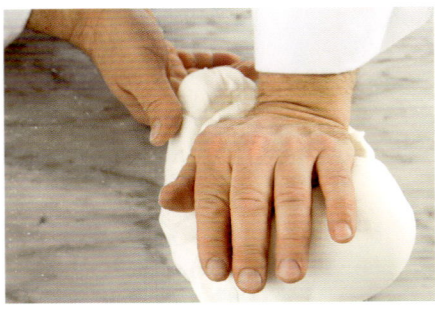

Mit den Händen kurz durcharbeiten. In Plastik verpacken. So verpackt und gekühlt ist der Zucker mindestens vier Wochen lagerfähig.

GUT ZU WISSEN

- Anstelle von Puderzucker kann auch Staubzucker verwendet werden. Allerdings ist die Oberfläche des Gelatinezuckers dann nicht so glatt.
- Sollte der Gelatinezucker beim Mischen die gesamte Zuckermenge nicht auf einmal binden, erwärmt man einen Teil in der Mikrowelle und setzt anschließend den Knetprozess fort.
- Bei längerer Lagerung sollte man ihn vakuumieren. Bei Bedarf in der Mikrowelle erwärmen, bis er knetfähig ist (Handwärme).
- Bei öfterem Erwärmen in der Mikrowelle gibt man zum Gelatinezucker etwas Wasser, um den Flüssigkeitsverlust beim Erwärmen auszugleichen.

VERARBEITUNG

- Gelatinezucker lässt sich gut verarbeiten, trocknet jedoch an der Oberfläche schnell ab. Will man daher Teile aus dem ausgerollten Teig schneiden oder ausstechen, so muss dies rasch geschehen. Zum Schneiden eignet sich am besten ein spitzes glattes Messer.
- Den beim Ausstechen oder Ausschneiden übrig gebliebenen Gelatinezucker gut verkneten, in Frischhaltefolie luftdicht verpacken und in einem verschlossenen Eimer kühl lagern.
- Die Zuckerteile vor der Weiterverarbeitung etwa zwölf Stunden trocknen lassen, damit sie stabil sind. Je kleiner und dünner die Teile, desto kürzer die Trockenzeit. Größere Teile für einen Aufsatz mit einer Stärke von 5 bis 10 mm müssen mehrere Tage trocknen.
- Um eine schöne Schnittkante zu erzielen, die getrockneten Teile mit einem feinen Schleifpapier nachschleifen und glätten.
- Zum Zusammenkleben der Zuckerteile eignet sich heißer Isomalt. Für eine stabile, feuchtigkeitsresistente Verbindung den Isomalt nur punktuell zum Fixieren auftragen und die Teile anschließend mit Spritzglasur verkleben.
- Kleinere Teile lassen sich auch gut mit überhitztem Fondant verbinden, der wie die Spritzglasur eine rasche, stabile, feuchtigkeitsresistente Verbindung gewährleistet.
- Keinesfalls sollten große Flächen mit Isomalt oder heißem Fondant verklebt werden, da der große Temperaturunterschied eine Spannung erzeugt, die die Teile zum Bersten bringt.

Verschiedene ausgestochene, geschnittene, in Formen hergestellte Dekorteile aus Gelatinezucker

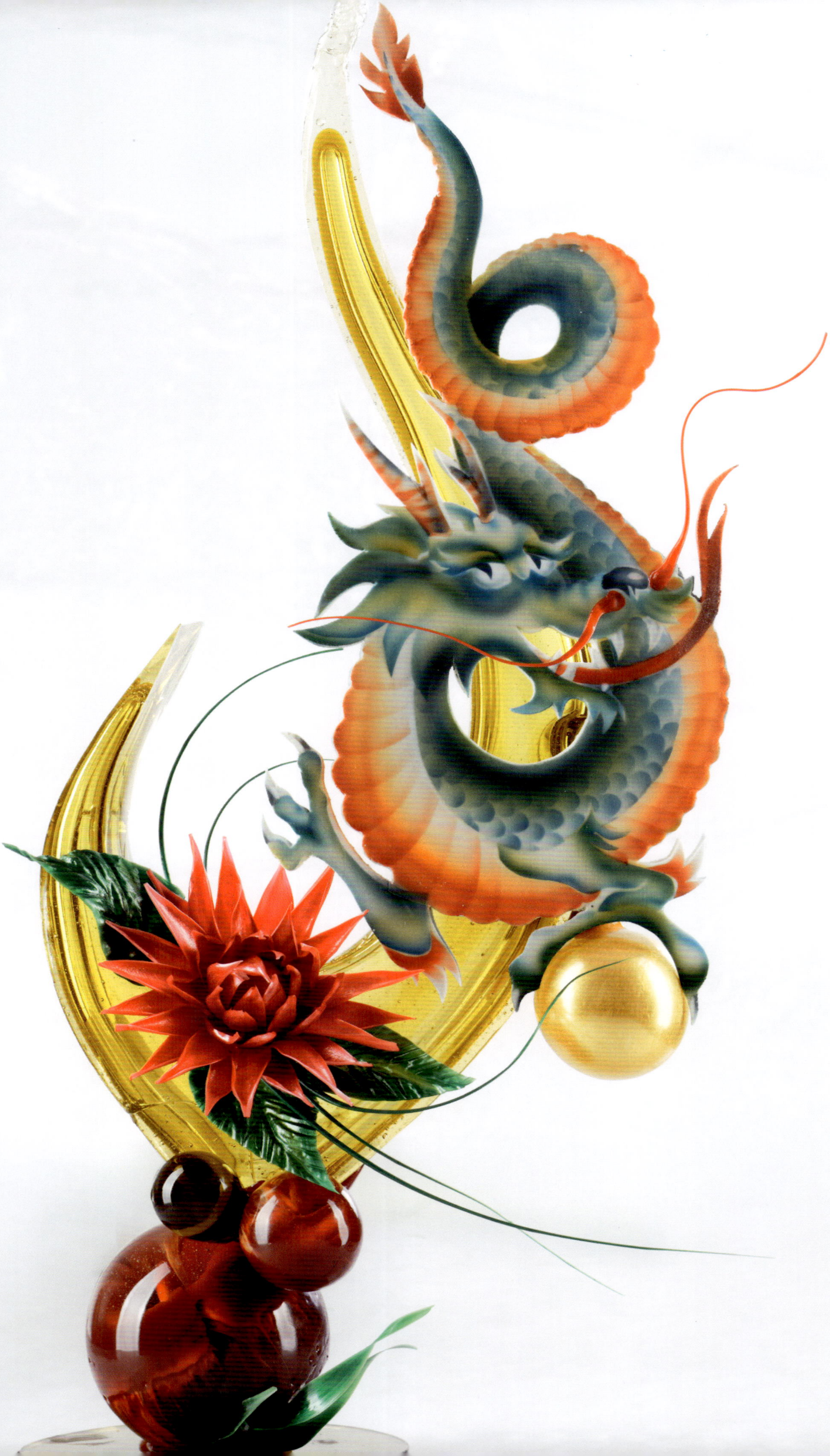

Airbrushtechnik
mit Lebensmittelfarbe

Gelatinezucker ist ein ideales Trägermaterial für Airbrusharbeiten – zum einen wegen seiner schneeweißen Oberfläche, zum anderen, weil das Material Farbe gut aufnimmt. Motive und Strukturen können freihändig oder mit Schablonen aufgetragen werden.

Vom Motiv zur Schablone

Die Art der Schablone hängt von der Häufigkeit ihres Einsatzes ab. Für nur einmal verwendete Motive genügt es, die Schablonen aus der Kopie auszuschneiden. Wird das Motiv öfter verwendet, empfiehlt es sich, die Kopie zu laminieren und dann die Schablone auszuschneiden. Bei mehrmaliger oder gar serieller Verwendung ist es am besten, die Schablonen aus 0,5 mm dünnen Polystyrolplatten anzufertigen. Das Material hat den Vorteil, dass es sich gut schneiden lässt und daraus hergestellte Schablonen einigermaßen stabil sind. Farblich ist Opal dem Weiß vorzuziehen, da es leicht durchsichtig ist.

Polystyrolplatte und tagesfrische Kopie des Motivs vorbereiten.

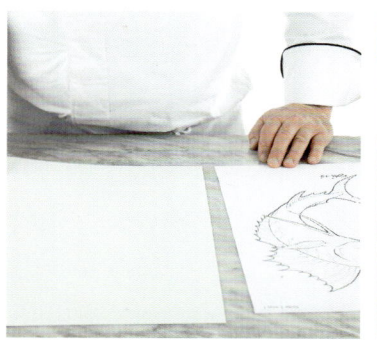

Kopie mit der bedruckten Seite nach unten auf die Polystyrolplatte legen.

Durch Darüberstreichen mit Aceton das Motiv auf die Polystyrolplatte übertragen.

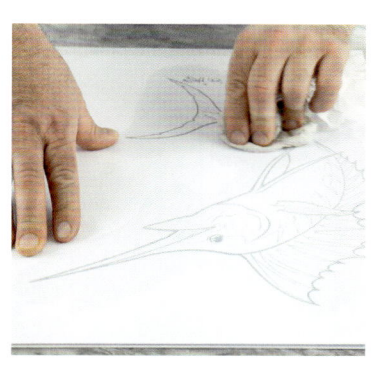

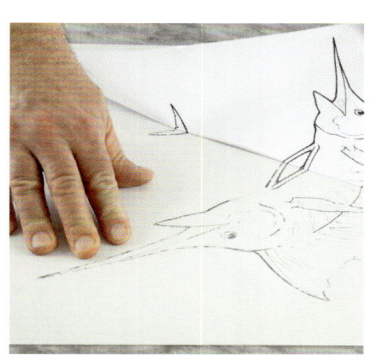

Kopie rasch abziehen.

Motiv mit dem Stanleymesser aus der Polystyrolplatte ausschneiden.

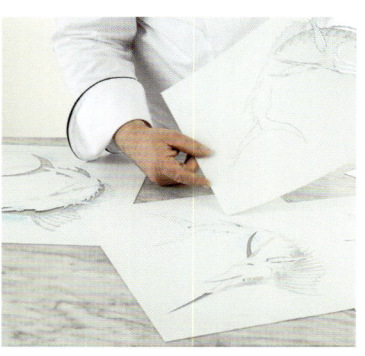

Je nach Motiv und den damit verbundenen Farbebenen mehrere Schablonen anfertigen. Bei jeder Schablone unterschiedliche Bereiche des Motivs aussparen und darauf achten, dass die Schablonen übereinandergelegt deckungsgleich sind.

FARBGESTALTUNG
MIT DER AIRBRUSHPISTOLE

Das Motiv aus Gelatinezucker auflegen. Eventuelle Weizenpuderreste mit dem Pinsel entfernen.

Motiv auf einen Karton legen und die erste Schablone darüberlegen.

Schablone beschweren, z. B. mit kleinen Metallklötzen. Motivvorlage danebenlegen.

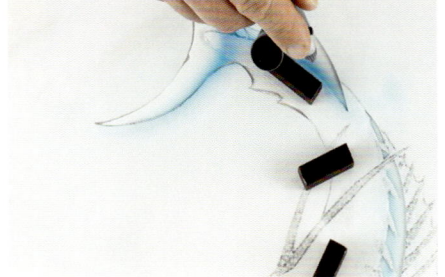

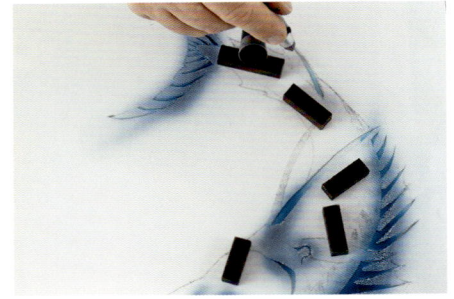

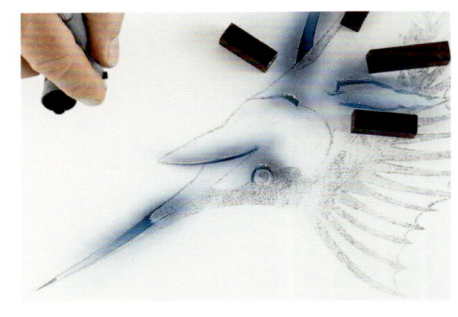

GUT ZU WISSEN

Mit der Airbrushtechnik lassen sich wirkungsvolle Oberflächeneffekte wie Metall-, Chrom- oder Steineffekte erzielen.

Mit der Airbrushpistole kolorieren. Vorgang mit den restlichen Schablonen wiederholen.

Kleine weiße Flächen (z. B. Augen) mit einem Grafikmesser herausarbeiten. Oder mit einem Pinsel einen Tropfen Wasser auftragen und dann mit einem Papier abtupfen. Schwarze Flächen (Linien, Augen u. Ä.) mit einem Pinsel nachbearbeiten. Fertiges Objekt trocken aufbewahren.

263

Kristalliner Gelatinezucker

Eine spezielle Form des Gelatinezuckers, bei dem die kristalline Struktur des Zuckers erhalten werden soll. Daraus hergestellte Objekte haben eine attraktiv glitzernde Oberfläche und lassen sich hervorragend in eine Zuckerarbeit integrieren.

Zutaten
5 g Gelatinepulver
10 g Wasser
(Pulverisierte Lebensmittelfarbe)
500 g Normalkristallzucker

Gelatinepulver mit Wasser verrühren, quellen lassen und in der Mikrowelle erwärmen (auflösen). Für gefärbten Zucker die Pulverfarbe in die Gelatinemischung rühren. Kristallzucker beigeben.

Mit der Teigkarte mischen. Kurz in der Mikrowelle nachwärmen.

Mit den Händen gut mischen, bis der Zucker die Konsistenz und das Aussehen von feuchtem Sand hat.

Gut zu wissen

Sollte sich der Kristallzucker nicht gut mischen lassen, den Zucker nochmals in der Mikrowelle nachwärmen.

Oder, wenn er zu trocken ist, etwas Wasser beigeben.

Kugel

Kristallinen Gelatinezucker in eine leicht geölte Kugelform aus Plastik füllen und zusammenpressen.

Eine Formenhälfte abnehmen.

Sobald die Oberfläche griffig ist – bei kleinen Kugeln nach ca. zwei Stunden, bei großen nach zwölf Stunden –, die zweite Formenhälfte entfernen.

BÜSTE

Kristallinen Gelatinezucker in die vorbereitete Silikonform füllen.

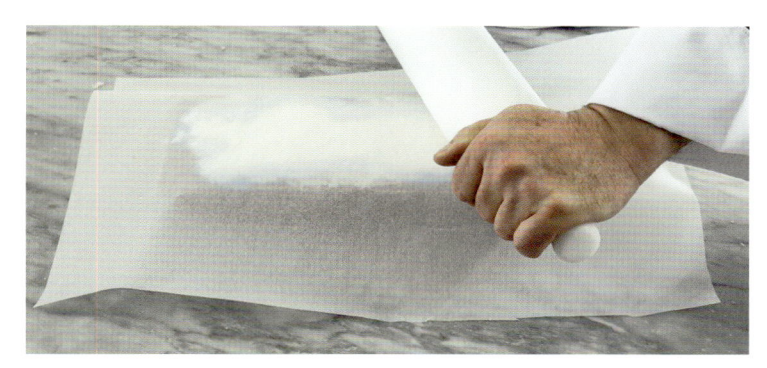

Backtrennpapier darauflegen und den Zucker mit dem Rollholz in die Form pressen.

Überschüssigen Zucker mit der Teigkarte entfernen. Nochmals mit dem Rollholz darüberrollen. Ca. 24 Stunden trocknen lassen.

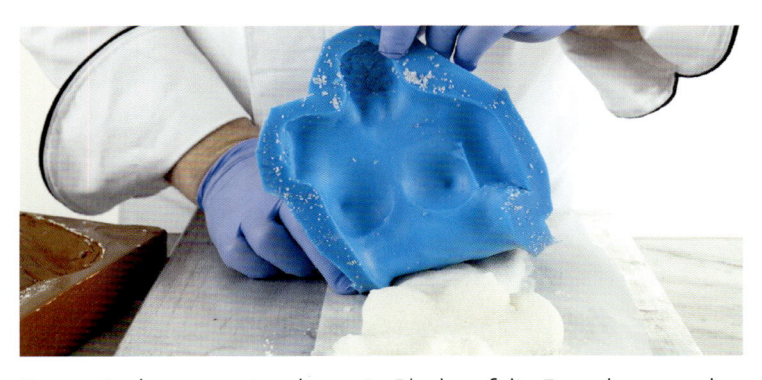

Zuerst Backtrennpapier, dann ein Blech auf die Form legen und die Form umdrehen. Die äußere Form abheben, anschließend die Silikonform abziehen.

ZUCKERMODELLIER-MASSE

Weiße Zuckermodelliermasse wird fälschlicherweise oftmals als Rollfondant bezeichnet. Der Begriff ist insofern irreführend, da Fondant die klassische Zuckerglasur aus gekochtem Zucker schlechthin ist, die in flüssiger Form aufgetragen wird. Von Fachleuten als Massa Ticino, weiße Dekormasse oder Icing bezeichnet, eignet sich die Zuckermodelliermasse hervorragend zum Eindecken von Torten. Sie ist als kostspieliges Fertigprodukt im Handel erhältlich, lässt sich aber auch relativ einfach selbst herstellen.

Zutaten

10 g Gelatinepulver
50 g Wasser
200 g Glukosesirup
150 g Invertzucker (z. B. Trimolin)
1 000 g Puderzucker
150 g flüssiges weißes Pflanzenfett (z. B. Kokosfett)

- Gelatinepulver mit Wasser verrühren, quellen lassen und in der Mikrowelle erwärmen (auflösen).
- Glukosesirup und Invertzucker dazugeben, glatt rühren.
- Mischung zum gesiebten Puderzucker in der Rührschüssel geben, kurz mischen.
- Pflanzenfett dazugeben, glatt mischen.
- Zuckermodelliermasse vor der Weiterverarbeitung zwei Stunden kühl ruhen lassen. Zur Aufbewahrung in Plastiksäcke verpacken und kühl stellen.

GUT ZU WISSEN

- Weiße Zuckermodelliermasse lässt sich beliebig mit Lebensmittelfarben einfärben.
- Zum Modellieren von Ornamenten, Figuren und Aufsätzen gibt man der Zuckermodelliermasse etwas CMC-Pulver (Carpoxy-Methyl-Cellulose-Pulver) bei. CMC lässt die Masse völlig durchhärten und gibt den Dekorelementen die nötige Stabilität.

Eindecken von Torten

Um eine glatte, weiße Tortenoberfläche zu erzielen, den Tortenkörper vor dem Eindecken mit weißer Buttercreme einstreichen ...

... – die Buttercremeschicht sollte nicht dicker als ca. 1 mm sein.

Die Zuckermodelliermasse auf Weizenpuder ca. 2–3 mm dünn ausrollen.

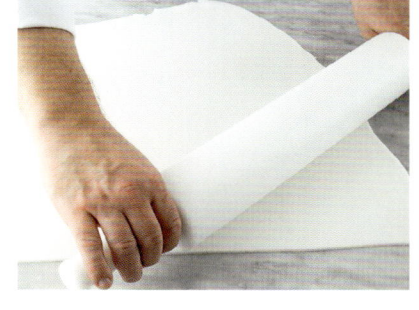

Mithilfe eines Rollholzes über der Torte abrollen.

Tortenoberfläche mit einem Tortenkarton glätten, um eventuelle Lufteinschlüsse zu entfernen.

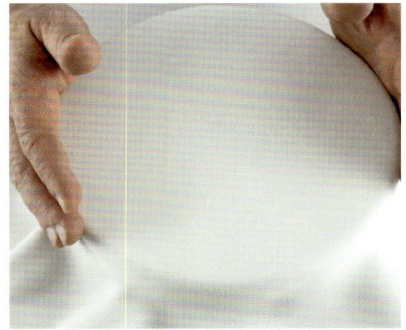

Zuckermodelliermasse mit den Handflächen entlang dem Tortenrand nach unten streichen ...

... und vorsichtig nach und nach an den seitlichen Tortenrand drücken. Eventuelle Falten nach unten wegstreichen.

Mit einer Teigkarte in einem Arbeitsgang den seitlichen Tortenrand glätten und die Zuckermodelliermasse abschneiden.

Überschüssige Masse entfernen.

Gut zu wissen

Bei eckigen Torten zuerst die Ecken andrücken, anschließend die Falten der Zuckermodelliermasse an den Seitenflächen nach unten wegstreichen.

TRAGANT-ZUCKER

Aus Tragantzucker lassen sich äußerst dünne und stabile Formen anfertigen.

Im Vergleich zu Gelatinezucker, der beim Arbeiten rasch abtrocknet, bleibt Tragantzucker auch dünn ausgerollt gut formbar. Daher eignet er sich bestens für die Herstellung von zarten Blumen und Blättern.

Zutaten

4 125 g Puderzucker
540 g Weizenpuder
90 g Tragantpulver
54 g Gelatinepulver
400 g Wasser
138 g weißes Pflanzenfett (z. B. Kokosfett)
120 g Glukosesirup
300 g Eiweiß

- Puderzucker mit Weizenpuder mischen, Tragantpulver dazugeben.
- Mischung zugedeckt im Wasserbad erwärmen.
- Gelatinepulver mit Wasser verrühren, quellen lassen und in der Mikrowelle erwärmen (auflösen).
- Glukosesirup und anschließend das Pflanzenfett einrühren.
- Gelatine-Sirup-Fett-Mischung, Eiweiß und erwärmte Zuckermischung in der Rührmaschine mischen.
- Sobald die Zutaten gebunden sind, die Masse auf höchster Stufe rühren, bis sie weiß ist – etwa fünf bis zehn Minuten.
- Zuckermasse portionsweise in Plastiksäcke verpacken und gut verschlossen in einem Eimer 24 Stunden kühl rasten lassen. Bei längerer Lagerung vakuumieren und tiefkühlen.

Blumen

Mit der Airbrushpistole zart gefärbte Tragantzuckerblüten und -blätter haben eine äußerst ansprechende natürliche Ausstrahlung. Sie sind kaum feuchtigkeitsempfindlich und bei staubfreier Lagerung beinahe unbegrenzt haltbar. Nachfolgende Blumen werden auf die gleiche Art wie die Orchideen (siehe Seite 270) hergestellt.

Phalaenopsis

Seerosen

Heckenrosen

Orchideen

Tragantzucker auf Weizenpuder dünn ausrollen.

Blütenblätter ausstechen.

Blütenblätter über halbkugelige Formen legen.

Für die Lippe (den Kelch) ein Blatt ausstechen und einen Zahnstocher am oberen Rand entlangrollen, sodass eine wellenartige Struktur entsteht.

Linke und rechte Blattseite zur Mitte hin einschlagen und zusammendrücken.

Überstehenden Zucker abschneiden und die Lippe über eine halbkugelige Form legen.

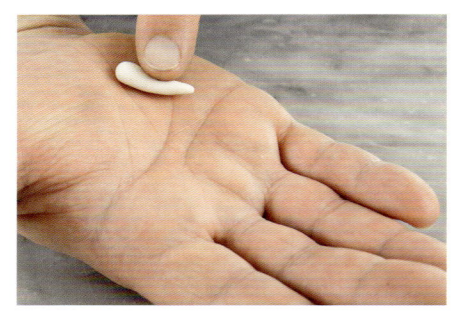

Für die Säule eine Kugel formen. Kugel zu einem Tropfen formen.

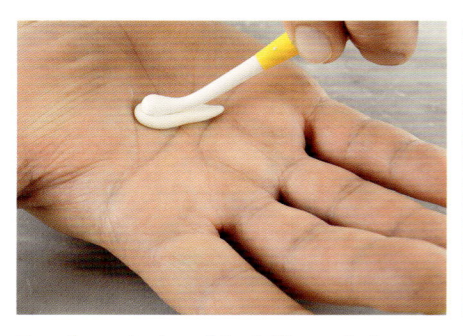

Tropfen mit dem Modellierstäbchen einkerben und über eine halbkugelige Form legen.

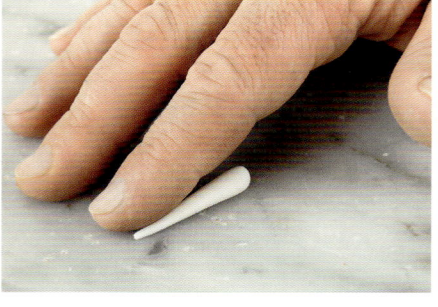

Für die Staubgefäße einen spitzen Kegel modellieren.

Kegel in der Mitte einschneiden.

Die entstandenen Hälften mit dem Modellierstäbchen in der Mitte einkerben.

Staubgefäße über eine halbkugelige Form legen und das hintere, dicke Ende abreißen.

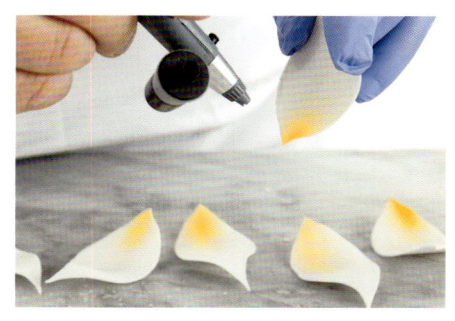

Blütenteile nach dem Trocknen mit der Airbrushpistole kolorieren.

Ein rundes Zuckerblatt in die vorbereitete Form legen. Spritzglasur aufdressieren.

Fünf Blütenblätter in der Form arrangieren.

Die Lippe in überhitzten Fondant tauchen und einsetzen.

Säule und Staubgefäße auf die gleiche Weise einsetzen. Lippe und Säule mit einem Stückchen Schaumstoff abstützen. Trocknen lassen.

Lilien

Hibiskus

Sonnenblumen & Co

Blätter

Die verschiedenen Blattformen werden wie die Blütenblätter – durch Ausstechen, Modellieren und Kolorieren mit der Airbrushpistole – hergestellt (siehe Abbildung links).

273

TELLERDEKOR

Zartes, filigranes Zuckerdekor erhöht den optischen und oftmals auch den kulinarischen Genuss eines Desserts – vor allem dann, wenn es mit dessen geschmacklichen Komponenten harmoniert.

Für feine, hauchdünne Elemente, wie Ringe, dünne Fäden oder Gitter, eignet sich am besten Isomalt. Daraus hergestellte Teile zeichnen sich durch eine hohe Spannkraft aus. Doch Vorsicht: Isomalt sollte äußerst sparsam eingesetzt werden, da er in größerer Menge abführend wirkt. Auf Vorrat hergestelltes Dekor sollte – speziell bei hoher Luftfeuchtigkeit – immer luftdicht verschlossen aufbewahrt und erst knapp vor dem Servieren auf dem Teller platziert werden.

Äußerst dekorativ wirken abstrakte Elemente aus Blasenzucker oder ganz feines Tragantzuckerdekor. Auch Spinnzucker eignet sich hervorragend als Tellerdekor, z. B. als Unterlage für säurebetontes Fruchteis. Dünner Karamell, speziell in Verbindung mit Nüssen, ergibt ein ansprechendes kulinarisches Dekor.

Abstraktes Element aus Blasenzucker

Tragantzuckerblüte und gebogenes Element aus gezogenem Zucker

Nest aus Spinnzucker

Gebackenes Dekor

Gebackenes Dekor ist etwas für Genießer, und das nicht nur aus optischer, sondern vor allem aus kulinarischer Sicht. Speziell in der Gastronomie zeigt sich – spätestens beim Abservieren –, ob beide Kriterien erfüllt sind: Bleibt das Dekor auf dem Teller liegen, hat es den Geschmack des Gastes nicht getroffen. Die künstlerische Leistung des Patissiers alleine reicht nicht, um den Gast zu begeistern, dazu muss das Dekor auch geschmacklich mit der Dessertkomposition perfekt harmonieren. Dasselbe gilt auch für die Dekoration von Eiscoupes und Stückdesserts. Im Gegensatz zu Anlasstorten (Geburtstags-, Hochzeitstorten usw.), bei denen oftmals der optische Eindruck Priorität hat, manchmal sogar Teile der Dekoration als Erinnerung aufbewahrt werden, sollte bei Tellerdesserts und sonstigen Süßspeisen der kulinarische Genuss über den optischen gestellt werden. Was bringt ein künstlerisch perfektes Dekor, das ein Produkt nicht auch kulinarisch aufwertet?

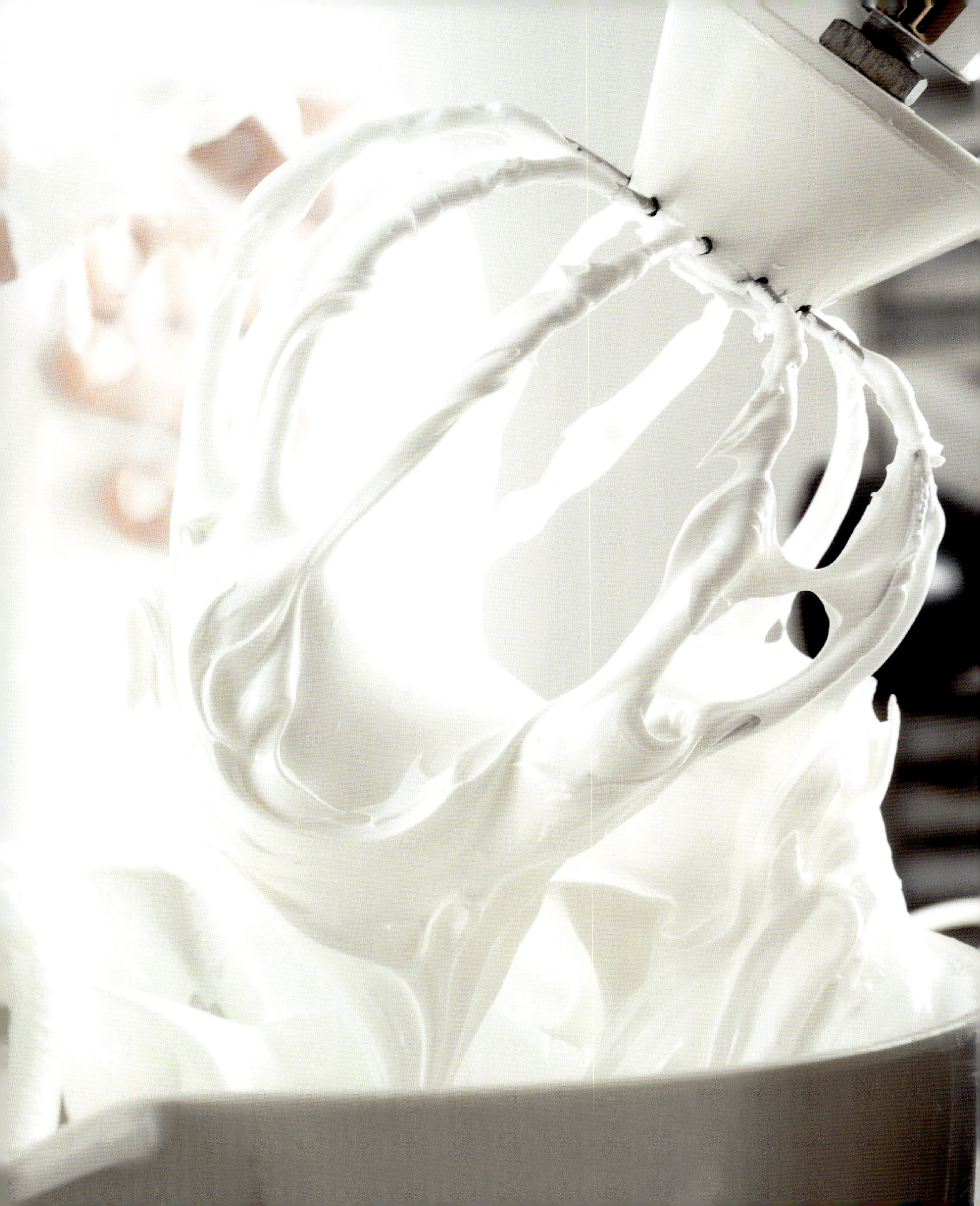

278

DEKOR
AUS HIPPENMASSE

Der Reiz dieses Gebäcks liegt in seiner knusprigen Konsistenz. Viele Menschen verbinden mit dem Begriff „Hippendekor" meist hauchdünn gebackene französische Waffelröllchen, sogenannte Hohlhippen, die zu Eisspeisen genossen werden. Doch aus Hippenmasse lassen sich auch Blumen, Blätter, verschiedenste Ornamente, aber auch Stanitzel und Schüsserln herstellen.

DIE VIELFALT
DER HIPPENMASSE

Die Hippenmasse ist nicht nur vielseitig einsetzbar, es gibt sie auch in den verschiedensten Varianten: mit oder ohne Marzipan, mit Butter oder Obers. Oder nur als einfache Gleichschwermasse aus Ei, Puderzucker und Mehl. Letztere wird oftmals auch als „falsche Hippenmasse" oder „Zigarettenmasse" bezeichnet.

MANDELHIPPENMASSE

Zutaten
50 g Marzipanrohmasse
150 g Vollei
180 g Puderzucker
Zimtpulver, Salz
150 g Mehl, W 480
50 g Obers

- Marzipanrohmasse mit Vollei glatt rühren, dabei die Eimenge nach und nach einrühren.
- Puderzucker, Zimtpulver und Salz beigeben.
- Das Mehl einrühren.
- Die Masse glatt rühren – nicht schaumig –, eventuell durch ein feines Sieb streichen.
- Mit Frischhaltefolie abdecken und mindestens eine Stunde im Kühlschrank ruhen lassen.
- Vor der Verarbeitung das Obers einrühren.

Butterhippenmasse

Zutaten (alle Zutaten sollen Zimmertemperatur haben)
100 g weiche Butter
100 g Puderzucker
Salz
100 g Eiweiß
100 g Mehl, W 480

Butter mit Puderzucker und Salz mischen.

Eiweiß und Mehl abwechselnd einarbeiten.

Die Masse glatt rühren, eventuell durch ein feines Sieb streichen. Ca. 30 Minuten ruhen lassen.

Sckokoladenhippenmasse

Zutaten
100 g weiche Butter
100 g Puderzucker
Salz
80 g Mehl, W 480
20 g Kakaopulver
100 g Eiweiß

Herstellung wie bei Butterhippenmasse, jedoch das mit dem Mehl versiebte Kakaopulver dazugeben.

FÄRBEN

Individuelle Effekte lassen sich durch Färben der Masse mit Kakaopulver (siehe Schokoladenhippenmasse) oder Lebensmittelfarben in Pulverform erzielen. Dazu die Lebensmittelfarbe mit wenig Flüssigkeit zu einer breiigen Konsistenz verrühren und zur Masse geben. Mehrfarbige Teile verstärken den visuellen Eindruck.

AROMATISIEREN

Außergewöhnliche kulinarische Akzente lassen sich durch die Beigabe von gemahlenen Gewürzen setzen, wie beispielsweise Zimt, Muskatnuss, Tonkabohne oder Anis. Auch Zitronen- oder Orangenzesten ergeben eine geschmacklich interessante Note. Für Kaffeehippen die Masse mit Kaffeepaste aromatisieren.

VERARBEITUNG

- Die Hippenmasse mithilfe von Schablonen dünn auf gut befettete, leicht bestaubte Backbleche oder Silpatmatten streichen. Am besten eignen sich Schablonen aus Kunststoff (z. B. Polystyrol) oder aus beschichtetem Karton mit einer Stärke von 0,5 bis 1 mm sowie Metallschablonen.
- Oder die Masse mit der Spritztüte oder einem Dressiersack (Spritzbeutel) aufspritzen.
- Oder aufstreichen und mit einem Kamm abziehen.
- Das Backrohr auf 160–190 °C vorheizen.
- Die aufgespritzten oder aufgestrichenen Teile einige Minuten bei offenem Zug vorbacken, aus dem Backrohr nehmen und auskühlen lassen. In dieser Phase bei Bedarf schneiden.
- In einem zweiten Backvorgang fertig backen. Das zweimalige Backen hat den Vorteil, dass die Masse gleichmäßig durchgebacken wird und an der Oberfläche keine unschönen braunen Flecken entstehen.
- Gefärbte Hippenmasse bei einer Temperatur von ca. 150–160 °C backen. Die Teile beim zweiten Backvorgang eher hell backen, da sie bei zu starker Bräunung an Farbe verlieren.
- Das Hippengebäck in heißem Zustand unmittelbar nach der Entnahme aus dem Backrohr formen. Kühlt die Masse während des Formens zu stark ab, kann sie durch kurzes Erwärmen im Backrohr wieder geschmeidig gemacht werden.

AUFBEWAHRUNG

Vorsicht, Hippengebäck zieht Feuchtigkeit an und sollte daher luftdicht verschlossen und trocken aufbewahrt werden. Einmal feucht geworden, verliert es seine Form und die knusprige Konsistenz. Folglich eignet es sich auch nicht als Dekor für Produkte, die kühl zu lagern sind. Hippengebäck wird in erster Linie à la minute verwendet, also in der Patisserie, wo die Speisen nach Bedarf frisch angerichtet werden.

HIPPEN-SCHMETTERLINGE

Die Butterhippenmasse mithilfe einer Schablone und einer kleinen Winkelpalette aufstreichen.

Mit Schokoladenhippenmasse oder gefärbter Butterhippenmasse verzieren.

Nach dem Backen vorsichtig mit einer Palette von der Matte lösen und in die vorbereitete Form legen.

TUILLES

Das in Frankreich äußerst populäre Gebäck verspricht ein zart knuspriges Geschmackserlebnis und ist die perfekte Vollendung für Desserts und Eisspeisen. Der Begriff leitet sich vom französischen „tuile" ab, auf Deutsch „Dachziegel", und bezieht sich auf die gebogene Form des Gebäcks.

TUILLES
IN ALLEN VARIATIONEN

Die Gebäcke werden aus einer Masse hergestellt, die gebacken einer Hippen- und zugleich auch einer Florentinermasse ähnelt. Kulinarisch interessante Varianten lassen sich durch Beigabe von Nüssen, Fruchtmark (als Basis), Kakaobohnenbruch oder Samen erzielen.

GRUNDREZEPT

Zutaten
120 g Kristallzucker
2 g Apfelpektin
80 g Butter
40 g Glukosesirup
40 g Wasser

- Kristallzucker mit Pektin mischen.
- Butter mit Glukosesirup schmelzen.
- Zucker-Pektin-Mischung einrühren und auflösen.
- Wasser nach und nach beigeben.
- Masse kurz aufkochen. Eventuell auf das Dessert abgestimmte Geschmackszutaten dazugeben.
- Masse in ein Gefäß füllen, mit Frischhaltefolie abdecken und im Kühlschrank aufbewahren.

SCHOKOLADEN-TUILLES

Zutaten

120 g Kristallzucker
2 g Apfelpektin
8 g Kakaopulver
40 g Butter
32 g Glukosesirup
40 g Kakaomasse
64 g Wasser

- Kristallzucker mit Pektin und Kakaopulver mischen.
- Butter, Glukosesirup und Kakaomasse schmelzen.
- Wasser nach und nach zugeben.
- Zucker-Pektin-Kakao-Mischung unter ständigem Rühren beigeben. Mit langsam steigender Hitze aufkochen, bis die Masse eine béchamelähnliche Konsistenz hat.

MANDEL-TUILLES

Zutaten

100 g Kristallzucker
100 g Glukosesirup
100 g gesalzene Butter
100 g fein gehackte Mandeln

- Herstellung wie Grundrezept.

HIMBEER-TUILLES

Zutaten

200 g Kristallzucker
60 g Mehl, W 480
125 g Butter
100 g Himbeermark

- Herstellung wie Grundrezept, jedoch zuerst Zucker und Mehl vermischen.

VERARBEITUNG

- Die Masse dünn auf Silpatmatten streichen. Grundmasse eventuell mit Sesam, Leinsamen, Mohn, gehobelten Mandeln, getrockneten Früchten, Kürbiskernen, Kakaobohnenbruch, gehackten Nüssen u. Ä. bestreuen.
- Oder die Masse in Silikonformen füllen. Sie kann nicht wie Hippenmasse mit Schablonen aufgestrichen werden, da sie beim Backen breit läuft.
- Oder je nach Art der Masse mit einem Löffel oder mit der Spritztüte mit reichlich Abstand auf Silpatmatten portionieren. Durch das Breitlaufen beim Backen entstehen kunstvolle abstrakte Formen.
- Im vorgeheizten Backrohr bei 170–190 °C knusprig ausbacken.
- Aufgestrichene Masse unmittelbar nach Entnahme aus dem Backrohr durch Ausstechen oder Schneiden in Form bringen. Die Masse lässt sich nur heiß verarbeiten, ausgekühlt bricht sie.
- Geformte Gebäcke auskühlen lassen und mit Kakaobutter besprühen. Dadurch ziehen sie nicht so schnell Feuchtigkeit an und bleiben länger knusprig.

FLORENTINER
TUILLES

Zutaten
300 g Kristallzucker
5 g Pektin-NH-Nappage
100 g Milch
250 g Butter
100 g Glukosesirup
300 g gehobelte Mandeln

- Kristallzucker mit Pektin mischen.
- Milch, Butter und Glukosesirup erhitzen. Bei ca. 50 °C die Zucker-Pektin-Mischung dazugeben, anschließend auf 106 °C kochen.
- Die Mandeln daruntermischen und die Masse sofort zwischen zwei Silpatmatten dünn ausrollen.
- Portionieren (schneiden) und im Tiefkühl- oder Kühlschrank lagern.
- Bei Bedarf auf Silpatmatten im vorgeheizten Backrohr bei 180 °C backen.

GUT ZU WISSEN

Anstelle von Mandeln können auch Haselnüsse, Pistazien, Kakaobohnenbruch und sonstige Nüsse verwendet werden.

DEKOR AUS
BRANDMASSE

Ein filigranes Gebäck für kunstvolle Tellerdekors, Torten, Desserts und Eiscoupes. Die Ornamente werden ausschließlich auf Silpatmatten dressiert. Ein wahrlicher Genuss, sowohl kulinarisch als auch optisch, sind aus Brandmasse gespritzte Dekorteile, die mit weicher Hippenmasse eingelassen werden.

BRAND-MASSE

Zutaten

110 g Milch
40 g Butter
1 g Salz
70 g Mehl, W 480
100 g Vollei

GUT ZU WISSEN

Eine echte Alternative zu Brandmasse nach traditioneller Herstellungsart ist Instantbrandmasse – speziell dann, wenn nur eine kleine Menge benötigt wird. Da die Masse nur mit Wasser angerührt wird, verringert sich der Herstellungsaufwand auf ein Minimum. Wichtig ist, die Konsistenz der Masse so zu wählen, dass sie noch ohne größere Anstrengung gespritzt werden kann. Eventuelle geschmackliche Abstriche sind bei diesen feinen Dekors nicht relevant.

Milch mit Butter und Salz aufkochen.

Das Mehl beigeben, rösten, bis sich die Masse ballenartig vom Kesselrand löst.

Die Masse vom Feuer nehmen. Vollei nach und nach in die Masse rühren.

Masse eventuell mit Lebensmittelfarben oder 10 g Kakaopulver färben. Mit Kakaopulver gefärbte Masse mit bis zu 50 g Wasser auf die richtige Konsistenz bringen. Die Masse darf nicht zu weich sein, damit die Dekorteile beim Backen nicht breit laufen und blasig werden. Masse durch ein Sieb passieren. Auskühlen lassen.

Ornamente

FILM AB

Die Brandmasse entweder freihändig auf die Silpatmatte spritzen oder mithilfe einer unter der Matte liegenden Schablone. Rasch arbeiten, damit die Masse vor dem Backen nicht austrocknet.

Im vorgeheizten Backrohr bei ca. 220 °C, überwiegender Oberhitze und offenem Zug backen. Oder im Salamander eher abflämmen als backen. Die feinen Dekors dürfen dabei nicht zu dunkel werden. Vorsichtig von der Matte lösen.

DEKOR
AUS WINDMASSE

Luftig, mürbe und meist nur aus zwei Zutaten bestehend, das sind die Hauptmerkmale dieses Dekors. Es harmoniert hervorragend mit Eisspeisen, findet aber auch im Dessertbereich vielseitige Verwendung. Auch als Christbaumschmuck sind Figuren aus Windmasse nach wie vor beliebt, wenngleich seltener als früher.

WINDMASSE

Variante 1

Zutaten
650 g Kristallzucker
200 g kaltes Wasser
250 g pasteurisiertes Eiweiß
150 g Kristallzucker

650 g Kristallzucker mit Wasser verrühren. Bis zum Kettenflug (119 °C, siehe Zuckerkochtabelle, Seite 210) kochen.

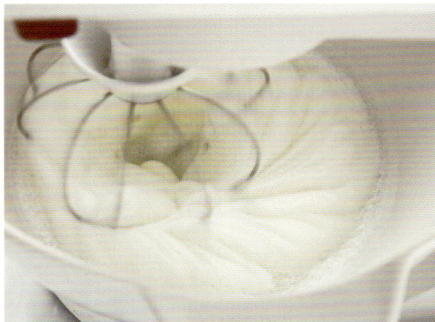

Ab dem Zeitpunkt, wo der Zucker zu kochen beginnt, Eiweiß mit 150 g Kristallzucker in der Maschine zu Schnee schlagen.

Den gekochten Zucker bei hoher Drehzahl in einem feinen Strahl nach und nach in den Schnee einschlagen.

Die Masse bei geringer Drehzahl kalt schlagen, bis sie ihr maximales Volumen erreicht hat. Sie hat dann eine Temperatur von ca. 35–40 °C. Eventuell aromatisieren und mit wasserlöslichen Lebensmittelfarben färben.

VARIANTE 2
(ZUCKERREDUZIERTE WINDMASSE)

Zutaten

300 g Kristallzucker
100 g kaltes Wasser
250 g pasteurisiertes Eiweiß
200 g Kristallzucker
30 g Weizenpuder

- Die Herstellung ist bis zum Kaltschlagen in der Maschine dieselbe wie bei der Variante 1. Gegen Ende des Kaltschlagens das Weizenpuder vorsichtig einrühren.
- Windmasse, die nach dem Einfüllen in den Dressiersack (Spritzbeutel) im Rührkessel bleibt, langsam weiterrühren, damit die Masse geschmeidig und dressierfähig bleibt.
- Dressierte Elemente im vorgeheizten Backrohr bei 110 °C zwei Stunden backen – für Windmasse mit leichtem Karamellgeschmack die Backtemperatur auf 150 °C erhöhen. Anschließend im Wärmeschrank bei 50 °C je nach Größe mindestens zehn bis zwölf Stunden trocknen lassen.

GUT ZU WISSEN

Am besten gelingt die Windmasse, wenn sie aus frischem Eiweiß oder aus Trockeneiweiß (Albumin) hergestellt wird. Um die Stabilität der Dekorelemente zu verbessern, die Albuminmenge etwas erhöhen – 120 g Albumin auf einen Liter Wasser. Die Albumin-Wasser-Mischung über Nacht quellen lassen (ca. 24 Stunden). Da sich das Albumin während der Quellzeit am Boden absetzt, zwischendurch immer wieder umrühren.

Figuren

Beispiel:
Eisbär

Windmasse in einen Dressiersack (Spritzbeutel) mit Lochtülle füllen.

Vorder- und Rückseite des Körpers auf eine Backtrennmatte dressieren.

Den Kopf mit den Ohren dressieren.

Die Augen und Ohren mit einem mit Wasser befeuchteten Modellierstäbchen modellieren. Mit Kokosraspeln bestreuen.

Die Nase mit gefärbter Windmasse spritzen.

Im vorgeheizten Backrohr bei 80 °C ca. eineinhalb Stunden trocknen lassen. Anschließend im Wärmeschrank bei 50 °C je nach Größe mindestens zehn bis zwölf Stunden trocknen lassen. Vorder- und Rückseite des Körpers mit Windmasse zusammensetzen.

Körper auf einen Sockel aus Windmasse setzen.

Etwas Windmasse in die Augenhöhlen spritzen.

Pupillen mit Spritzschokolade anbringen.

Auf den Rumpf etwas Windmasse dressieren.

Den Kopf aufsetzen.

Pfotenballen mit gefärbter Spritzglasur oder Windmasse spritzen.

Pfoten mit Windmasse auf den Körper setzen.

Stangen und Ornamente

Stangen in gewünschter Länge auf Dauerbackfolie dressieren.

Beliebige Ornamente, z. B. Herzen, Schwünge u. Ä., dressieren.

Mit Staubzucker bestauben. Trocknen lassen (siehe Eisbär).

292

293

DEKOR AUS
MAKRONENMASSE

Charakteristisch für dieses Gebäck ist eine glänzende, gerissene Oberfläche, die mitunter auch für manch einen Backprofi eine Herausforderung darstellt.

Nussig im Geschmack, sind Makronen ein kulinarisch wertvolles Dekor für Torten und Stückdesserts. Auch als Körper von Marzipanfiguren versprechen sie Genuss pur.

Makronenmasse

Zutaten
300 g Puderzucker
150 g fein geriebene Mandeln
Ca. 140 g Eiweiß

- Puderzucker und Mandeln mischen.
- Eiweiß nach und nach bis zur richtigen Konsistenz beigeben.
- Die Masse melangieren oder abrösten.
- Mit einer Lochtülle auf mit Backtrennpapier belegte Bleche die gewünschten Formen dressieren oder die Masse mithilfe von Schablonen auftragen.
- Bei ca. 150 °C und offenem Zug backen.

Gut zu wissen

Die richtige Konsistenz der Masse sollte immer mithilfe einer Backprobe überprüft werden. Ist die Oberfläche kaum gerissen, ist die Masse zu fest. In diesem Fall gibt man etwas Eiweiß dazu. Ist das Gebäck zu flach und die Oberfläche fein gerissen, ist die Masse zu weich. Zu weiche Masse lässt sich mit Zucker und Mandeln im Verhältnis der Makronenmasse festigen.

DEKOR AUS ZWEIMAL GEBACKENEM (ZWIEBACK)

Dekorelemente aus Zwieback setzen in jeglicher Dessertkreation besondere Akzente, sowohl optisch als auch kulinarisch. Damit ist nicht Zwieback im herkömmlichen Sinn gemeint, sondern verschiedene dünn geschnittene Gebäcke, die durch zweimaliges Backen eine knusprige Konsistenz bekommen.

LEBKUCHEN-ZWIEBACK

Lebkuchenteig

250 g Kristallzucker	8 g Kardamompulver
80 g Wasser	4 g Muskatnusspulver
750 g Blütenhonig	Zesten von einer Zitrone
50 g Vollei	600 g Mehl, R 960
60 g Eigelb	600 g Mehl, W 700
30 g Zimtpulver	12 g Hirschhornsalz
20 g Vanillezucker	5 g Pottasche
8 g Nelkenpulver	100 g Milch

- Kristallzucker mit Wasser aufkochen, Honig einrühren und auf 30 °C abkühlen lassen.
- Vollei, Eigelb und Gewürze schaumig rühren.
- Honiglösung, Eiermischung, Weizen- und Roggenmehl kurz mischen.
- Pottasche und Hirschhornsalz getrennt in je 50 g Milch auflösen und auch getrennt beigeben, den Teig ca. vier Minuten kneten.
- Abdecken und im Kühlschrank über Nacht (ca. 24 Stunden) ruhen lassen.
- Den Teig ca. 2–3 cm dick ausrollen und auf ein mit Backtrennpapier belegtes Randblech oder in einen Kapselrahmen wegsetzen.

- Im vorgeheizten Backrohr bei ca. 160 °C und offenem Zug ca. 30 Minuten backen. Wird der Teig dicker ausgerollt, verlängert sich auch die Backzeit.
- Auskühlen lassen und über Nacht (ca. 24 Stunden) in Folie verpackt kühl stellen.

Lebkuchen in die gewünschte Breite schneiden. Stücke mit der Aufschnittmaschine in ca. 1 mm dünne Tranchen schneiden.

Tranchen auf eine Silpatmatte legen und bei 80 °C trocknen lassen.

Noch heiß formen (Spitzen, Schwünge, Ringe u. Ä.) oder beliebige Formen ausstechen.

Auf Vorrat hergestellte Dekorelemente trocken aufbewahren.

NUSS- ODER MANDELZWIEBACK

Eiweiß-Nuss-Masse
200 g Eiweiß
200 g Kristallzucker
200 g Mehl, W 480
250 g geröstete Haselnüsse oder weiße Mandeln
Zimtpulver
Nelkenpulver

GUT ZU WISSEN

- Die Masse wird immer in der gewünschten Höhe des fertigen Dekorelements aufgestrichen, da sie beim Backen kaum aufgeht.
- Wird die Masse dünner, beispielsweise 2 cm hoch, aufgestrichen, verkürzt sich auch die Backzeit auf etwa 25 Minuten.

Eiweiß, Kristallzucker und Gewürze zu Schnee schlagen.

Mehl mit den Nüssen mischen.

Mehl-Nuss-Mischung mit dem Schnee vermengen.

Die Masse in einen Kapselrahmen ca. 3–4 cm hoch füllen und im vorgeheizten Backrohr bei 160 °C ca. 45 Minuten backen.

Mit einem kleinen Messer vom Rand des Kapselrahmens lösen.

Rahmen entfernen. Masse auskühlen lassen und über Nacht (ca. 24 Stunden) in Folie verpackt kühl stellen.

Die Masse teilen. Jedes Stück mit der Aufschnittmaschine in ca. 1 mm dünne Tranchen schneiden.

Tranchen auf ein mit Backtrennpapier belegtes Blech oder auf eine Silpatmatte legen und bei 160 °C ca. 10–15 Minuten backen. Noch heiß wie Lebkuchendekor formen.

FILM AB

SPEZIALITÄTEN

Die in diesem Abschnitt angeführten Dekorteile lassen sich nicht hundertprozentig der Kategorie „Gebackenes Dekor" zuordnen, da manche gebacken, andere getrocknet oder auch gegart werden. Allen gemeinsam ist, dass sie inspirieren, Lust auf Neues, manchmal zunächst verrückt Erscheinendes machen und die Kreativität anspornen.

FRUCHT-KRISTALLE

Manchmal sind es anscheinend einfache Dinge, die Menschen zum Staunen bringen. So wie Fruchtkristalle, die sich ohne großen Aufwand kostengünstig herstellen lassen und zugleich geschmackliche und optische Highlights eines jeden Desserts sind.

Zutaten
Frische Früchte (z. B. Ananas, Äpfel, Birnen, Orangen, frischer Ingwer, Rote Rüben)
Läuterzucker (Zucker und Wasser im Verhältnis 1 : 1)

Den Läuterzucker kochen. Früchte mit der Aufschnittmaschine in möglichst dünne Scheiben schneiden.

Fruchtscheiben in den Läuterzucker legen, kurz aufkochen lassen. Topf von der Herdplatte nehmen, Fruchtscheiben ziehen lassen, bis sie glasig sind.

Fruchtscheiben auf eine Silpatmatte legen.

Im Backrohr bei 90 °C trocknen lassen, bis sie knusprig sind – mindestens eine Stunde. Über Nacht im Trockenschrank fertig trocknen lassen. Fruchtkristalle in Plastikboxen mit Silicagel luftdicht aufbewahren.

GUT ZU WISSEN

Je höher der Wassergehalt der Frucht, desto schwieriger ist es, ein optisch ansprechendes Ergebnis zu erzielen. Deshalb sollten sehr weiche oder zerbrechliche Früchte nicht in Läuterzucker aufgekocht werden, sondern nur damit bepinselt oder mit Puderzucker bestaubt werden.

SCHWAMM-BISKUIT

Das Biskuit hat – wie der Name schon vermuten lässt – eine attraktive schwammartige Struktur.

In kleine Stücke gezupft, ist es ein nettes zusätzliches Dekor für Teller- und Stückdesserts.

Zutaten

80 g Mandelmehl
40 g Mehl, W 480
160 g Kristallzucker
200 g Eigelb
320 g Eiweiß
20 g Öl
(Matcha-Tee zum Färben)

Alle Zutaten mit dem Stabmixer mixen.

Masse durch ein Sieb seihen.

Eine Isi-Flasche bis zur halben Höhe damit füllen und zwei Patronen einschrauben. 15 Minuten rasten lassen.

Isi-Flasche schütteln, Masse in Kartonbackformen bis zur halben Höhe füllen.

In der Mikrowelle bei 800 Watt ca. 30 Sekunden backen. Stürzen und in der Form fest werden bzw. auskühlen lassen.

Im Tiefkühlschrank aufbewahren. Bei Bedarf aus der Form nehmen und in Stücke reißen.

FILM AB

GUT ZU WISSEN

- Die Masse kann beliebig mit Lebensmittelfarben und Kräutern (z. B. Matcha-Tee) gefärbt und mit verschiedensten Gewürzen (Zimt, Nelken, Muskatnuss usw.) aromatisiert werden.
- Um eine knusprige Konsistenz zu erzielen, die Stücke über Nacht im Trockenschrank trocknen.

ZUCKER-
KRISTALLE

Ein Dekor aus nur drei Zutaten, das durch seine Leichtigkeit und zart knusprige Konsistenz besticht.

Zutaten
450 g Fondant
300 g Glukosesirup
40 g Butter

Alle Zutaten aufkochen.

Nach Geschmack mit Tonkabohnen, Muskatnuss, Zimt u. Ä. aromatisieren.

Unter Rühren kochen lassen, bis die Masse beginnt, Farbe zu nehmen, d. h. leicht bräunlich wird.

Die Masse auf eine Silpatmatte oder auf Backtrennpapier leeren und dünn verstreichen. Auskühlen lassen.

Die Zuckermasse grob zerkleinern.

Mit einer Kaffeemühle oder einem Tischcutter (z. B. Robot-Coupe-Mixer) zu Pulver (wie Puderzucker) zerkleinern.

Die pulverisierte Masse mit einem Sieb auf eine Silpatmatte streuen, eventuell mithilfe von Schablonen, oder einfach abstrakte Formen aufsieben.

Schablone entfernen. Wahlweise mit Kokosflocken, gehackten Nüssen, Pistazien, kandierten Veilchen u. Ä. bestreuen.

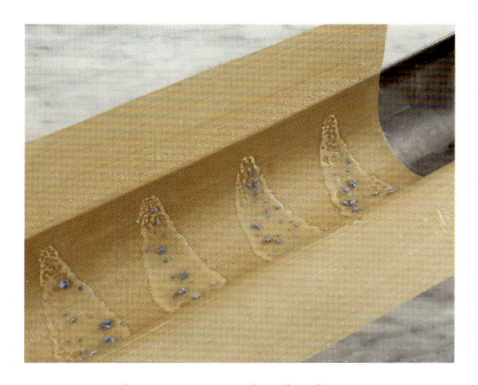

Im vorgeheizten Backrohr bei ca. 170–180 °C backen, bis die Masse transparent ist (ca. zwei bis drei Minuten). Unmittelbar nach der Entnahme aus dem Backrohr formen, z. B. in eine Terrinenform legen. Auskühlen lassen. Aus der Form nehmen.

TELLER- UND SPEISEEISDEKOR

Sämtliche in diesem Kapitel angeführten Dekorelemente, wie beispielsweise ein zarter Schmetterling aus Hippenmasse, ein filigranes Blatt aus Brandmasse, ein knuspriger Zwieback oder ein hauchdünner Fruchtkristall, verleihen so mancher Dessert- und Speiseeiskreation das Tüpfelchen auf dem i.

TELLERDEKOR

Hippenschüsserl, Nusszwieback

Mandeltuilles, Dekor aus gefärbter Brandmasse

Fruchtkristalle

Schokoladentuilles

Schwammbiskuit, Lebkuchenzwieback

Speiseeisdekor

Dekor aus Schokoladenhippenmasse

Nusszwieback

Hippenschmetterling

Dekor aus Windmasse

307

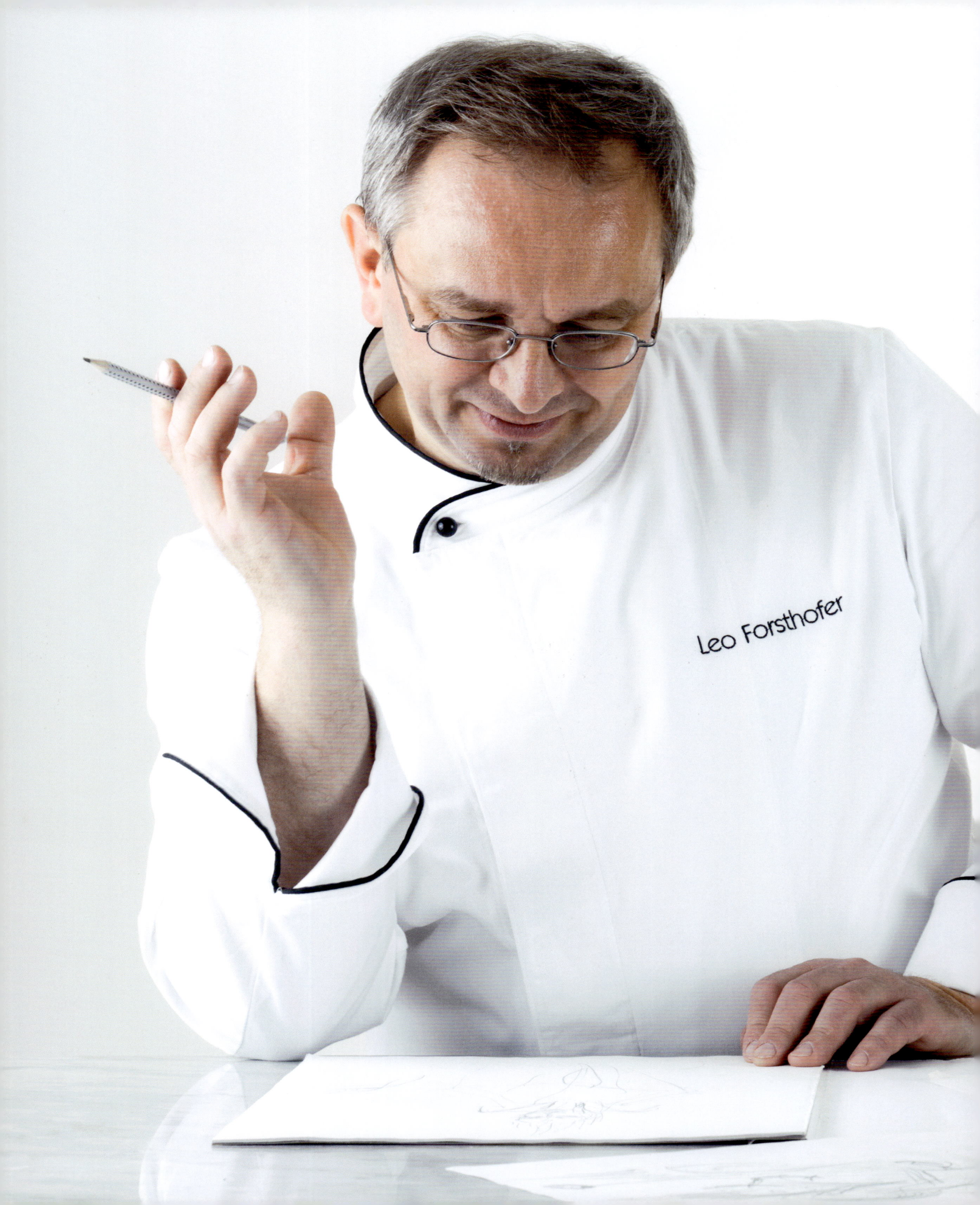
Leo Forsthofer

SCHAUSTÜCKE

Ich persönlich „denke" oft mit dem Bleistift in der Hand
und visualisiere so meine Gedanken.

SCHOKOLADEN-SCHAUSTÜCKE

PHILOSOPHISCHE ÜBERLEGUNGEN

Ein Schaustück aus Schokolade? – Daran scheiden sich die Geister: Für einige stellt es die Vergeudung eines wertvollen Lebensmittels dar, für andere spiegelt es das höchste Maß an handwerklicher Professionalität wider. Beide Ansichten scheinen leicht überzogen zu sein. Ein Schaustück hat sehr wohl seine Berechtigung, sei es ein kleines Tortendekor, das die Torte zu einem Unikat macht, oder ein großes Schaustück im Schaufenster, das die Blicke der Passanten auf sich zieht.

Grundsätzlich sind Schaustücke immer gute Werbeträger – vorausgesetzt, man beachtet einige Grundregeln bei ihrer Herstellung.

- Die wichtigste Grundregel lautet: Vergiss nie, mit welchem Material du arbeitest. Schokolade ist ein Lebensmittel, das auch im Endprodukt noch als solches zu erkennen sein soll. Farben sind grundsätzlich positiv, da sie die Wirkung des Schaustücks erhöhen. Sie müssen jedoch mit den Schokoladentönen harmonieren.
- Bei der Auswahl des Themas hat der kulinarische Genuss oberste Priorität. Negative, politische oder gar ekelige Elemente sind in einem Schaustück tabu.
- Egal wie lange an einem Schaustück gearbeitet wird, es sollte den Betrachter immer noch kulinarisch ansprechen. Das heißt, wenn er Lust hätte, ein Stück abzubrechen, um es zu genießen, dann wurde sauber gearbeitet – bei einem unsauberen, schokoladenverschmierten Teil wird das nicht der Fall sein.
- Wie auch in anderen Bereichen gilt das Prinzip: Weniger ist mehr. Zu viele Details zerstören das Gesamtbild, lassen das Schaustück oftmals überladen und chaotisch aussehen.

Schokolade bietet eine vielfältige Bandbreite an Anwendungsmöglichkeiten im Dekorbereich. Und ständig kommen neue Techniken dazu – die kreativen Möglichkeiten bei der Herstellung von Schaustücken sind groß. Schaustücke sind zugleich Werbestücke, die gezielt für ein bestimmtes Thema genutzt werden. Ob als Blickfang im Schaufenster oder als Teil bei nationalen oder internationalen Wettbewerben: Schaustücke spiegeln das Können des Fachmanns wider.

Überladenes Arrangement

Perfektes Arrangement

THEORETISCHES
KUNSTWISSEN

Fachtheorie aus der Kunst ist äußerst hilfreich, will man ein großes Projekt in Angriff nehmen. Es gibt zahlreiche Publikationen, aber auch einschlägige Kunstkurse, die sich mit Themen wie Proportionslehre, Kompositions- oder Gestaltungslehre auseinandersetzen. Was oft ganze Bücher füllt, würde hier den Rahmen sprengen.

PROPORTIONEN

Speziell bei realistisch darstellenden Objekten ist es wichtig, die natürlichen Proportionen einigermaßen einzuhalten, um die Harmonie des Gesamtwerkes nicht zu zerstören. Natürlich kann man auch bewusst Proportionen verschieben und damit einen Fokus erzeugen oder eine Botschaft vermitteln. Aber das braucht viel Routine und auch das nötige Quäntchen Feingefühl.

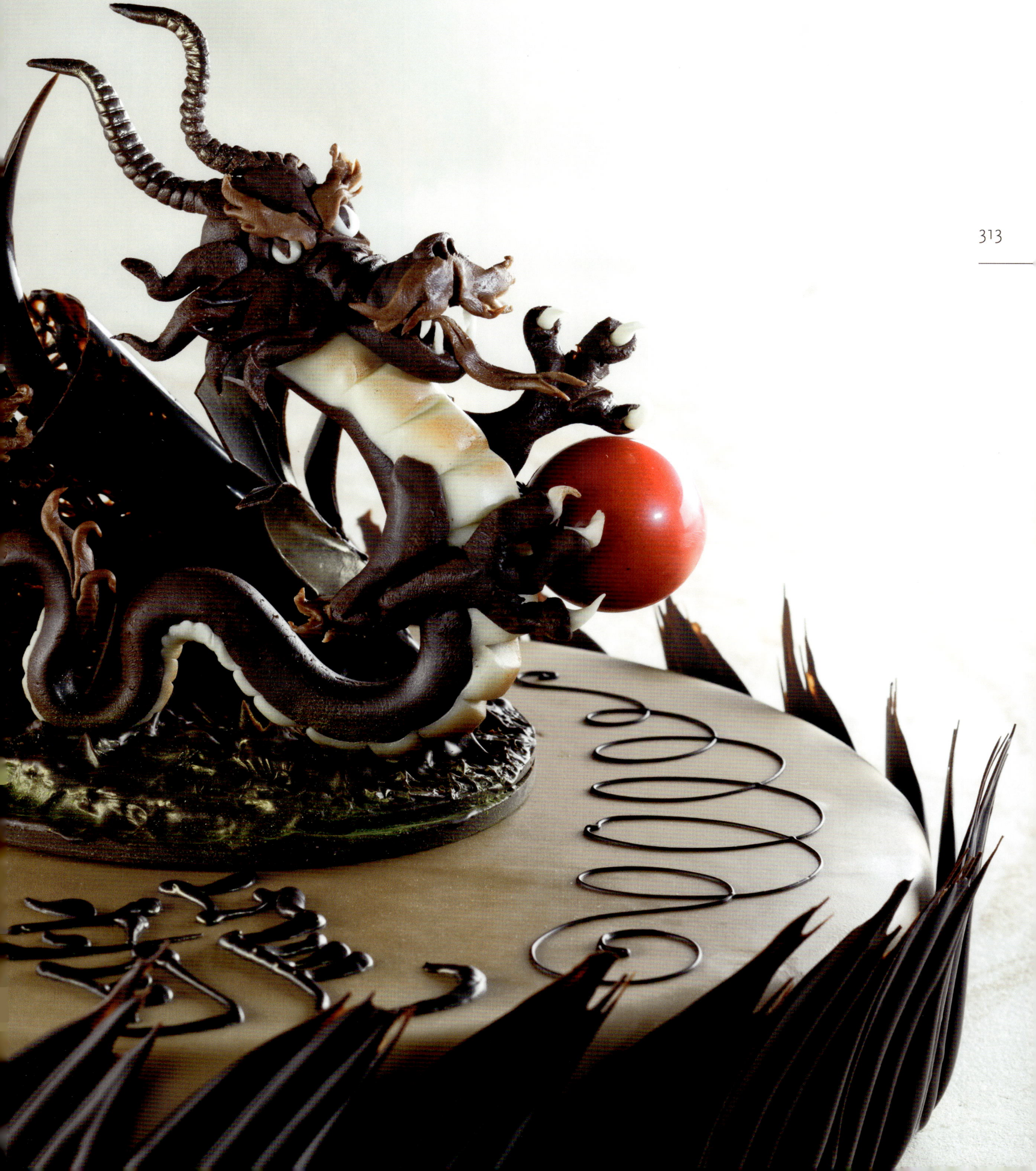

KOMPOSITIONS-
LEHRE

Der Goldene Schnitt bezeichnet den natürlichen Hauptfokus in einem definierten Raum oder Objekt. Das heißt, es gibt in jedem Objekt einen Punkt, auf den ein Großteil der Menschen unbewusst achtet. Ein unter Berücksichtigung des Goldenen Schnittes entworfenes Schaustück wird von den Menschen als harmonisch und ästhetisch empfunden.

DIE BEDEUTUNG
DER GRUNDFORM

Jede Grundform sagt etwas aus, sie löst beim Betrachter Emotionen aus – das sollte man sich immer bewusst machen. Ähnlich wie mit Farben und Tönen kann man auch mit Formen etwas Nichtsichtbares ausdrücken bzw. darstellen. Beispielsweise werden runde, abgerundete, ovale und kugelige Formen vom Betrachter als weich, sanft und angenehm empfunden, hingegen spitze, eckige und kantige Formen als hart, aggressiv und unangenehm.

Die Veränderung einer realistischen Darstellung bezeichnet man als Abstraktion. Abstraktion verlangt vom Betrachter, dass er die vorgenommenen Veränderungen des Künstlers nachvollziehen kann. Deshalb ist bei der Planung und Umsetzung eines Schaustücks darauf zu achten, dass man nicht zu stark abstrahiert – ein gewisser Realitätsbezug sollte noch gegeben sein. Ein perfektes Schaustück zeichnet sich durch leichte Verständlichkeit aus.

Von der Skizze
zum Schokoladenschaustück

Planung

Speziell bei größeren Schaustücken für Wettbewerbe oder das Schaufenster empfiehlt es sich, mit einer Zeichnung bzw. Skizze anzufangen. Auch das Internet ist ein hilfreiches Medium bei der Suche nach themenbezogenen Grafiken und Bildern. Keinesfalls sollte man jedoch auf Arbeiten anderer Konditoren und Patissiers zurückgreifen, denn speziell bei Wettbewerben erkennt die Jury sofort, an welchem kreativen Gedankengut man sich bedient hat. Inspirieren lassen ja, kopieren nein!

Ist die Grundform entwickelt, sind die Details ausgearbeitet, vergrößert man die Skizze auf Originalgröße – am besten auf einem großen Bogen Packpapier –, um sich einen ersten Eindruck über Größe und Proportionen zu verschaffen.

Noch genauer lassen sich die Proportionen mit einem einfachen Modell aus Karton überprüfen. Dazu die Teile aus Kartonresten und Wellpappe ausschneiden und mit der Heißklebepistole zusammenkleben. Dabei entwickelt man bereits ein Gefühl für das fertige Schokoladenschaustück: Stimmen die Maße? Entspricht es bei Wettbewerben den vorgegebenen Normen? Diese Erfahrungswerte sind ein enormer Vorteil beim Bau der eigentlichen Schokoladenskulptur.

Speziell bei der Anfertigung von großen Projekten machen sich diese paar Stunden mehr an Planungsarbeit bezahlt und sparen viel Zeit und Ärger bei der Umsetzung.

STATIK

Je größer ein Schaustück, desto wichtiger die Statik. Ein Schaustück kann noch so schön sein, wenn es dem Transport und der Präsentation nicht standhält oder schon gar davor zerbricht, war die ganze Arbeit umsonst. Deshalb ist beim Aufbau darauf zu achten, dass die Teile im Unterbau dicker und dadurch schwerer sind als die Teile nach oben hin.

Die Erklärung ist ganz einfach: Die unteren Teile müssen das gesamte Gewicht des Schaustücks tragen und daher stabil genug sein. Und auch für den Transport ist es wichtig, dass sich der Schwerpunkt im unteren Teil des Schaustücks befindet. Bei einer menschlichen Figur beispielsweise müssen die Füße am dicksten gegossen werden, der Kopf hingegen möglichst dünn. Dadurch werden Spannung und physikalische Kräfte reduziert, die die Stabilität des Schaustücks gefährden könnten. Doch Vorsicht, bei der Dicke der Wandstärke nicht übertreiben, da vollgegossene Schokoladenteile meist weniger stabil sind als jene mit Hohlräumen. Daher garantiert zum Beispiel ein Schokoladenteil, das innen zwar hohl ist, aber mehrere innenliegende Verstrebungen hat, maximale Stabilität.

FINISH

Vor allem große Schaustücke, die meist stark bearbeitet werden, weisen nach Fertigstellung Fingerabdrücke und Unsauberkeiten an den Klebestellen auf. Zum Teil verlieren sie auch ihren ursprünglichen Schokoladenglanz. Diese Mängel lassen sich durch Besprühen mit verdünnter Kuvertüre ganz einfach retuschieren. Das beste Ergebnis – eine gleichmäßig dünne Schokoladenschicht – erzielt man durch Auftragen mehrerer Sprühschichten mit einer druckluftbetriebenen Lackierpistole (Düsendurchmesser 1,5 mm). Beim Sprühen ist wichtig, dass man die einzelnen Sprühschichten vor dem Auftragen der nächsten Schicht fest werden lässt. Für einen Samteffekt (siehe Sprüheffekte, Seite 162) ist meist nur ein Sprühvorgang nötig.

Schokoladenteile, z. B. Blüten, die ihren Glanz und ihre Farbe beibehalten sollen, werden erst nach dem Sprühvorgang an dem Schaustück montiert. Dass dabei sauber und sorgsam vorgegangen werden muss, versteht sich von selbst.

Elemente mit einer farbigen, glänzenden Oberfläche wirken äußerst effektvoll, sie sollten den Grundcharakter des Schokoladenschaustücks jedoch nicht in den Hintergrund drängen.

LAGERUNG UND TRANSPORT

Schokoladenschaustücke sollten nicht zu warm gelagert werden, ideal sind Lagertemperaturen von 18 bis 20 °C und eine Luftfeuchtigkeit von 60 %. Übersteigt die Temperatur 28 °C, besteht die Gefahr, dass Teile abfallen oder das gesamte Schaustück in sich zusammenfällt. Auch direkte Sonneneinstrahlung, sei es im Schaufenster oder im Auto, ist der Tod jedes Schaustücks – es schmilzt sofort. Bei richtiger Lagerung, d. h. bei Einhaltung der Lagertemperatur und wenn es staubgeschützt verpackt ist (z. B. mit Kunststofffolie), bleibt das Schaustück auch über einen längeren Zeitraum gut erhalten.

Gesprühte Flächen, die bei längerer Lagerung grau geworden sind, können nochmals mit Kuvertüre besprüht werden und erstrahlen so in neuem Glanz.

Der Transport von Schokoladenschaustücken ist nicht ganz so gefährlich bzw. problematisch wie der Transport von Zuckerschaustücken, da das Material etwas elastischer ist. Dennoch sollte man auch mit Schokoladenschaustücken äußerst sorgsam umgehen, damit sie heil am Zielort eintreffen.

Wie bei der Lagerung ist auch beim Transport die Temperatur ein wesentlicher Aspekt – speziell dann, wenn sich das Schaustück längere Zeit auf dem Transportweg befindet. Doch Vorsicht, übertriebene Kälte (Temperaturen von unter 12 °C) über einen längeren Zeitraum machen die Schokolade spröde und dadurch zerbrechlich.

Temperaturen um 5 °C, sogenannte Standardkühlhaustemperaturen, erzeugen eine große Spannung im Schaustück, die ein Bersten und Brechen des Objekts herbeiführen könnte. Außerdem würde das Schaustück aufgrund des extremen Temperaturunterschieds von der Kühlungs- zur Raumtemperatur bei der Beendigung der Kühlung feucht anlaufen.

Fixiert wird das Schaustück auf einer stabilen Unterlage aus Holz, Metall, Plexiglas o. Ä. Die Unterlage muss auf das Gewicht des Schaustücks abgestimmt sein, sie darf sich beim Tragen des Schaustücks nicht durchbiegen oder verziehen.

Zu große Spannungen lassen die Basis des Schaustücks meist zerspringen oder zumindest einreißen, was sich fatal auf die gesamte Konstruktion auswirken kann. Auch ist darauf zu achten, dass sich die Oberfläche der Unterlage gut mit der Kuvertüre verbindet, um einen sicheren Halt zu gewährleisten. Ist die Oberfläche sehr glatt, sollte sie vor dem Ankleben des Schokoladensockels aufgeraut, gefräst oder angebohrt werden, damit sich die Kuvertüre nach dem Erstarren nicht von der Unterlage löst. Geklebt wird mit nicht temperierter Kuvertüre.

Kleinere Schaustücke lassen sich auch ohne Verkleben auf Styrodur- oder dickeren Styroporplatten transportieren. Damit sie nicht verrutschen, werden sie mit Holzspießchen o. Ä. fixiert.

Wird im Fahrzeug ausschließlich das Schaustück transportiert, erübrigt sich eine zusätzliche Verpackung. Ist das Fahrzeug jedoch für ein Catering oder eine Ausstellung vollgeräumt, empfiehlt es sich, das Schaustück in einer passenden, eventuell selbst gefertigten Holzkiste zu transportieren. Die Kiste muss groß genug sein, damit man am Boden noch eine dämpfende Schicht Holzwolle o. Ä. auftragen kann. Holzwolle schützt am besten vor Erschütterungen. Optimal ist eine Transportkiste mit einer abnehmbaren Seitenwand, um das Schaustück leichter ein- und auszupacken.

Grundsätzlich empfiehlt es sich, leicht zerbrechliche Elemente gesondert zu verpacken und erst vor Ort am Schaustück zu montieren.

Die Elemente mit Stecknadeln auf der Styroporplatte fixieren.

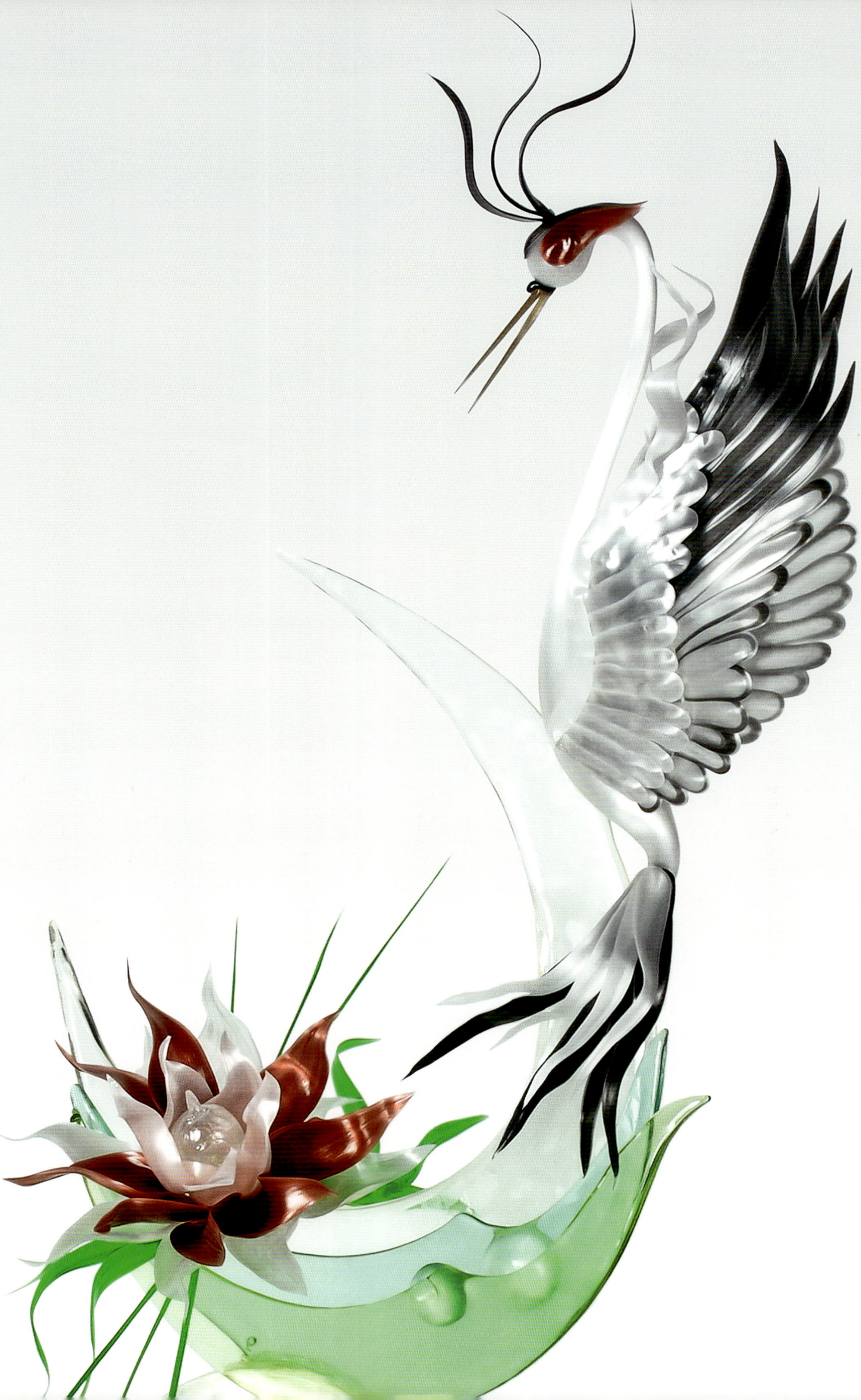

ZUCKER-
SCHAUSTÜCKE

PHILOSOPHISCHE ÜBERLEGUNGEN

Schaustücke aus Zucker sind das Werbemittel schlechthin. Mit ihrem facettenreichen, wunderschönen, oftmals glanzvollem Aussehen werben diese Stücke auf visuell eindrucksvolle Weise für den Berufsstand der Konditoren. Auch bei der Zuckerkunst teilen sich die Meinungen, was die Sinnhaftigkeit der Ausübung dieser Technik anbelangt. Anders als bei Schokoladenschaustücken wird das Rohmaterial Zucker bei der Herstellung der Schaustücke so stark verändert, dass es im Endprodukt kaum bis gar nicht mehr zu erkennen ist – ausgenommen, es wurde kristalliner Gelatinezucker oder Kandiszucker eingesetzt.

Die Kunst von Zuckerschaustücken liegt darin, dass sie den Betrachter nicht nur optisch ansprechen, sondern ihm auch kulinarischen Genuss vermitteln.

Abstoßende, ekelhafte oder gar obszöne Elemente sind auch hier fehl am Platz.

Ein gutes Zuckerschaustück sollte Elemente aus verschiedenen Zuckertechniken enthalten, z. B. Elemente aus gezogenem, geblasenem, gegossenem Zucker, eventuell in Kombination mit Blasen- und Spinnzucker. Diesen Aspekt sollte man bereits bei der Planung berücksichtigen. Grundsätzlich ist es sinnvoll, sich im Vorfeld zu überlegen, welche Thematik umgesetzt werden soll: Soll das Schaustück zur Saison passen? Soll es ein bestimmtes Produkt bewerben? Bei Schaustücken für Veranstaltungen, Buffets und Wettbewerben ist das Thema meist ohnedies vorgegeben. Wichtig ist, dass Dynamik, Ausstrahlung, Farbgebung und auch Größe des Objekts mit dem Thema im Einklang stehen.

THEORETISCHES KUNSTWISSEN

Wie bei Schokoladenschaustücken ist auch bei Zuckerschaustücken das Wissen über Komposition und Proportionen unabdinglich. Zusätzlich ist es notwendig, sich mit der Farbenlehre auseinanderzusetzen, da beim Zucker noch viel mehr Farbe ins Spiel kommt, z. B. bei gegossenen, geblasenen und gezogenen Zuckerarbeiten. Auch die Farbe hat ihre eigene Sprache, und die will erlernt sein.

FARBKOMPOSITIONEN

Farben vermögen Stimmungen und Gefühle auszudrücken. Und wie in umfangreichen Tests beobachtet wurde, reagieren die meisten Menschen auf bestimmte Farben gleich. Daher ist es wichtig zu wissen, wie Farben zustande kommen, wie sie vom Betrachter wahrgenommen werden und wie sie auf ihn wirken.

FARBKREISE

Primärfarben

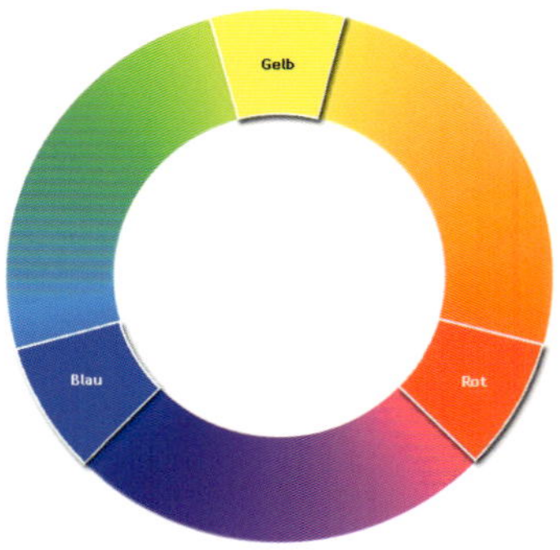

Sind Rot, Gelb und Blau

Sekundärfarben

Entstehen durch Mischen von zwei Primärfarben:

Gelb + Blau = Grün

Rot + Blau = Violett

Rot + Gelb = Orange

Komplementärfarben

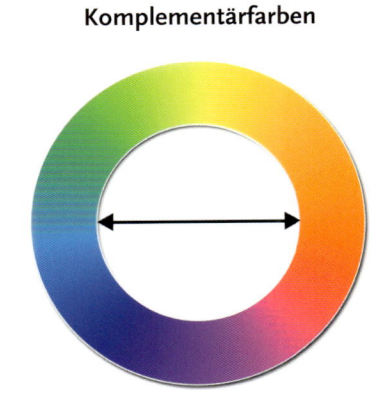

Liegen sich in einem Farbkreis gegenüber. Sie gelten als die Farben mit dem größten Kontrast zueinander, z. B. Rot – Grün, Blau – Orange, Violett – Gelb

FARBEN UND IHRE WIRKUNG
AUF DEN BETRACHTER

ROT ▶ Aktivierend, kräftigend, leidenschaftlich, stimulierend, aufregend, unruhig, aggressiv

GELB ▶ Anregend, ansprechend, freundlich, sonnig, heiter, optimistisch

ORANGE ▶ Aufbauend, belebend, anregend, fröhlich, festlich, aufheiternd, ausgleichend

BLAU ▶ Beruhigend, abkühlend, harmonisch, entspannend

GRÜN ▶ Natürlich, beruhigend, ausgleichend, erfrischend, regenerierend

BRAUN ▶ Ausgleichend, beruhigend, angenehm

WEIß ▷ Feierlich, festlich, friedlich, zeitlos, beruhigend, unschuldig

SCHWARZ ▶ Traurig, feierlich, würdig, verunsichernd, pessimistisch, hoffnungslos

FARBEN UND IHRE WIRKUNG
IM SCHAUSTÜCK

Warme Farben

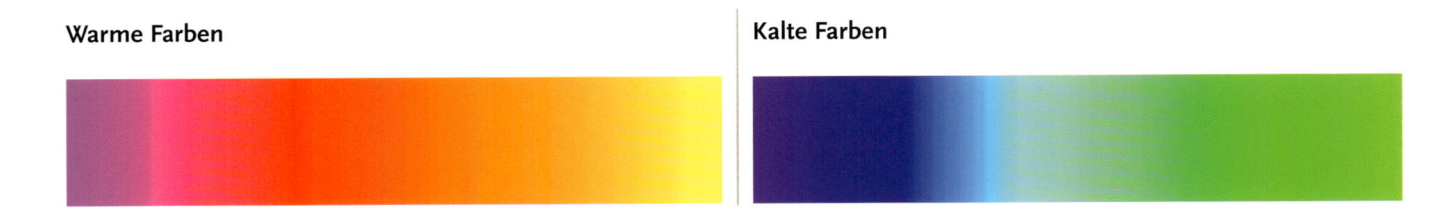

Kalte Farben

Warme Farben – Rot, Gelb, Orange
Diese Farben sind zugleich Signalfarben und eignen sich deshalb gut, einen Blickfang im Schaustück zusätzlich hervorzuheben.

Kalte Farben – Blau, Violett, Grün
Kalte Farben stellen keinen besonders guten Blickfang im Schaustück dar. Vorteilhafter ist es, sie im Hintergrund zu verwenden, um andere Farben hervorzuheben.

Neutrale (unbunte) Farben – Weiß, Schwarz
Weiß und Schwarz sind keine Farben im eigentlichen Sinn. Sie sind jedoch wichtig, um die Wirkung anderer Farben zu beeinflussen. Weiß macht das Schaustück optisch leichter, freundlicher, heller und lässt die anderen Farben mehr strahlen. Schwarz hingegen macht es schwerer, manchmal auch leicht düster. Schwarz bildet mit anderen Farben starke Kontraste, z. B. mit Gelb, dadurch treten andere Farben intensiver und kräftiger hervor. Schwarz wirkt besonders gut in Verbindung mit Metallic-Pulver jeder Art.

Komplementärfarben
Komplementärfarben ergänzen sich immer gegenseitig und erzeugen eine besondere Spannung im Schaustück, z. B. die Farbkombination Rot und Grün.

Wesentlich bei der Farbgestaltung ist, dass die Farben immer auf das Thema abgestimmt sind. So lässt sich beispielsweise das Thema Winter nicht mit gelben, orangen und roten Farbtönen gestalten.

KLEBEN VON GEGOSSENEN ELEMENTEN

Gegossene Teile sollten zum Kleben schon gehärtet, aber noch leicht temperiert sein – keinesfalls sollte man die Teile mehrere Stunden auskühlen lassen. Speziell bei sehr großen Elementen bewirkt der Temperaturunterschied eine Spannung, die die Teile zerspringen lässt. Teile aus Isomalt reagieren dabei noch empfindlicher als jene aus gekochtem Zucker, da Isomalt grundsätzlich spröder ist. Völlig erkaltete Teile müssen mit einem Heizlüfter wieder langsam temperiert werden, um sie gefahrlos verkleben zu können.

LAGERUNG UND TRANSPORT

Überspitzt ausgedrückt könnte man sagen, die Lagerung entscheidet über Sein oder Nichtsein des Schaustücks. Da Zucker wegen seiner hygroskopischen Eigenschaft bei Luftfeuchtigkeit rasch abstirbt, sollten Schaustücke aus Zucker in absolut luftdichten Glasvitrinen oder großen Glasbehältern aufbewahrt werden. Nur so behält das Schaustück auch bei länger andauernder Lagerung seinen Seidenglanz. Zusätzlichen Schutz vor Luftfeuchtigkeit bietet die Verwendung von Silicagel. Spezielle Glasvitrinen für Zuckerschaustücke verfügen über einen doppelten Boden aus Holz und Kunststoff, in dessen Zwischenraum man das Kieselgel streuen kann.

Grundsätzlich ist es im Sommer wegen der hohen Luftfeuchtigkeit nicht ratsam bzw. beinahe unmöglich, Schaustücke aus Zucker anzufertigen. Außer man arbeitet in klimatisierten Räumen, denen die Luftfeuchtigkeit entzogen wurde. Ansonsten wird der Zucker innerhalb kürzester Zeit klebrig und verliert den charakteristischen Seidenglanz.

Für den Transport werden sie wie Schokoladenschaustücke auf eine stabile Platte geklebt. Zuckerschaustücke mit einer Basis aus Gelatinezucker oder kristallinem Zucker lassen sich gut mit Spritzglasur mit der Unterlage verbinden. Zum Fixieren von kleineren Elementen kann auch Glukosesirup verwendet werden.

Natürlich besteht auch die Möglichkeit, kleinere Schaustücke aus Gelatinezucker mit Holzspießchen auf Styrodur- oder Styroporplatten zu befestigen. Für Schaustücke aus gezogenem Zucker müssen die Platten kleiner sein, damit sie in luftdicht verschlossene Boxen passen. In die Box stellt man ein kleines Gefäß mit Silicagel, das die Feuchtigkeit aufnimmt und das Schaustück trocken hält.

Transportiert werden diese äußerst zerbrechlichen Stücke in Transportkisten aus Karton oder Styropor. Der Boden der Kiste wird bis zu einer Höhe von 10 cm mit Holzwolle gefüllt, darauf stellt man die Vitrine mit dem Schaustück. Anschließend wird die Kiste zur Gänze mit Holzwolle gefüllt. Dadurch werden eventuelle Erschütterungen und Schläge gut abgefedert und stellen keine Gefahr für das Schaustück dar. Es empfiehlt sich, besonders empfindliche Details eines Schaustückes erst vor Ort anzubringen.

Warme Farben – Rot, Gelb, Orange
Diese Farben sind zugleich Signalfarben und eignen sich deshalb gut, einen Blickfang im Schaustück zusätzlich hervorzuheben.

Kalte Farben – Blau, Violett, Grün
Kalte Farben stellen keinen besonders guten Blickfang im Schaustück dar. Vorteilhafter ist es, sie im Hintergrund zu verwenden, um andere Farben hervorzuheben.

Neutrale (unbunte) Farben – Weiß, Schwarz
Weiß und Schwarz sind keine Farben im eigentlichen Sinn. Sie sind jedoch wichtig, um die Wirkung anderer Farben zu beeinflussen. Weiß macht das Schaustück optisch leichter, freundlicher, heller und lässt die anderen Farben mehr strahlen. Schwarz hingegen macht es schwerer, manchmal auch leicht düster. Schwarz bildet mit anderen Farben starke Kontraste, z. B. mit Gelb, dadurch treten andere Farben intensiver und kräftiger hervor. Schwarz wirkt besonders gut in Verbindung mit Metallic-Pulver jeder Art.

Komplementärfarben
Komplementärfarben ergänzen sich immer gegenseitig und erzeugen eine besondere Spannung im Schaustück, z. B. die Farbkombination Rot und Grün.

Wesentlich bei der Farbgestaltung ist, dass die Farben immer auf das Thema abgestimmt sind. So lässt sich beispielsweise das Thema Winter nicht mit gelben, orangen und roten Farbtönen gestalten.

Von der Skizze
zum Zuckerschaustück

Planung

Im Grunde genommen unterscheidet sie sich kaum von der Planung eines Schokoladenschaustücks – Zeichnen einer Skizze, Vergrößerung auf Originalgröße, Anfertigung eines Kartonmodells.

Da die Farbgestaltung bei Zuckerschaustücken ein wesentliches Kriterium ist, empfiehlt es sich, die Skizzen zu kolorieren. Auf diese Weise lässt sich ein in Farbe, Form und Aussagekraft perfektes Schaustück planen.

Speziell bei großen Schaustücken macht die Anfertigung eines Kartonmodells durchaus Sinn, zumal man die Maße für eventuelle Schablonen zum Gießen oder Ausschneiden direkt vom Modell abnehmen kann.

Meistens erstreckt sich die Herstellung einer Zuckerarbeit über mehrere Tage: Teilelemente werden vorgefertigt, in Plastikboxen trocken und luftdicht aufbewahrt und anschließend möglichst zügig zu einem Schaustück zusammengesetzt.

Statik

Der Aufbau erfolgt nach denselben Kriterien wie bei einem Schokoladenschaustück: Die Basis ist stabil und schwer, nach oben hin werden die Teile immer leichter und filigraner.

Klebetechnik

Die richtige Klebetechnik ist genauso wichtig wie eine gute Planung.

Kleben von
gezogenen Elementen

Dünn gezogene Elemente, z. B. Blüten und Blätter, werden mithilfe eines Zuckerstücks an das Schaustück geklebt. Diese Klebetechnik ist wesentlich sicherer, als wenn man das Schaustück oder die Blüte mit dem Bunsenbrenner erhitzen würde. Durch die starke Hitze könnten Risse und Sprünge entstehen.

Ein Stück gezogenen Zucker erwärmen und auf die vorgesehene Klebestelle setzen.

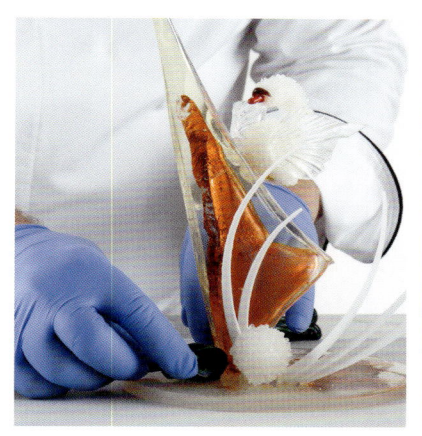

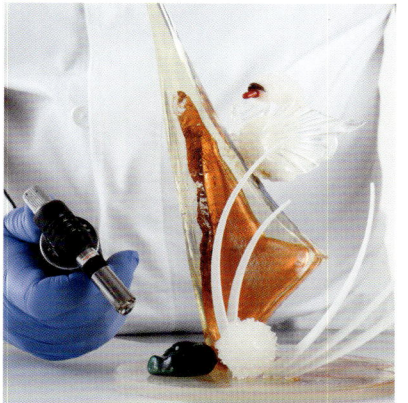

Zuckerstück mit dem Lötbrenner erhitzen.

Die Blüte in die noch heiße, weiche Klebestelle setzen.

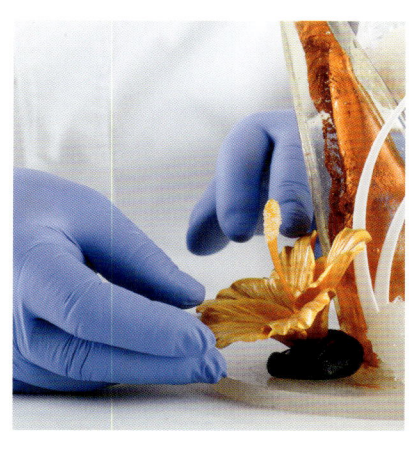

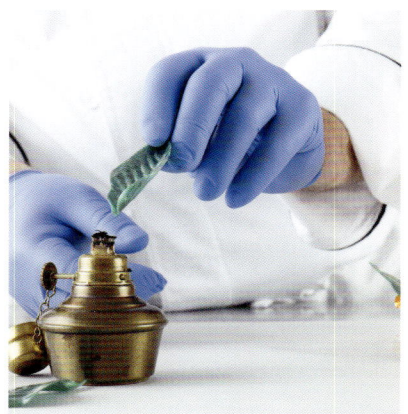

Die Blätter anwärmen und einsetzen.

Mit dem Luftstrom der Airbrushpistole (ohne Verwendung von Farbe) abkühlen.

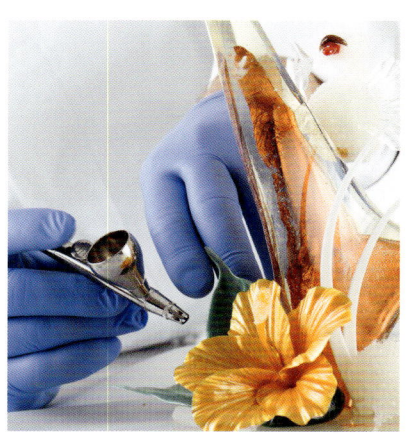

Gut zu wissen

Kleinere, feine Elemente lassen sich rasch mit Kältespray fixieren. Eine wesentlich sanftere, punktgenaue Abkühlung erzielt man mit der Airbrushpistole, indem man den Luftstrom gezielt auf die Klebestelle richtet.

KLEBEN VON GEGOSSENEN ELEMENTEN

Gegossene Teile sollten zum Kleben schon gehärtet, aber noch leicht temperiert sein – keinesfalls sollte man die Teile mehrere Stunden auskühlen lassen. Speziell bei sehr großen Elementen bewirkt der Temperaturunterschied eine Spannung, die die Teile zerspringen lässt. Teile aus Isomalt reagieren dabei noch empfindlicher als jene aus gekochtem Zucker, da Isomalt grundsätzlich spröder ist. Völlig erkaltete Teile müssen mit einem Heizlüfter wieder langsam temperiert werden, um sie gefahrlos verkleben zu können.

LAGERUNG UND TRANSPORT

Überspitzt ausgedrückt könnte man sagen, die Lagerung entscheidet über Sein oder Nichtsein des Schaustücks. Da Zucker wegen seiner hygroskopischen Eigenschaft bei Luftfeuchtigkeit rasch abstirbt, sollten Schaustücke aus Zucker in absolut luftdichten Glasvitrinen oder großen Glasbehältern aufbewahrt werden. Nur so behält das Schaustück auch bei länger andauernder Lagerung seinen Seidenglanz. Zusätzlichen Schutz vor Luftfeuchtigkeit bietet die Verwendung von Silicagel. Spezielle Glasvitrinen für Zuckerschaustücke verfügen über einen doppelten Boden aus Holz und Kunststoff, in dessen Zwischenraum man das Kieselgel streuen kann.

Grundsätzlich ist es im Sommer wegen der hohen Luftfeuchtigkeit nicht ratsam bzw. beinahe unmöglich, Schaustücke aus Zucker anzufertigen. Außer man arbeitet in klimatisierten Räumen, denen die Luftfeuchtigkeit entzogen wurde. Ansonsten wird der Zucker innerhalb kürzester Zeit klebrig und verliert den charakteristischen Seidenglanz.

Für den Transport werden sie wie Schokoladenschaustücke auf eine stabile Platte geklebt. Zuckerschaustücke mit einer Basis aus Gelatinezucker oder kristallinem Zucker lassen sich gut mit Spritzglasur mit der Unterlage verbinden. Zum Fixieren von kleineren Elementen kann auch Glukosesirup verwendet werden.

Natürlich besteht auch die Möglichkeit, kleinere Schaustücke aus Gelatinezucker mit Holzspießchen auf Styrodur- oder Styroporplatten zu befestigen. Für Schaustücke aus gezogenem Zucker müssen die Platten kleiner sein, damit sie in luftdicht verschlossene Boxen passen. In die Box stellt man ein kleines Gefäß mit Silicagel, das die Feuchtigkeit aufnimmt und das Schaustück trocken hält.

Transportiert werden diese äußerst zerbrechlichen Stücke in Transportkisten aus Karton oder Styropor. Der Boden der Kiste wird bis zu einer Höhe von 10 cm mit Holzwolle gefüllt, darauf stellt man die Vitrine mit dem Schaustück. Anschließend wird die Kiste zur Gänze mit Holzwolle gefüllt. Dadurch werden eventuelle Erschütterungen und Schläge gut abgefedert und stellen keine Gefahr für das Schaustück dar. Es empfiehlt sich, besonders empfindliche Details eines Schaustückes erst vor Ort anzubringen.

327

Tipps & Tricks aus 20 Jahren Wettbewerbserfahrung

„Mit mehrjähriger Wettbewerbserfahrung auf nationaler und internationaler Ebene bin ich überzeugt, dass ich nirgendwo so viel gelernt habe wie bei der Vorbereitung für die Teilnahme und am Wettbewerbstag. – Egal, ob ich gewonnen habe oder nicht."

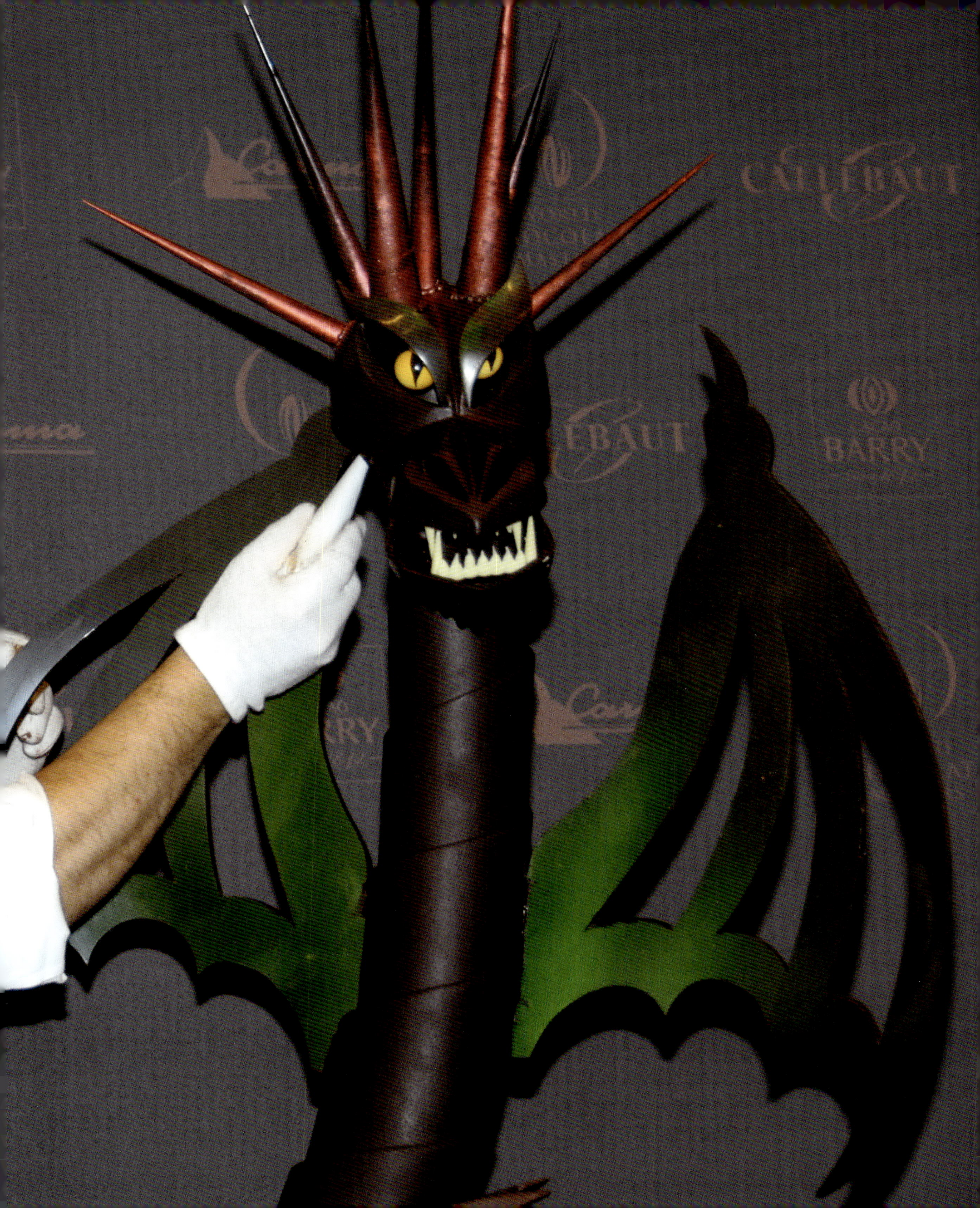
CALLEBAUT
BARRY

PHILOSOPHISCHE ÜBERLEGUNGEN

Manche Fachkollegen stehen Wettbewerben in der Konditorei und Patisserie äußerst kritisch gegenüber. Von Zeitverschwendung und Spielerei bis hin zu weltfremden Träumereien – fernab der Realität – ist oftmals die Rede. Für jemanden, der nie aktiv an einem derartigen Wettbewerb teilgenommen hat, mögen diese Argumente wohl zutreffen.

Jedoch jeder, der sich schon einmal dieser Herausforderung gestellt hat, weiß, welche berufliche und persönliche Bereicherung damit verbunden ist: Man fordert sich selbst über das normale Maß hinaus, stellt sich Aufgaben, die ansonsten der Bequemlichkeit oder dem Alltagstrott zum Opfer fallen. Manchmal entwickelt man dabei Herstellungsarten und Techniken, die ohne diesen Ansporn nie entstanden wären. Gilt es doch meist, in möglichst kurzer Zeit ein sehr anspruchsvolles Programm zu bewältigen, das neben intensivem Training eine gute Planung und innovative Techniken erfordert.

WARUM WETTBEWERBE ALLES ANDERE ALS ÜBERFLÜSSIG SIND

IMAGEGEWINN

Länder mit einer ausgeprägten Wettbewerbskultur, wie beispielsweise Frankreich und Japan, die neben zahlreichen kleinen regionalen und nationalen Wettbewerben auch jede Weltmeisterschaft mit ausgewählten Teams beschicken, geben seit Jahren in unserer Branche den Ton an. Unzählige junge Fachleute konkurrieren dort in kleinen Wettbewerben, um sich fachlich weiterzuentwickeln und damit ihrem Traum – der Teilnahme an der Weltmeisterschaft – ein Stück näher zu rücken.

Während es in Österreich schon schwierig ist, Fachleute für ein Dreierteam zu finden, die auch bereit sind, diese Wettbewerbsherausforderung anzunehmen, stehen in Ländern wie Frankreich und Japan junge Konditoren Schlange, um dabei zu sein. Möglicherweise hat das mit unserem Berufsprestige zu tun. So zählt beispielsweise in Frankreich der Titel M. O. F. (Meilleur Ouvrier de France), der Beste seines Handwerks, mehr als ein Ingenieurstitel, bei uns hingegen wird man für die Ausübung eines Handwerks eher belächelt. – Das soziale Ansehen eines Berufsstandes hängt natürlich auch mit seinem Auftreten nach außen hin zusammen.

WERBUNG

Die Werbung ist ein weiterer Aspekt, der für die Teilnahme an Wettbewerben spricht. Kein hoch bezahlter Werbefachmann schafft es, ein Unternehmen besser zu bewerben, als ein kompetenter Fachmann mit seiner Leistung direkt am Kunden. Ein großer Wettbewerb, der von einem Mitarbeiter oder dem Chef bestritten und sogar gewonnen wird, bringt dem Unternehmen einen riesigen Imagegewinn. Medien sind hungrig nach positiven Nachrichten. Und Kulinarisches liegt im Trend, wie man an den vielen Kochshows im Fernsehen sieht. Natürlich kommt es letztendlich darauf an, was man daraus macht.

INTERNATIONALE KONTAKTE

Ein wesentlicher persönlicher Gewinn liegt im Kennenlernen interessanter Berufskollegen, die dasselbe Feuer in sich tragen. Was kann einem ambitionierten Fachmann Besseres passieren als ein reger Gedanken- und Erfahrungsaustausch mit Gleichgesinnten? Und das auf internationalem Niveau! Ob als Jurymitglied oder als Teilnehmer, eine derartige Veranstaltung ist prädestiniert, neue Kontakte zu knüpfen und bestehende zu vertiefen. Diese Verbindungen und die damit verbundenen positiven Einflüsse sind wohl das Wertvollste, das man mit nach Hause nimmt, unabhängig davon, wie man beim Wettbewerb abgeschnitten hat.

Und nicht zu vergessen die sportliche Komponente, die ein Wettbewerb in sich birgt: Gegen Kollegen auf höchstem Level in einem künstlerischen kulinarischen Wettstreit besonderer Art anzutreten, ist ein positiver Ansporn und sorgt für einen unbeschreiblichen Nervenkitzel.

VOR DER TEILNAHME

Ist man bereit, sich der Wettbewerbsherausforderung zu stellen, sollte man dennoch nicht gleich ins kalte Wasser springen, sondern sich die Veranstaltung vorerst einmal als Besucher ansehen. Möglicherweise bietet sich einem auch die Chance, einem Wettbewerbsteilnehmer als Helfer zu fungieren, um auf diese Weise einen besseren Eindruck vom Wettbewerbsgeschehen zu bekommen.

Generell empfiehlt es sich, erfahrene Kollegen und frühere Wettbewerbsteilnehmer beim vorbereitenden Training um Rat und Kritik zu bitten. Dadurch lässt sich so manch unnötiger Fehler vermeiden. Und wer gleich beim ersten Wettbewerb ein gutes Resultat erzielt, ist motiviert weiterzumachen.

TEILNAHMEBEDINGUNGEN
UND WETTBEWERBSABLAUF

DAS REGLEMENT

Bei jeglicher Wettbewerbsteilnahme gilt es, den Fokus zuerst auf das Reglement zu richten. Diese Richtlinien sind mehr oder weniger strikt formuliert, zum Teil kurz und bündig ausgeführt oder sie erstrecken sich über mehrere Seiten.

Die Kunst, das Reglement richtig zu lesen, besteht darin, dass man das Hauptaugenmerk nicht auf die Verbote richtet, sondern alle Möglichkeiten, die nicht reglementiert sind, erkennt bzw. herausfiltert. Ist beispielsweise das Mitbringen geklebter Teile verboten, kann man eine Form vorfertigen, in der sich eine komplexe Struktur in einem Teil gießen lässt. Oder wenn das Verbot selbst hergestellte dreidimensionale Formen beinhaltet, kann man auf ausgeschnittene Schablonen ausweichen.

Jeder Wettbewerb hat seine eigenen Regeln, die eingehalten werden müssen, wie beispielsweise vorgegebene Maß- und Gewichtsangaben. Oftmals kann schon ein Millimeter oder ein zehntel Gramm zu viel einen Punkteabzug bedeuten, der über Sieg oder Niederlage entscheidet. – Punkteabzüge, die auf Leichtfertigkeit basieren, sind immer die schmerzhaftesten. Deshalb das Reglement sorgfältig lesen und beim Training immer wieder kontrollieren, ob das Produkt den Vorgaben entspricht.

Und nicht zu vergessen der Zeitfaktor, vor allem bei Livebewerben. Deshalb gilt bei der Planung und beim Training: Wie bzw. wodurch kann ich unter Einhaltung des Reglements die meiste Zeit sparen?

DIE PLANUNG

Nach dem Lesen des Reglements hängt die weitere Vorgehensweise davon ab, ob ein Thema vorgegeben ist oder ob freie Themenwahl herrscht. Trifft Letzteres zu, sollte man ein Thema wählen, das einem besondere Freude bereitet, zu dem man schon immer einen Bezug hatte und folglich auch kreative Gedanken entwickeln kann. Ein wesentliches Kriterium dabei ist, dass das Thema auch für Außenstehende, für den Betrachter, gut verständlich und leicht nachvollziehbar ist. – Und das ohne seitenweise Erklärungen.

Hat man sich für ein Thema entschieden, empfiehlt es sich, alle kulinarischen Komponenten des vorgeschriebenen Programms, z. B. Torten, Pralinen, auf dieses Thema – möglicherweise auch auf die Jahreszeit – abzustimmen. Auch wenn dieser Punkt nicht zwingend vorgeschrieben ist, wird ein Programm, dessen einzelne Komponenten miteinander harmonieren und ästhetisch präsentiert werden, als wohldurchdacht wahrgenommen – und in diesem Sinne meist auch besser bewertet.

Fünf Schritte
zur Programmerstellung

- Alle themenbezogenen Ideen schriftlich festhalten.
- Zeichnungen anfertigen: Wie kann bzw. wird das fertige Produkt aussehen? Harmonieren die einzelnen Komponenten miteinander?
- Austausch mit Kollegen des Vertrauens.
- Das Produkt von der Theorie in die Praxis umsetzen.
- Optisch und kulinarisch weiterentwickeln, bis es der gewünschten Vorstellung entspricht.

Es ist immer positiv, wenn sich ein erkennbarer Stil wie ein roter Faden durch das Programm zieht. Ob dieser Stil nun realistisch darstellend oder abstrakt ist, bleibt dem Wettbewerbsteilnehmer vorbehalten. Auch lässt sich nicht sagen, welcher der beiden Stile grundsätzlich erfolgreicher ist. Wichtig ist, dass man nie den Fokus auf das Lebensmittel, das unseren Berufsstand prägt, verliert. Geschmack ist immer subjektiv und daher eine Bewertung der Arbeit auch nicht vorhersehbar.

Fakt ist, wer etwas Originelles schafft, das Stil und kulinarische Ästhetik vereint, wird damit höchstwahrscheinlich erfolgreich sein.

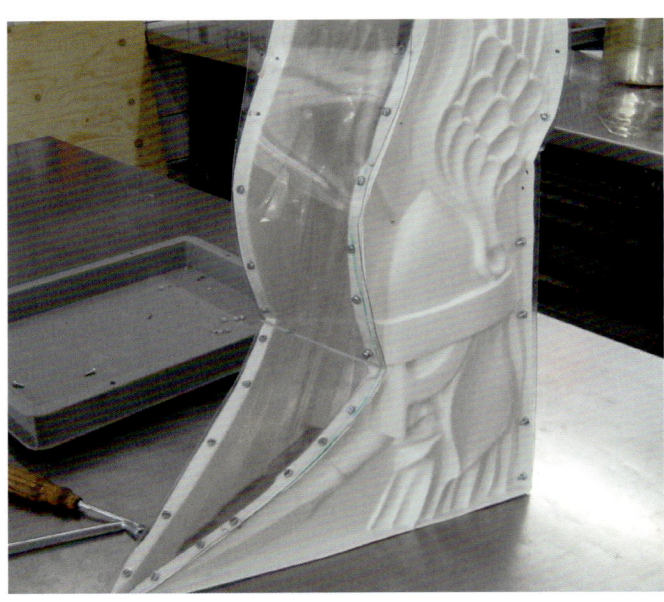

DAS TRAINING

Ist das Programm erstellt, geht es ans Trainieren. Das Training variiert je nach Art des Wettbewerbs. Grundsätzlich gibt es im kulinarischen Bereich zwei Arten von Wettbewerben – Kochkunstausstellungen bzw. Patisserieleistungsschauen und Livewettbewerbe –, die sich in ihrer Vorbereitung grundlegend unterscheiden.

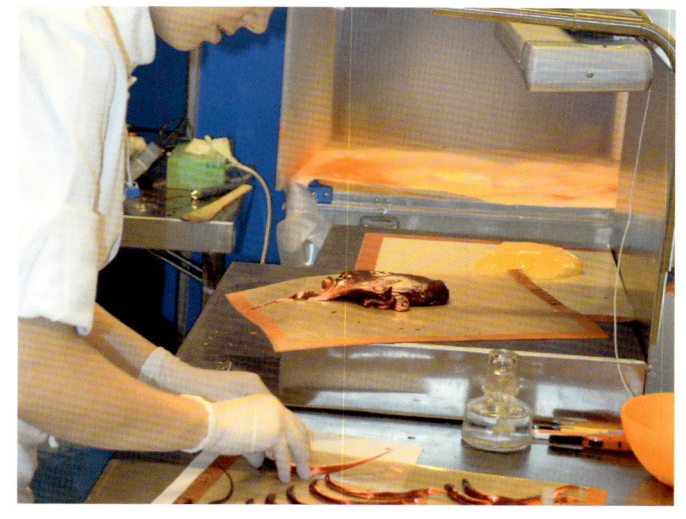

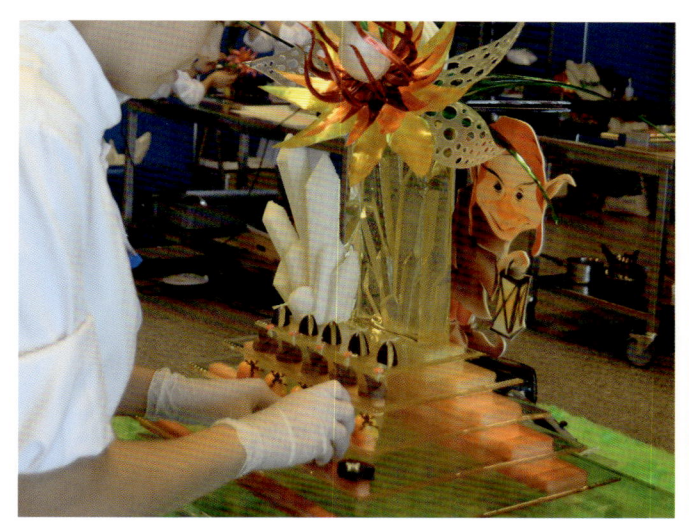

KOCHKUNSTAUSSTELLUNGEN, PATISSERIELEISTUNGSSCHAUEN

Diese Veranstaltungen laufen nicht live ab. Da man die vorgeschriebenen Produkte zum Bewerb mitbringen kann, ist der Zeitfaktor kein Wettbewerbskriterium. Natürlich wendet man viel Zeit auf, um gewisse Produkte herzustellen, aber für den eigentlichen Bewerb spielt es keine Rolle, wie viel Zeit für das Schaustück aufgewendet wird. Wenn man rechtzeitig mit den Wettbewerbsvorbereitungen beginnt, kann sich ein Projekt durchaus über mehrere Wochen erstrecken. Speziell dann, wenn es neben der regulären Arbeit in der Freizeit angefertigt wird – wie es in der Praxis zweifellos üblich ist.

Bei diesen Veranstaltungen liegt das Hauptaugenmerk auf der Stabilität der Produkte und der richtigen Logistik für den Transport. Kleinere, feine Teile werden meist erst vor Ort appliziert.

Kulinarische Produkte, egal, ob sie verkostet oder nur ausgestellt werden, müssen immer frisch produziert werden. Sorgfältig verpackt und gekühlt werden sie meist am Vorabend der Veranstaltung angeliefert.

Es versteht sich von selbst, dass die Produkte im Vorfeld gut geplant und mehrmals erprobt werden müssen, damit sie am Tag X auch perfekt sind. Aber im Vergleich zu Livebewerben hält sich das Training zeitlich in Grenzen. Außer es handelt sich bei der Veranstaltung um eine Kombination aus Ausstellung und Livekochbewerb, bei dem eine vorgeschriebene Anzahl an Menüs in einem vorgegebenen Zeitraum gekocht werden muss. Meist finden diese kombinierten Bewerbe für Kochnationalmannschaften bei großen internationalen Weltmeisterschaften statt. Für dieses Livekochen muss natürlich im Team intensiv trainiert werden. Nicht nur, um die Arbeitsabläufe zu optimieren, sondern auch, um eine einheitliche geschmackliche Linie zu finden.

Bekannte Bewerbe dieser Art sind in Europa die Internationale Kochkunst-Ausstellung (IKA) – Olympiade der Köche – in Deutschland, der Expogast & Culinary World Cup in Luxemburg und die große Kochshow in Basel. Großes Ansehen genießen auch Ausstellungen in Chicago, Singapur und Hongkong sowie unzählige Veranstaltungen dieser Art in kleinerem Rahmen. Meist sind es Kochkunstveranstaltungen, in denen aber die Patisserie und Konditorei immer einen besonderen Stellenwert einnimmt, alleine schon wegen der visuellen Möglichkeiten.

337

TIPPS & TRICKS AUS 20 JAHREN WETTBEWERBSERFAHRUNG

LIVE-WETTBEWERBE

Bei diesen Wettbewerben wird im Team oder als Einzelperson angetreten. Für die Teilnehmer heißt es, ein vorgeschriebenes Programm in einem vorgegebenen Zeitraum zu bewältigen. Der Bewerb stellt eine besondere Herausforderung dar, da die Zeit für das anspruchsvolle Programm, das man sich vorgenommen hat, fast immer zu knapp wird.

Einer intensiven Planungsphase, um das Programm so attraktiv wie möglich zu gestalten, folgt eine gezielte Trainingsphase, um Abläufe zu optimieren und zu koordinieren. Dabei werden in einem ersten Schritt die einzelnen Komponenten auf Zeit hergestellt, um den Zeitaufwand einigermaßen abschätzen zu können. Anschließend werden die Arbeitsabläufe bei der Herstellung der einzelnen Komponenten gezielt verknüpft bzw. verflochten, um Zeit einzusparen. – Beispielsweise werden die Abläufe so aufeinander abgestimmt, dass die Kuvertüre für alle benötigten Teile nur einmal temperiert werden muss.

Während die Planung oft nur auf dem Papier erfolgt, ist es ganz wichtig, den Wettbewerbsablauf unter den Wettbewerbsbedingungen in Echtzeit zu trainieren. Optimal sind drei Trainingsläufe mit dazwischenliegenden langen Ruhepausen:

- Das erste Training, um ein Gefühl für das richtige Timing zu bekommen.
- Das zweite zur Festigung und Feinabstimmung der Arbeitsabläufe.
- Der dritte Trainingslauf sollte öffentlich zugänglich sein, um unter dem Druck der Öffentlichkeit zu trainieren.

Die Generalprobe vermittelt einem auch die nötige Sicherheit, um beim eigentlichen Wettbewerb zu bestehen.

Wer sich nun an eine Weltmeisterschaft heranwagt und auch konkurrenzfähig sein will, muss einen großen zeitlichen Aufwand in Kauf nehmen. Man sollte mindestens ein halbes Jahr davor mit der Planungsphase beginnen.

Das schafft man meist auch noch in der Freizeit neben der regulären Arbeit. Aber in der Intensivphase, in der die Trainingsläufe stattfinden, sollte der Fokus nur auf den Wettbewerb gerichtet sein. Das bedeutet ein bis zwei Monate intensives Training, ohne nebenher zu arbeiten. Entweder hat man einen Betrieb im Hintergrund, der diesen Einsatz zu schätzen weiß und nicht nur kurzfristig denkt. Oder man lässt sich unbezahlt freistellen oder nimmt Urlaub, was natürlich ein großes Maß an Idealismus verlangt.

Wer die angeführten Tipps beherzigt und beim Wettbewerb zusätzlich das entscheidende Quäntchen Glück auf seiner Seite hat, kann sich eine Platzierung an vorderster Front oder gar den Sieg sichern und die Lorbeeren für seine Bemühungen ernten.

Wichtige Wettbewerbe dieser Art sind: Coupe du Monde de la Pâtisserie in Lyon, Team Pastry Championship in den USA und World Chocolate Masters. Bei den Junioren: WorldSkills und UIBC-(Internationale-Union-der-Bäcker-und-Konditoren-)Junioren-Weltmeisterschaft, die alternierend alle zwei Jahre an verschiedenen Orten der Welt stattfinden. Daneben gibt es weltweit noch eine Vielzahl an kleineren und größeren Wettbewerben auf hohem Niveau, die unser Berufsimage fördern. Und jeder, der teilnimmt, ist ein Gewinner!

DESSERTS FÜR KOCHKUNSTAUSSTELLUNGEN

Eine spezielle Herausforderung liegt in der Herstellung und Präsentation von Produkten, die ohne Kühlung einen schnelleren Alterungsprozess durchlaufen und dadurch unansehnlich aussehen, wie beispielsweise Tellerdesserts, Petits Fours, Torten und ähnliche Produkte. Bei Kochkunstausstellungen sollen diese Produkte den ganzen Tag über kulinarisch ansprechend wirken – und das bei Raumtemperatur.

PRODUKTSTABILITÄT
UND OPTIK

Ziel ist es, die Produkte möglichst frisch und rezeptgetreu herzustellen, gleichzeitig jedoch ihre Stabilität zu verbessern.

MOUSSES UND
OBERSCREMEN (SAHNECREMEN)

Bei Mousses, Oberscremen und ähnlichen Produkten, die bei Raumtemperatur rasch weich und unansehnlich werden, erhöht man die Gelatinemenge auf das Zwei- bis Dreifache – je nach Konsistenz des Basisrezeptes. Vorsicht, nicht zu viel Gelatine beigeben, damit das Produkt sein natürliches Aussehen beibehält und nicht wie Gummi wirkt.

Kombiniert man eine helle Creme, z. B. bayrische Creme, mit Fruchtgelees oder gebundenen Früchten aus dunklen Früchten, z. B. Weichseln (Sauerkirschen) und Waldbeeren, füllt man zuerst die Früchte in das Glas und obenauf die Creme. Dadurch wird verhindert, dass der natürliche Farbstoff der Früchte nach unten in die Creme sickert und unschöne Verfärbungen hinterlässt. Diese hätten sicherlich einen Punkteabzug zur Folge.

Damit die Produkte ihr authentisches Erscheinungsbild bewahren, sollten sie immer mit den Originalzutaten des Rezepts (Fruchtmark, Vanille, Schokolade usw.) hergestellt werden. Vorgetäuschte Produkte, wie beispielsweise eine Erdbeercreme aus Lebensmittelfarben, etwas Obers und Gelatine, wirken unnatürlich.

Da sich bei Raumtemperatur auf der Cremeoberfläche bereits nach kurzer Zeit eine Haut bildet bzw. die Oberfläche abtrocknet, wurde sie früher häufig mit Aspik überzogen. Diese Art, Frische zu vermitteln, raubte dem Produkt jedoch seine Natürlichkeit. Heute transportiert man Mousses und gestürzte Cremen gekühlt in gut verschließbaren Plastikboxen und wirkt so dem Alterungsprozess entgegen.

FRUCHTSPIEGEL, FRUCHTSAUCEN
UND FRUCHTCHUTNEYS

Für einen perfekten Oberflächenglanz wird das Fruchtmark mit Aspik und Glukosesirup gemischt. Um den Glanz zu erhöhen, kann man die Produktoberfläche zusätzlich mit einer dünnen Schicht Aspik abglänzen.

Ein Fruchtspiegel auf dem Teller kann auch nur mit Fruchtnektar und etwas Gelatine hergestellt werden. Dieser Fruchtspiegel verliert nie seinen Glanz und ist zudem einfach herzustellen: Fruchtnektar-Gelatine-Mischung erwärmen, auskühlen lassen und kurz vor dem Gelieren auftragen.

Zum Überziehen von geschnittenen Früchten empfiehlt es sich, hochwertiges Gelatinepulver (z. B. Platagel) zu verwenden. Dieses genau nach Angaben des Herstellers in Wasser auflösen und relativ kühl verarbeiten. Beim Arrangieren der Früchte darauf achten, dass man keine Fingerabdrücke hinterlässt.

Puddings und Soufflees

Damit Puddings und Soufflees nach dem Garen nicht zusammenfallen, erhöht man den Mehlanteil und gibt zur Masse zusätzlich Stärkemehl.

Schaummassen

Die Stabilität von Schaummassen lässt sich durch zusätzliches Absteifen mit Gelatine erhöhen.

Gefrorenes

Gefrorenes wird aus einer Eisattrappenmasse hergestellt, die echter Eiscreme zum Verwechseln ähnlich sieht. Vor allem, wenn die Masse mit natürlichen Zutaten, wie beispielsweise Vanille und Haselnussmark, eingefärbt wird. – Etwas nachfärben mit Lebensmittelfarbe ist natürlich erlaubt. Nachfolgend ein Rezept einer Eisattrappenmasse, die sich im Sommer auch hervorragend für Eisattrappen im Schaufenster eignet.

Eisattrappenmasse

Zutaten
100 g Eiweiß
480 g Kristallzucker
260 g Glukosesirup
430 g Maispuder
430 g Puderzucker

- Eiweiß mit Kristallzucker aufschlagen, den Glukosesirup untermengen.
- Den mit Maispuder versiebten Puderzucker dazugeben und kneten.
- Der Eissorte entsprechend färben. Eventuell Zutaten dazugeben, z. B. zu Erdbeereis getrocknete Kerne von Walderdbeeren, damit die Masse möglichst natürlich aussieht.
- Die Konsistenz der Masse überprüfen, indem man mit dem Eisportionierer eine Kugel formt. Die Kugel muss die charakteristische Oberfläche einer frisch portionierten Eiskugel aufweisen. Ist die Masse zu fest, gibt man etwas Wasser dazu. Zu weiche Masse wird mit einer Puderzucker-Maispuder-Mischung gefestigt.
- Mit dem Eisportionierer Kugeln formen.
- Kugeln zwei Tage übertrocknen lassen, bevor man sie für Eiscoups, Schaustücke u. Ä. verwendet.
- Gut durchgetrocknet und staubdicht verpackt lassen sich Eisattrappen über einen sehr langen Zeitraum aufbewahren.

ANRICHTEN
VON DESSERTS

Bei Kochkunstausstellungen liegt die oberste Priorität in der Präsentation der Produkte. Größter Wert wird auf ein sauberes Anrichten und ein ästhetisches, kulinarisch ansprechendes Gesamtbild gelegt. Das verlangt ein Dekor, das mit dem Dessert optisch und kulinarisch harmoniert, äußerst fein und zart gearbeitet ist – keinesfalls eines, das das Dessert erschlägt. Innovatives Dekor ist natürlich immer willkommen, sofern es den angeführten Kriterien entspricht.

VERPACKUNG
UND TRANSPORT

In der Regel müssen Schaustücke, Torten, Stückdesserts oder teilgefertigte Produkte zum Wettbewerbsort transportiert werden – vor allem bei Kochkunstausstellungen oder bei Livewettbewerben.

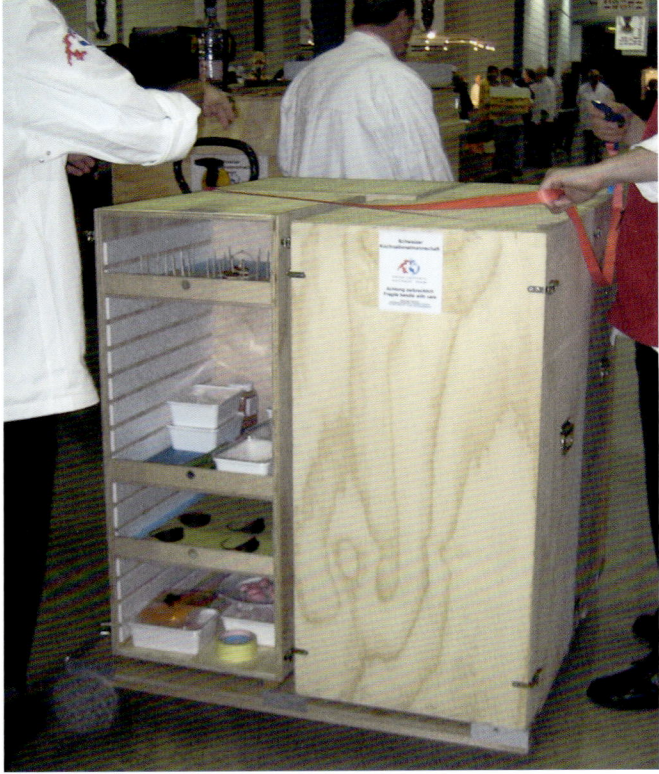

SCHAU-
STÜCKE

Der Transport von Schokoladen- und Zuckerschaustücken wird im Kapitel Schaustücke eingehend beschrieben.

TORTEN

Torten lassen sich am besten in Tortenkartons verpackt auf einer rutschfesten (gummierten) Unterlage transportieren. Bei länger andauerndem Transport empfiehlt es sich, die Torten in große Styroporboxen zu verpacken und eventuell Kühlakkus dazuzugeben.

STÜCK-DESSERTS

Stückdesserts werden wie Torten in Styroporboxen verpackt transportiert. Glasierte Desserts setzt man nach dem Überziehen auf eine mit Backtrennpapier belegte Styroporplatte und lässt die Überzugsmasse erstarren.

Dadurch haften die Desserts auf dem Papier. Zum Transportieren wird das Papier mit Stecknadeln auf der Styroporplatte fixiert.

DEKOR-ELEMENTE

Kleine, äußerst zarte Dekorelemente lassen sich mit Zahnstochern, Stecknadeln oder Akupunkturnadeln auf Styrodur- und Styroporplatten fixiert gut transportieren. Speziell Dekorteile aus Schokolade oder Gelatinezucker lassen sich auf diese Weise perfekt in Transportkisten befördern. Damit feuchtigkeitsempfindliche Elemente, z. B. Teile aus Gelatinezucker oder Hippen, trocken bleiben, werden die auf den Platten befestigten Teile in luftdicht verschlossenen Boxen mit Silicagel transportiert.

PRALINEN

Getunkte Pralinen werden nach dem Überziehen auf eine mit Backtrennpapier belegte Styroporplatte weggesetzt, auf der sie auch transportiert werden. Die kristallisierte Kuvertüre verhindert ein Lösen von der Unterlage. Das Papier wird mit Stecknadeln auf der Unterlage fixiert.

Formenpralinen setzt man auf eine rutschfeste Unterlage, damit die einzelnen Pralinen nicht aneinander reiben können. Es besteht auch die Möglichkeit, sie in der Form zu transportieren und erst vor Ort aus der Form zu nehmen.

Die Pralinen immer mit entsprechend feinen Stoffhandschuhen anfassen, um Fingerabdrücke zu vermeiden. Keinesfalls Latexhandschuhe anziehen, diese hinterlassen auf Schokolade noch stärkere Abdrücke, als wenn man sie mit bloßen Händen anfassen würde.

ERSTE HILFE
BEI TRANSPORTSCHÄDEN

Keine Verpackung – und sei sie noch so perfekt – bietet 100-prozentige Sicherheit. Geht beim Transport etwas in die Brüche, heißt es möglichst gut zu improvisieren. Zu diesem Zweck sollte man immer eine Standardausrüstung mit dabeihaben:

- Kleinwerkzeuge, wie einen Messersatz inklusive Paletten, Pinseln in verschiedenen Größen, Schere etc.
- Heißluftföhn, Löt- und Spiritusbrenner, z. B. zum Erwärmen von Schokolade und Zucker, zum Schmelzen von Isomalt
- Kakaobutterspray, Metallic-Pulver, eventuell Eisspray
- Dunkle und weiße Kuvertüre, Milchkuvertüre
- Isomalt und Spritzglasur, sofern mit Zucker gearbeitet wurde
- Eine Auswahl an Ersatzteilen von leicht zerbrechlichen Schokoladen- und/oder Zuckerteilen

Mikrowelle und Kompressor zählen schon zum erweiterten Equipment und sind mit dabei, wenn man ohnedies vorhatte, einen Großteil des Schaustücks vor Ort aufzubauen.

SCHOKOLADENTEILE
KLEBEN

Sofern keine tragenden Teile zu Bruch gegangen sind und der abgebrochene Teil nicht mehrere Bruchstellen aufweist, lassen sich kleinere Schäden durch richtiges Verkleben gut beheben. Vorsichtshalber sollte man von leicht zerbrechlichen Teilen immer eine kleine Auswahl an Ersatzteilen mitführen.

- Kleinere abgebrochene Teile mit erwärmter, nicht temperierter Kuvertüre ankleben. Für eine saubere Klebestelle die hervorquellende Kuvertüre sofort abwischen.
- Abgebrochene, in mehrere Teile zersplitterte Schokoladenteile auf einem Backtrennpapier oder auf einer Kunststofffolie flach liegend mit erwärmter Kuvertüre zusammenkleben. Kühl stellen, damit die Klebestellen durchhärten können. Anschließend das Schokoladenteil an das Schaustück kleben.
- Eventuell die Bruch- bzw. Klebestelle mit Kakaobutter besprühen und mit etwas Metallic-Pulver bestäuben, um Fingerabdrücke und Klebespuren zu kaschieren.
- Kleinere unsaubere Klebestellen lassen sich auch durch Abtupfen mit einem Pinsel oder Schwamm mit Sprühschokolade verdecken.
- Das beste Ergebnis erzielt man durch Besprühen mit der Airbrushpistole mit einer feinen Sprühdüse (Ø 7 mm). Dafür bedarf es jedoch eines Kompressors.

Eine Klebetechnik für tragende Elemente oder für statisch schwer fixierbare Teile wird im Kapitel Schokolade, Seite 139, ausführlich beschrieben.

ZUCKERTEILE
KLEBEN

Wenn Zuckerteile abbrechen, zersplittern sie meist. Deshalb ist es noch wichtiger als bei Schokoladenschaustücken, dass man genügend Ersatzteile in Reserve hat. Auch Totalschäden, wie sie bei Schokoladenschaustücken eher selten auftreten, sind bei Zuckerschaustücken leicht möglich. Dann allerdings ist zu hinterfragen, ob man ein kaputtes Schaustück präsentieren will.

Sind nur Details gebrochen und lässt sich die Bruchstelle durch geschicktes Arrangieren von zusätzlichen Elementen verdecken, dann lohnt sich eine Reparatur auf alle Fälle.

- Gezogene oder geblasene Zuckerteile lassen sich mit geschmolzenem Isomalt gut kleben. Isomalt kann auch in der Mikrowelle oder mit dem Bunsenbrenner verflüssigt werden.
- Teile aus Gelatinezucker mit Spritzglasur verkleben und gut aneinanderpressen. Die überschüssige Glasur abwischen, damit die Klebestelle sauber ist. Isomalt eignet sich nicht als Klebemittel, da er rasch anzieht und eine sichtbare klare Zuckerschicht an der Bruchstelle bildet.
- Bei gegossenen Zuckerteilen die Bruchstellen anschmelzen und aneinanderdrücken. Dabei darauf achten, dass die ursprüngliche Form erhalten bleibt. Die entstandene Schweißnaht mit dem Bunsenbrenner so lange erhitzen, bis die Naht zu einer glatten Fläche verschmilzt. Solche Stellen lassen sich auch mit Metallic-Pulver gut kaschieren. Oder man klebt ein neues passendes Element darüber. – Getreu dem Motto „Aus der Not eine Tugend machen".

MATERIALIEN
UND BEZUGSQUELLEN

Einige der nachfolgend angeführten Bezugsquellen sind speziell auf den Wiener Raum zugeschnitten. Die Liste resultiert aus der persönlichen Erfahrung des Autors und soll lediglich inspirieren. In Zeiten des Internets findet man gewiss auch Firmen in der näheren Umgebung. Andere Bezugsquellen wiederum sind überall auf der ganzen Welt verstreut. – Selbst aus den USA lassen sich Werkzeuge und Materialien problemlos bestellen. Die Liste erhebt natürlich keinerlei Anspruch auf Vollständigkeit.

STANDARDAUSRÜSTUNG
FÜR KONDITOREN

Handwerkzeug, z. B. Marzipan-Modellierset, Tüllenset, Werkzeuge für Zuckerkunstarbeiten, Spritzbeutel, Paletten u. v. m., ist bei folgenden Firmen erhältlich:

- **Österreich:** BÄKO (www.baeko.at), Rist (www.rist.at), Kolb (www.kolb.at), Anna Gold (http://shop.anna-gold.at), Fessler (www.fessler.at)
- **Deutschland:** Pfersich (www.pfersich.de), Sweetart (www.sweetart.de)
- **Italien:** Martellato (www.martellato.com)
- **Frankreich:** Matfer (www.matfer.com)

Diese Firmen bieten zum Teil auch Geräte, Maschinen und Rohstoffe von verschiedenen Herstellern und Lieferanten an.

SCHOKOLADEN-
UND PRALINENFORMEN

Sie werden zum Teil von den bereits angeführten Firmen und deren Zulieferern angeboten. Daneben gibt es Firmen, die sich ausschließlich auf Schokoladenformen spezialisiert haben. Diese Firmen zeichnen sich durch ihre Produktvielfalt aus, zusätzlich bieten sie auch Spezialanfertigungen an.

- **Deutschland:** Hans Brunner (www.hansbrunner.de), eine Firma mit langer Tradition auf dem Sektor Schokoladenformen. Sie überzeugt durch hervorragende Qualität der Formen, auch bei Sonderanfertigungen.
- **Belgien:** Chocolate World (www.chocolateworld.be) bietet eine große Auswahl an qualitativ hochwertigen Formen – immer am Puls der Zeit – an.
- **Italien:** Martellato (www.martellato.com) ist bekannt für vielfältige moderne Pralinenformen.

Auch manche Schokoladenhersteller bieten ihren Kunden Schokoladenformen mit eigenem Design an, wie beispielsweise die Schweizer Firma Felchlin (www.felchlin.com/de) oder die Firma Barry Callebaut (www.barry-callebaut.com) in Belgien.

SIEBDRUCKE, KAKAOBUTTERFARBEN, METALLIC-FARBEN, STRUKTURFOLIEN …

Eine große Auswahl dieser Produkte bieten folgende Firmen an:

- **Frankreich:** PCB Création (www.pcb-creation.com/fr), eine Firma, die durch ihr progressives Design besticht.
- **Belgien:** IBC (www.ibcbelgium.com), Tochterfirma von Barry Callebaut, bietet ein ähnliches Programm wie die Firma PCB Création an.
- **Schweiz:** Chocoprint (www.chocoprint.ch) fertigt individuelle Dekors auf Bestellung an.
- **USA:** Chef Rubber (http://chefrubber.com) ist bekannt für eine breite Produktpalette an Farben und ausgefallenen Zutaten, wie gefriergetrockneten Früchten, Gemüse- und Kräutergranulaten sowie sonstigen Spezialprodukten.

SILIKONFORMEN

- **Frankreich:** Demarle (www.demarle.com) gilt als der Pionier in Sachen Silikonformen.
- **Italien:** SiliKoMart (www.silikomart.com), Tochterfirma der Firma Martellato, überzeugt durch ihre breit gefächerte Produktpalette.
- **USA:** Chicago Mold School (http://chicagomoldschool.com) ist im Bereich Silikonformen für Zucker- und Schokoladendekor wohl einzigartig in der Welt.

SILIKON (SILIKONABFORMMASSE)

Die Firma Wacker Chemie (www.wacker.com) hat ihren Standort in Deutschland. Sie bietet Silikon mit einem als lebensmittelecht zertifizierten Härter an.

Das Unternehmen ist auch in Österreich vertreten, z. B. in Wien durch die Firma Wolf (www.farbenwolf.at).

Auch Silikon aus dem Dentalbereich lässt sich unbedenklich im Lebensmittelbereich einsetzen.

TRAGANTPULVER, TITANWEISS, SILICAGEL …

Produkte wie Titanweiß und Schlämmkreide zum Einfärben von gekochtem Zucker oder von Kakaobutter, Tragantpulver als Bindemittel, Silicagel zum Trockenhalten von Zuckerarbeiten, Weinsteinsäure und ähnliche spezielle Rohmaterialien sind im Drogerie-Großhandel, z. B. in Wien bei der Firma Wilhelm Neubers Enkel Dr. Brunner & Kolb (www.neubers-enkel.at) und – zu weit höheren Preisen – in Apotheken erhältlich.

KUNSTSTOFFFOLIEN, PLEXIGLAS, POLYSTYROL ...

Kunststofffolien für Schokoladearbeiten in verschiedensten Stärken, Weich-PVC-Matten als Unterlage zum Gießen von hoch glänzenden Zuckerteilen, Polystyrol für Schablonen (opalen; 0,5 mm stark), Plexiglasplatten oder -rohre gibt es im Kunststoff-Großhandel, z. B. bei der Wiener Firma Wettlinger Kunststoffe (http://wettlinger.at).

AIRBRUSH-, SPRÜHPISTOLEN ...

Diese Geräte sind in Spezialgeschäften für Airbrushing – in Wien bei der Firma Somogyi (www.somogyi.at) –, zum Teil auch im Künstler- oder Malerbedarfhandel, vereinzelt auch im Modellbaubereich erhältlich. Zusätzlich werden Sprühpistolen und passende Kompressoren auch in Werkzeugfachmärkten angeboten.

SCHNEIDEUNTERLAGEN, GRAFIKERMESSER, ENCAUSTIC-WERKZEUGE ...

Geschäfte für den Künstlerbedarf – z. B. in Wien die Firma Boesner (www.boesner.at) – sind auch für den Konditor eine wahre Fundgrube, wie etwa ein Encaustic Mal-Pen zum Anschmelzen von Schokolade. Aber auch sonstige Künstlermaterialien wie Schneideunterlagen, Grafikermesser, Pinsel aller Art, Airbrush-Equipment, Schablonen, Modellierton u. v. m. lassen sich hervorragend zweckentfremdet einsetzen.

RESÜMEE

Wer mit offenen Augen durch die Welt geht, hat immer irgendeine Inspiration vor Augen. Überall lässt sich etwas finden, das man für seine Zwecke nutzen kann. Sei es ein Spielzeug, dessen Grundform man als Vorlage für selbst gemachte Silikonformen verwendet. Oder Werkzeuge und Materialen aus dem Baumarkt, die sich auch im Konditoreibereich als äußerst praktisch erweisen. Selbst eine Speiseölflasche aus dem Supermarkt, die eine interessante Form hat, lässt sich entleert mit Kuvertüre ausgießen.

DAS KLEINE WÖRTERBUCH

Da jeder Berufsstand – so auch die Konditoren – seinen eigenen Fachjargon hat, finden Sie nachfolgend eine Erklärung der im Buch verwendeten branchenspezifischen Wörter, Ausdrücke und Produktbezeichnungen.

AIRBRUSHPISTOLE

Druckluftpinsel. Bei Double-Action-Geräten kann durch Drücken des Ventilhebels die Luftzufuhr geregelt und durch gleichzeitiges Zurückziehen des Ventilhebels mit dem Finger die Farbmenge bestimmt werden. Bei Single-Action-Geräten werden durch Drücken des Ventilhebels Luftzufuhr und Farbmenge in einem bestimmten Verhältnis gleichzeitig gesteuert (ähnlich einer Spraydose, die Farbmenge ist nicht dosierbar).

ALBUMIN

Trockeneiweiß; kann mit Wasser gemischt wie frisches Eiweiß verwendet werden.

BACKTRENNMATTE (DAUERBACKFOLIE)

Teflonbeschichtetes Gewebe; bis zu 2 000-mal beiderseits verwendbar.

BACKTRENNPAPIER (SILIKONPAPIER)

Ein beiderseits silikonisiertes Papier; Fett und Wasser abweisend; gute Trennwirkung, verhindert ein Haftenbleiben des Backgutes an der Unterlage.

CMC-PULVER (CARBOXYMETHYLCELLULOSE-PULVER)

Stabilisator und Verdickungsmittel; für Eiweißspritzglasur; für Blüten und Figuren aus Zuckermodelliermasse, die dadurch feuchtigkeitsresident und stabiler sind.

EIBUMIN

Pasteurisiertes Trockeneiweißpulver.

EMULGIEREN

Mit einem Stabmixer; ermöglicht durch die homogene Verbindung verschiedener Zutaten eine Produktverbesserung.

FIXATIV (SPRÜHRÖHRCHEN)

Das dünne Röhrchen wird in die zu versprühende Flüssigkeit getaucht. Anschließend das Mundstück aufklappen und vorsichtig hineinblasen. Dabei verteilt sich die Flüssigkeit als dünner Sprühfilm. Je stärker man hineinbläst, desto feiner der Sprühfilm.

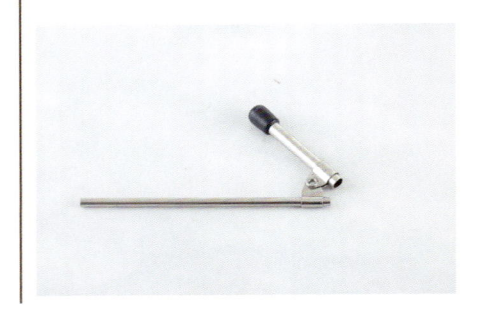

GELATINE

Gelatine ist reines Eiweiß, das aus tierischen, kollagenhaltigen Rohstoffen gewonnen wird. Speisegelatine muss vor dem Mischen mit anderen Zutaten völlig gelöst sein, um Klumpenbildung zu vermeiden. Dazu das Gelatinepulver mit etwas Wasser verrühren, quellen lassen und anschließend in der Mikrowelle oder im heißen Wasserbad ausreichend erwärmen – nicht kochen.

INVERTZUCKER (TRIMOLIN[E])

Mischung aus Frucht- und Traubenzucker; kommt in natürlicher Form im Bienenhonig vor; Invertzuckerprodukte dienen zur Weichhaltung und Frischhaltung verschiedener Massen und Produkte.

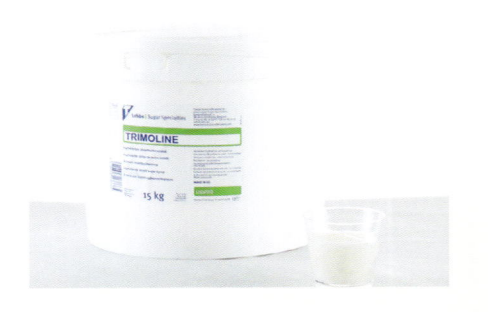

KAKAOBOHNENBRUCH, KAKAOKERNBRUCH

In der Fachsprache als Nips bezeichnet. Die gerösteten Kakaobohnen werden in Brechanlagen zerkleinert und von den Schalen getrennt. Übrig bleibt der Kakaobohnenbruch, der anschließend einem weiteren Zerkleinerungsprozess unterzogen wird.

LÄUTERZUCKER

Läuterzucker ist eine aufgekochte, reine Zuckerlösung. Zucker- und Wassermenge bestimmen die Dichte des Läuterzuckers und entscheiden damit über seinen Verwendungszweck. Läuterzucker aus 1 000 g Wasser und 1 820 g Zucker ergibt eine Dichte von 28 °Bé. Er wird beispielsweise für Tränken und zum Dickziehen verwendet. Der in diesem Buch angeführte Läuterzucker wird aus Wasser und Zucker im Verhältnis 1 : 1 gekocht und hat eine Dichte von 22 °Bé. Er wird u. a. auch zur Herstellung von Bargetränken verwendet.

MAISPUDER

Maisstärke.

MASSA TICINO, MASSA BIANCA

Fettarme weiße Modelliermasse mit marzipanähnlicher Konsistenz. Sie ist sehr elastisch und zieht keine Feuchtigkeit an. Je nach Hersteller kommt sie unter der Bezeichnung Massa Ticino oder Massa Bianca in den Handel.

MELANGIEREN

Mit dem Melangeur, einer Walzenreibmaschine, fein reiben bzw. walzen.

Obers, Schlagobers (süße Sahne, Schlagsahne)

Süßrahmsorte, in Österreich mit einem Fettgehalt von 36 %.

Pektin-NH-Nappage

Pektinmischung auf pflanzlicher Basis, universal einsetzbares Geliermittel.

Pergaminpapier (Pergamentersatz)

Durchscheinendes, pergamentartiges Papier. Es ist fettdicht und feuchtigkeitsabweisend, jedoch nicht auf Dauer. Das Papier ist lebensmittelecht, geschmacks- und geruchsneutral. Durch eine beidseitige Silikonbeschichtung erhält Pergaminpapier die Eigenschaften von Backtrennpapier.

Puderzucker

Fein gemahlener, gesiebter Kristallzucker; feiner als Staubzucker.

Saint-Honoré-Tülle

Scrivosa

Fertigprodukt; weiße und braune Garniermasse (Schreibschokolade).

Silicagel (Blaugel, Rubingel)

Kieselgel; bindet die Feuchtigkeit. Sobald die Kristalle mit Feuchtigkeit gesättigt sind, wechseln sie ihre Farbe – Blaugel auf Rosa, Rubingel auf Orange. Für eine weitere Verwendung wird das Kieselgel im Backrohr oder in der Mikrowelle getrocknet, bis es wieder seine ursprüngliche Farbe hat.

Silpatmatte

Hitzebeständige Silikonmatte zum Backen und für Zuckerarbeiten.

Sprühschokolade

Sprühschokolade besteht aus geschmolzener Kuvertüre und flüssiger Kakaobutter. Ein Temperieren der Kuvertüre ist nicht notwendig. Für eine gut deckende Oberfläche werden die Zutaten im Verhältnis 3 : 1, für einen Samteffekt auf Torten im Verhältnis 1 : 1 gemischt und anschließend durch ein Sieb geseiht.

TABLIEREN

Table = Tisch; gekochten Zucker so lange auf einer Marmorplatte bearbeiten, bis er weiß wird (Fondant). Geschmolzene Kuvertüre auf einer kühlen Marmorplatte mit einer Spachtel bewegen, bis sie dickflüssig ist und eine Temperatur von 28 °C hat.

TONKABOHNEN

Fermentierte, mandelförmige, dunkelbraune Samen des Tonkabaumes; intensiver süßlicher, vanilleartiger Geruch, aromatischer Geschmack; zum Verfeinern von Gebäck und Süßspeisen, aber auch für Fleischgerichte.

VOLLEI

50 g Vollei entsprechen einem Ei mittlerer Größe. Da die Größen der Eier so unterschiedlich sind, sollte die Eimenge immer gewogen werden. Durchschnittlich wird ein Ei mit 50 g, ein Eiweiß mit 30 g und ein Eigelb mit 20 g angenommen. Eine Mengenangabe von 150 g Vollei entspricht somit drei Eiern mit einem Gewicht von je 50 g.

WACHSWEICH

Dieser Begriff wird im Zusammenhang mit dem Anziehenlassen der Kuvertüre verwendet. Die aufgestrichene oder aufgespritzte temperierte Kuvertüre soll vor der Weiterverarbeitung etwas anziehen, bis sie eine wachsweiche Konsistenz hat. Gleichzeitig wird die Schokoladenoberfläche etwas matter.

WEIZENPUDER

Weizenstärke.

ZUSAMMENWASCHEN

Beim Zuckerkochen an der Kesselwand klebende Kristalle und Schaumreste mit einem Pinsel abwaschen.

FOTO-GALERIE

Von manchen Schaustücken ist im Buch nur ein Ausschnitt zu sehen. Das gesamte Bild kann mit QR-Code oder unter folgender Internetadresse abgerufen werden: http://www.trauner.at/redirect/SüßeKunst_Fotogalerie. Nachfolgend eine detaillierte Beschreibung – Bezeichnung, Zusammensetzung und Herstellungstechnik – der einzelnen Schaustücke.

VON DER ANTIKE BIS INS 21. JAHRHUNDERT

Seite: 23
Nach historischer Vorlage modelliertes Marzipanrelief

Seite: 25
Torte nach historischem Vorbild mit Dekor aus Dickzuckerfrüchten

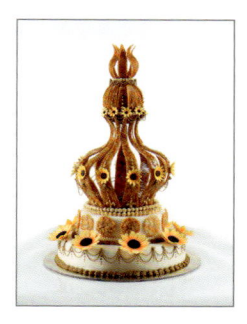

Seite: 30
Krokantaufsatz

Seite: 33
Makronenaufsatz

RUND UM DIE SPRITZTÜTE

Seite: 36
Der Konditor
Bodenplatte: Gelatinezucker, Spritzglasur
Konditor, Blätter, grobe Schwünge: Emailtechnik
Blüte, feine Schwünge: Spritzglasur

Seite: 42
Ab in die Karibik
Aufbau: Gelatinezucker
Palme: Spritzschokolade
Schokoladengitter
Tortenrand: einfache Blätter

Seite: 46
Zum Muttertag
Lilien: Einlasstechnik mit Fondant
Schriftzug: Spritzschokolade

Seite: 48
Zur heiligen Taufe
Motiv, Name: Einlasstechnik
Schriftzug: Spritzglasur
Blüten: Massa Ticino
Blätter: Marzipan
Tortenrand: Spritzglasur

Seite: 52
Für immer treu
Schwanenpaar: Emailtechnik
Rose: Massa Ticino
Blätter: Spritzglasur
Kugel: kristalliner Gelatinezucker
Bodenplatte: Gelatinezucker
Tortenoberfläche: Sprühschokolade

Seite: 56
Cinderella
Dekorelemente: Gelatinezucker und Spritzglasur

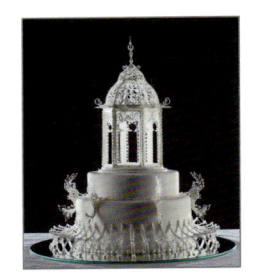

Seite: 59
Orientalischer Pavillon
Dekorelemente: Spritzglasur, Gelatinezucker

Seite: 60
Sternzeichen Fische
Fische: Einlasstechnik
Schriftzug: Spritzschokolade
Tortenrand: Dekorelement aus Massa Ticino

Seite: 60
Clown
Dekorelemente: Emailtechnik

Seite: 61
Für Eva
Motiv, Schriftzug: Einlasstechnik

Seite: 64
Alice im Wunderland
Dekorelemente: Emailtechnik
Schriftzug: Spritzglasur

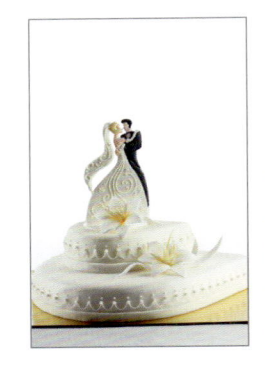

Seite: 65
Hochzeitstorte Brautpaar
Brautpaar: Emailtechnik
Tortenrand: Spritzglasur
Blüten, Blätter: Gelatinezucker

MARZIPAN

Seite: 70
Figuren

Seite: 86
Ballerina

Seite: 87
Pferd

Seite: 100
Happy Birthday

Seite: 102
Rosenarrangement

Seite: 104
Nelkenarrangement

Seite: 108
Seerosen-Arrangement

Seite: 108
Frangipaniblüten-Arrangement

Seite: 109
Calla-Arrangement

Seite: 110
Orchideenarrangement

Seite: 111
Torte zum 50er

SCHOKOLADE

Seite: 118
Der Konditor
Bodenplatte: gegossene Kuvertüre
Aufbau: ausgeschnittene Schokoladenteile
Schwünge: in Formen gespritzte, mit Metallic-Farbpulver besprühte Kuvertüre
Blume: große Sonne

Seite: 119
Hommage an die Schokolade
Bodenplatte: Kuvertüreblock
Figur, Kakaofrucht, dreidimensionales Element: Hohlkörper
Blätter: aufgestrichene, gekämmte Kuvertüre

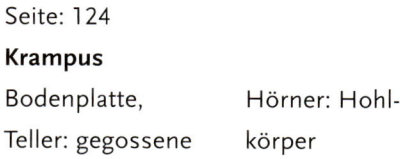

Seite: 124
Krampus
Bodenplatte, Teller: gegossene Kuvertüre
Kopf, Hände, Füße: Hohlkörper (Eihälften)
Körper, Arme: Schokoladenrohre
Hörner: Hohlkörper
Zunge, Nase, Ohren, Gürtel, Schwanz: Modellierschokolade
Haare: aufgestrichene Kuvertüre

Seite: 127
Clown
Bodenplatte: gegossene Kuvertüre
Aufbau: ausgeschnittenes Schokoladenteil
Motiv: Schablonensprühtechnik
Schokoladenhohlkugeln

Seite: 129
Metallwelt
Bodenplatte: gegossene Kuvertüre
Zahnräder, Schraubenmutter: in Kakaopulver gegossene Kuvertüre
Dreidimensionale Elemente: ausgeschnittene, besprühte, mit Bronzefarbe bestrichene Schokoladenteile

Seite: 133
Alles Walzer
Bodenplatte, Schwünge: gegossene Kuvertüre
Aufbau: ausgeschnittenes Schokoladenteil
Motiv: Schablonensprühtechnik
Blüten: in Kuvertüre getauchte Silikonformen
Einfache Blätter

Seite: 138
Waidmannsheil
Aufbau: ausgeschnittene Schokoladenteile
Motiv: Kakaomalerei
Eicheln: Hohlkörper und Modellierschokolade
Blätter: in Tiefziehformen gegossene Kuvertüre
Abstrakte Elemente: in Puderzucker gespritzte Kuvertüre
Tortenrand: gegossene Schokoladenelemente
Schriftzug: Spritzschokolade

Seite: 139
Viva la Musica
Klaviergehäuse: ausgeschnittene Schokoladenteile
Klavierbeine: Hohlkörper
Tortenrand: aufgestrichene Kuvertüre
Tortenoberfläche: gesprühte Kuvertüre
Tortenaufleger: weiße Modellierschokolade
Schriftzug: Spritzschokolade

Seite: 144
Sommernachtstraum
Bodenplatte: gegossene, besprühte Kuvertüre
Kugel: Schokoladengranulat
Aufbau: dreidimensionales Element aus geschnittenen Schokoladenteilen
Schmetterlingshälfte: in Silikonformen gespritzte Kuvertüre
Blätter: in Tiefziehformen gegossene Kuvertüre
Blütenblätter Rosalia

Seite: 145
Haubenmeise
Bodenplatte: gegossene, besprühte Kuvertüre
Aufbau: geformtes Schokoladengitter
Halbkugel: in Hohlformen gespritzte, mit Kakaobohnenbruch bestreute Kuvertüre
Schwünge: in zweidimensionalen Formen gegossene, besprühte Kuvertüre
Haubenmeise: Emailtechnik
Kugel: in Hohlformen gespritzte Spritzschokolade

Seite: 147
Kolibri
Bodenplatte: gegossene Kuvertüre
Ast: Schokoladenrohr
Korpus, Flügel: Hohlkörper (Eihälften)
Kopf: Hohlkugel
Federn, Blüten, Blätter: aufgestrichene Kuvertüre
Schnabel: Schokoladenstanitzel

Seite: 149
Torte „Frida Kahlo"
Aufbau: Schokoladenrohr, ausgeschnittenes Schokoladenteil
Kugel: Schokoladengranulat
Schwünge: in Formen gespritzte Kuvertüre
Halbkugel: Hohlkörper
Ring: gespritzte, mit Kakaobohnenbruch bestreute, besprühte Spritzschokolade
Blüten: gespritzte, ausgestrichene Kuvertüre
Blätter: in Silikonformen gespritzte Kuvertüre
Tortenoberfläche: Sprühschokolade

Seite: 155
Zum 18. Geburtstag
Bodenplatte, Ziffern: gegossene Kuvertüre
Schuh: gegossene, samtig besprühte Kuvertüre
Aufbau: gespritztes, ausgeschnittenes Schokoladenteil
Tortenoberfläche: weiße Kuvertüre

Seite: 160
African Queen
Bodenplatte: gegossene, mit Drahtbürste strukturierte Kuvertüre
Ast: in Kakaopulver gegossene Kuvertüre
Aufbau (Körper): konisches Schokoladenrohr
Bekleidung: auf Dekorfolie aufgestrichene Kuvertüre
Kopf: in Silikonform gegossene Kuvertüre
Hals- und Ohrringe: in Tiefziehformen gespritzte Kuvertüre
Haare: Spritzschokolade

Seite: 161
Seepferd
Bodenplatte: gegossene Kuvertüre
Relief: in Silikonform gegossene Kuvertüre
Schokoladenstanitzel
Abstraktes Element: in Eis gegossene, rot besprühte Kuvertüre
Schokoladenhohlkugeln
Seetang: ausgeschnittene Schokoladenteile

Seite: 168
Mondblüte
Bodenplatte: gegossene Kuvertüre mit gebürstetem Metalleffekt
Aufbau: Schokoladenterrazzo
Äste: in Puderzucker gegossene Kuvertüre
Schwünge: gegossenes, zum Teil besprühtes zweidimensionales Schokoladenteil
Blütenblätter Rosalia
Einfache Blätter

Seite: 169
World of Butterflies
Bodenplatte: gegossene, besprühte Kuvertüre
Aufbau: gegossenes, besprühtes dreidimensionales Schokoladenteil
Äste: in Kakaopulver gegossene Kuvertüre
Kakaofrucht: Hohlkörper Schokoladendruse
Naturalistische Blätter
Schmetterlingsflügel: Blütenblätter Rosalia

Seite: 172
Dahlienarrangement
Bodenplatte: gegossene, besprühte Kuvertüre
Schokoladenstanitzel
Ast: in Kakaopulver gegossene Kuvertüre
Blatt: aufgestrichene, gekämmte Kuvertüre
Blüten: in Tiefziehformen gespritzte Kuvertüre

Seite: 176
Peace, Love & Freedom
Schwünge: in zweidimensionalen Formen gegossene Kuvertüre
Aufbau: ausgeschnittenes Schokoladenteil
Vogelfedern: in Tiefziehformen gespritzte Kuvertüre
Vogelflügel: gespritzte, ausgestrichene Kuvertüre
Blüten: Tulpen
Einfache Blätter
Tortenmitte: stilisierte kleine Blätter
Schriftzug: Spritzschokolade

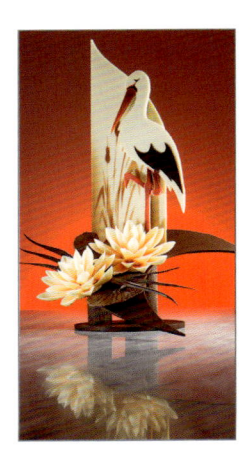

Seite: 180
Meister Adebar
Bodenplatte: gegossene Kuvertüre
Aufbau: Schokoladenrohre, ausgeschnittenes Schokoladenteil, Motiv mit Schablonensprühtechnik
Storch: ausgeschnittenes Schokoladenteil
Flügel: aufgestrichene Kuvertüre
Blätter: in Tiefziehformen gegossene Kuvertüre
Blüten: in Plexiglasformen gegossene Kuvertüre
Schwünge: auf Strukturfolie gespritzte Kuvertüre

Seite: 182
Rosalia fantastica
Bodenplatte: gegossene Kuvertüre
Aufbau: Schokoladenterrazzo
Blütenblätter Rosalia
Hohlkugel
Schwünge: in Silikonformen gegossene Kuvertüre
Abstraktes Element: aufgestrichene Kuvertüre

Seite: 196
King of Beasts
Boden: aufgestrichene, geformte, besprühte Kuvertüre
Aufbau: ausgeschnittenes Schokoladenteil
Motiv: Schablonensprühtechnik
Ast: gespritzte, besprühte Kuvertüre
Blüten, Blätter: aufgestrichene Kuvertüre
Schokoladenstanitzel

Seite: 199
Zur Verlobung
Bodenplatte: auf Dekorfolie gegossene Kuvertüre
Aufbau: Emailtechnik
Herz: in Hohlform gespritzte Spritzschokolade
Ringe: in Tiefziehformen gespritzte Kuvertüre
Schwünge: gegossene, mit Metallic-Farbpulver besprühte Kuvertüre
Tortenrand: ausgeschnittene Schokoladenteile

ZUCKER

Seite: 206
Der Konditor
Bodenplatte: kristalliner Gelatinezucker
Aufbau, Schwünge: in Formen gegossener Zucker
Konditor: gegossener Zucker, Gelatinezucker
Feine Schwünge: Gelatinezucker
Große Sonne

Seite: 219
Hochzeitstorte
Aufbau, Randverzierungen: gegossener Zucker, Motiv mit der Airbrushpistole aufgesprüht
Blüten, Blätter: gezogener Zucker

Seite: 222
Orchideenarrangement
Bodenplatte, Aufbau, Kugel: gegossener Zucker
Blüten, Blätter: gezogener Zucker

Seite: 225
Lilienarrangement
Bodenplatte, Schwäne: gegossener Zucker
Kugel: kristalliner Gelatinezucker
Blüten, Blätter: gezogener Zucker

Seite: 227
Im Zeichen des Sonnengottes
Bodenplatte, Aufbau, Kugel, Stängel: gegossener Zucker
Blätter: gezogener Zucker
Große Sonne

Seite: 231
Obstkorb
Korb, Blätter: gezogener Zucker
Früchte: geblasener Zucker
Schwünge: gegossener Zucker

Seite: 232
Ara
Bodenplatte, Aufbau: gegossener Zucker
Körper: geblasener Zucker
Ast, Federn, Flügel, Schnabel: gezogener Zucker
Grüne Elemente: Blasen- und Spinnzucker

Seite: 235
Frühlingserwachen
Bodenplatte: gegossener Zucker
Blüten, Blätter: gezogener Zucker
Vogel: geblasener Zucker

Seite: 237
Phönix
Bodenplatte, Aufbau, Kugeln: gegossener Zucker
Körper: geblasener Zucker
Flügel, Blätter: gezogener Zucker

Seite: 249
Orchideenarrangement
Bodenplatte: gegossener Zucker
Abstrakte Elemente: in Kristallzucker gegossener Zucker
Blüten, Blätter: Tragantzucker

Seite: 256
Hibiskus mit Zuckerdrusen
Bodenplatte: gegossener Zucker
Blüten, Blätter: Tragantzucker
Grüne Elemente: geblasener Zucker
Verschiedene Zuckerkristalle

Seite: 257
Kristalliner Schwan
Bodenplatte, Aufbau: gegossener Zucker
Schwan, Kugel: kristalliner Gelatinezucker
Schwanenflügel: gezogener, geprägter Zucker
Schwünge: Gelatinezucker

Seite: 260
Chinesischer Drache
Drache: Gelatinezucker
Bodenplatte, Kugel: gegossener Zucker
Blüten, Blätter: gezogener Zucker
Goldene Kugel: geblasener Zucker

Seite: 263
Marlin
Marlin: Gelatinezucker
Bodenplatte, Aufbau, Kugeln, Algen: gegossener Zucker
Blüten, Blätter: gezogener Zucker
Sonstige Elemente: Blasen- und Felsenzucker

Seite: 265
Aphrodite
Bodenplatte, Säule: gegossener Zucker
Körper: kristalliner Gelatinezucker
Schwünge: Gelatinezucker
Rosen: gezogener Zucker

Seite: 266
Hochzeitstorte mit Taubenpaar
Taubenpaar: gegossener Zucker
Rosen, Maschen: gezogener Zucker

Seite: 268
Hochzeitstorte
Bodenplatte: gegossener Zucker
Paar, Schwünge: Gelatinezucker
Blüten: Tragantzucker

Seite: 273
Lilienarrangement
Bodenplatte: kristalliner Gelatinezucker
Aufbau, Schwünge: Gelatinezucker
Blüten, Blätter: Tragantzucker

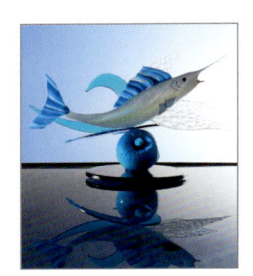

Schwertfisch
(keine Abbildung im Buch)
Körper: geblasener Zucker
Flossen: gezogener Zucker
Kugel, sonstige Dekorteile: gegossener Zucker

Gebackenes Dekor

Seite: 278
Der Konditor
Aufbau, Schwünge: Lebkuchen
Kleine Schwünge, Konditor: Windmasse
Blüte: Hippenmasse
Blätter: Makronenmasse
Abstraktes Element: Krokantmasse

Seite: 292
Winter Wonderland
Windmasse

Seite: 293
Erdbeerbombe
Windmasse, Blätter aus Brandmasse

Schaustücke

Seite: 312
Chinesischer Drache
Bodenplatte, Schwünge: gegossene Kuvertüre
Drache: Modellierschokolade
Schokoladenhohlkugel
Tüten: gespritzte Kuvertüre
Tortenrand: einfache Blätter

EIN HERZLICHES DANKESCHÖN

Vorab ein herzliches Dankeschön an Herrn Konditormeister Karl Schuhmacher, der mir die ganze Bandbreite unseres wunderbaren Berufes eröffnet hat. Er hat mir den Weg geebnet und Möglichkeiten geschaffen, ohne die ich heute nicht dort wäre, wo ich bin. Danke, Karl, für all Dein Vertrauen und Deine Unterstützung!

Ein besonderer Dank gilt der Konditorei Oberlaa, ihren Gesellschaftern und Geschäftsführern, die in besonderer Weise dieses Projekt unterstützt und gefördert haben, indem sie die Infrastruktur der Backstube und auch den Schulungsraum, der dem Projekt als Fotostudio diente, so großzügig zur Verfügung gestellt haben. Hervorzuheben ist dabei die Unterstützung von Herrn Konditormeister Vinzenz Bäuerle, der immer voll hinter dem Projekt gestanden ist. Vielen Dank!

Großer Dank gilt Konditormeister Dietmar F. Muthenthaler und der Konditorei Demel, Konditormeister Hans Lubinger, Konditormeister Norbert Claus, Konditormeister Walther Kniesek, Konditormeister Josef Angelmayer sowie Mag. Milchram für die Zurverfügungstellung von alten Formen, Werkzeugen und Büchern.

Ein herzliches Dankeschön an Konditormeister Stefan Lubinger für die Fotos seines Zuckerschaustücks, mit dem er 2011 die Juniorenweltmeisterschaft in London gewonnen hat.

Vielen Dank an Mag. Kathrin Gamper für die ausführliche Recherche am Archäologischen Institut in Wien.

Großer Dank gilt der Berufsschule Wien, im Besonderen Frau Dipl.-Päd. Simone Lenhardt, für die Nutzung der Spezialformen für Zucker und Schokolade.

Ebenso danke ich Frau Akiko Rath für die Übersetzung aus dem Japanischen, Frau Bianca und Herrn Franco Trappl für die Übersetzung aus dem Niederländischen sowie Frau Birgit und Herrn Jean-Michel Hagner für das Korrigieren der französischen Übersetzung.

Der wohl größte Dank im Zusammenhang mit diesem Buch gilt neben dem Verlag und den verantwortlichen Personen, die dieses Projekt erst ermöglicht haben, dem Kernteam, das diesem außergewöhnlichen Buch erst das Leben eingehaucht hat: Claudia Höglinger, der Projektleiterin, die immer mit Umsicht im Hintergrund die Fäden gezogen hat. Claudia Kraml, die mit ihrer Sorgfalt und Genauigkeit die nötige Struktur vorgab und für die perfekten Formulierungen sorgte. Bettina Victor, die mit viel Feingefühl und einem sehr guten Auge ein Layout geschaffen hat, das diesem Buch die besondere Note verleiht. Dem Fotografen Bernhard Bergmann – einem Vollprofi –, der, ohne großes Aufheben um seine Kunst zu machen, äußerst effizient und kreativ zugleich arbeitet. Seine Fotos rücken das Produkt immer ins rechte Licht und machen die Schönheit dieses Buches aus. Im Team mit Werner Steinkellner hat er auch die Kurzfilme gedreht, die dieses Buch um einen weiteren Aspekt bereichern und in die nächste Dimension führen.

In gleichem Maße danke ich Konditormeister Ernst Lienbacher für seine Mitarbeit am Kapitel „Zucker", wo er vor allem die klassischen Zuckertechniken in perfekter Art und Weise demonstriert. Ohne Dich, Ernst, wäre das Buch nicht das, was es ist!

Nicht zu vergessen die fleißigen Hände im Hintergrund, die immer wieder tatkräftig mitgeholfen haben, das Buch zu dem zu machen, was es ist. Vielen herzlichen Dank an Konditormeisterin Jennifer Voetter und Frau Magdalena Halbmayr für die vielen Stunden unermüdlichen Schaffens.

Dieses Buch ist in einem besonderen Geist entstanden. Bereits nach den ersten Stunden gemeinsamer Arbeit war klar, dass hier ein ganz besonderer „Haufen" zusammengetroffen ist. Und nach dem ersten Arbeitstag waren wir eine verschworene Gemeinschaft, geprägt von gegenseitigem Verständnis und Respekt vor der Arbeit des anderen. Auf dieser Basis hat sich ein Teamgeist entwickelt, der sich wie ein roter Faden durch das ganze Projekt zieht. Was jetzt vorliegt, ist nicht nur ein Buch, es ist pure Leidenschaft und ich hätte mir kein besseres Team wünschen können.

Vielen Dank für alles!

„Leider lässt sich eine wahrhafte Dankbarkeit mit Worten nicht ausdrücken."
JOHANN WOLFGANG VON GOETHE (1749–1832)

STICHWORTVERZEICHNIS

A

Abschäumen 213, 215
Airbrushpistole 351
Airbrushtechnik mit Lebensmittelfarbe 261
Albumin 351

B

Bergkristalle 255
Blasenzucker aus gekochtem Isomalt 250
Blasenzucker aus Isomaltgranulat 251
Blaugel 353
Brandmasse 286
Brandmasse, Ornamente 287
Butterhippenmasse 280

C

CMC-Pulver 351

D

Dekor aus Brandmasse 286
Dekor aus Hippenmasse 279
Dekor aus Makronenmasse 294
Dekor aus Windmasse 288
Dekor aus zweimal Gebackenem 296
Dekor, Gebackenes 276
Dekor, Spezialitäten 299
Dekorgenuss aus dem alten Orient 23
Dekormassen 43
Design süßer Produkte 18
Desserts für Kochkunstausstellungen, Anrichten 343
Desserts für Kochkunstausstellungen, Produktstabilität und Optik 340
Dreiteiler 76, 77

E

Eibumin 351
Eindecken von Torten 267
Einlassen mit Fondant 63
Einlassen mit Spritzschokolade 63
Einlasstechnik 60, 61
Einteiler 76
Eiweißspritzglasur 44
Emailtechnik 60, 62, 198
Emulgieren 352
Erste Hilfe bei Transportschäden 346

F

Farbeffekte, Schokolade 158
Farben und ihre Wirkung auf den Betrachter 322
Farben und ihre Wirkung im Schaustück 322
Färben von Marzipan 73
Farbkreise 322
Felsenzucker 254
Fixativ 83, 352
Florentiner Tuilles 285
Flüssigfarben versus Pulverfarben 73
Folieneffekte 163
Fondant zum Einlassen 47
Fruchtkristalle 299

G

Garnierpaste 47
Gebackenes Dekor 276
Gelatineformen 130
Gelatinezucker 258
–, Airbrushtechnik mit Lebensmittelfarbe 261
–, Farbgestaltung mit der Airbrushpistole 262
–, kristalliner 264
–, Verarbeitung 259
Geleepaste 47
Gießtechniken, spezielle 248
Große Perle 210

H

Hart-PVCFormen 132
Heller Karamell 211
Himbeertuilles 284
Hippenmasse, Aromatisieren 281
–, Aufbewahrung 281
–, Färben 281
–, Verarbeitung 281
Hippenschmetterlinge 282
Hochzeitstortendekor, doppelte Ornamente 54
–, einfache Ornamente 53
–, klassisches 53
–, Kuppelteil 58
–, Kutsche 55
–, Pferd 56
Hohlkörper 124
Hohlkörper mit Oberflächeneffekt 126
Holzmaserung 164
Hygroskopie 212

I

Impfmethode 123
Invertzucker 352
Isomalt versus Zucker 215

K

Kakaobohnenbruch, Kakaokernbruch 352
Kakaobutterkristalle, stabile und instabile 120
Kakaomalerei 193
Kakaopulverformen 128
Kettenflug 211
Klebetechnik für abstehende Schokoladenteile 146
Klebetechnik für ausgeschnittene Schokoladenteile 139
Kleine Perle 210
Knittereffekt 163
Kochkunstausstellungen 336
Kochkunstausstellungen, Anrichten von Desserts 343
Kristalline Flächen 256
Kristalliner Gelatinezucker 264
– –, Büste 265
– –, Kugel 264
Kunststoffschablonen 239

L

Läuterzucker 210, 352
Lebkuchenzwieback 296
Livewettbewerbe 338

M

Makronenmasse 295
Mandelhippenmasse 279
Mandeltuilles 284
Mandelzwieback 298
Marzipan, ausgestochene Blumen 111
–, ausgestochene oder ausgeschnittene Körper 92
–, Bambus 113
–, Blätter und Stiele 112
–, Blumen 100
–, Callas 109
–, Färben 73
–, Frangipaniblüten 108
–, Frisuren 80
–, Gemüse 82, 85
–, Grundformen 74
–, in Serie produzierte Figuren 97
–, Köpfe und Gesichtsausdruck 78
–, Körperformen 76
–, Nelken 104
–, Obst 82, 84
–, Orchideen 110
–, Rosen 100
–, Rosenblätter 112
–, Rosenknospe 103
–, Schminktechniken 83
–, Seerosen 106
–, Sonnenblumen 111
–, Tellerdekor 114
–, Verarbeitung 72
Marzipanformen aus den 1950er-Jahren 23
Marzipanformen aus Gips und aus Schwefel gegossen 23
Marzipanrelief 86
Marzipanrelief, nach historischer Vorlage modelliertes 23
Marzipanrohmasse 71
Massa Ticino 352
Melangieren 352
Metalleffekt 164
Modelliermarzipan 72
Modellierschokolade 200
Motivsilikonmatten 240

N

Nusszwieback 298

P

Pastillage 258
Patisserieleistungsschauen 336
Pektin-NH-Nappage 353

R

Randverzierungen 50
Royal Icing 44
Rubingel 353

S

Saint-Honoré-Tülle 41, 353
Schablonensprühtechnik 195
Schokolade, abstrakte Oberflächeneffekte 165
–, Emailtechnik 198
–, Farbeffekte 158
–, Holzmaserung 164
–, Metalleffekt 164
–, Spüheffekte 162
–, Struktureffekte 163
–, Tellerdekor 202
Schokoladenäste 192
Schokoladenblätter 186
–, einfache 187
–, naturalistische 190
–, stilisierte 188
Schokoladenblumen 172
–, Chrysanthemen 181
–, Dahlien 173
–, Fantasieblumen 182
–, Lilien 179
–, Seerosen & Lotusblumen 178
–, Tulpen 174
Schokoladenbögen 153
Schokoladendekor, klassisches 153
Schokoladendrusen 170
Schokoladenfächer 156
Schokoladenformen, dreidimensionale 136
–, selbst hergestellte 128
–, zweidimensionale 134
Schokoladengitter 154
Schokoladengranulat 165
Schokoladenhohlkörper, gefüllte 89
Schokoladenringe 157
Schokoladenrohre 148
Schokoladenröllchen 156
Schokoladenschaustücke 310
–, Finish 316
–, Lagerung und Transport 317
–, philosophische Überlegungen 310
–, Planung 315
–, Statik 316
–, theoretisches Kunstwissen 312
Schokoladenschleifen 157
Schokoladenschwünge 192
Schokoladenstäbe 150
Schokoladenstanitzel 152
Schokoladenstiele 192
Schokoladentechniken, grafische 193
Schokoladenteile ausschneiden, Technik 1 137
Schokoladenteile ausschneiden, Technik 2 138
Schokoladenteile gießen 124
Schokoladenteile zusammensetzen 139
Schokoladenterrazzo 166
Schokoladentuilles 284
Schokoplastik 200
Schreibschokolade 43
Schriften 48
Schwacher Ballen 211
Schwacher Faden 210
Schwacher Flug 210
Schwammbiskuit 301
Sckokoladenhippenmasse 280
Scrivosa 44, 353
Seidenzucker aus Isomalt 216
Seidenzucker aus Kristallzucker 212
Seidenzucker, abstrakte Blumen 227
–, Chrysanthemen 221
–, Fächerblume 227
–, gelbe Narzissen 226
–, große Sonne 227
–, Hibiskus 226
–, Korb 230
–, Lilien 224
–, Maschen 228
–, Murano 227
–, Orchideen 222
–, Osterglocken 226
–, Rosen 218
–, Rosenblätter 220
–, Sonnenblumen 224
Silicagel 353
Silikonbackformen 240
Silikonbänder 239
Silikonformen 132, 240
Silikonformen, selbst hergestellte 94
Silikonpapier 351
Silpatmatten 241
Speiseeisdekor, Gebackenes 306
Spinnzucker 252
Sprenkeln 83, 179, 222, 224, 238
Spritzeffekte 40
–, Blätter 40
–, Blüten 40
–, Rosen 41
–, Rüschen 41
–, Schnörkel 41
Spritzglasur 44
Spritzglasur für Figuren und Lebkuchen 45
Spritzschokolade 43
– aus dunkler Kuvertüre 43
– aus Fettglasurmasse 44
– aus weißer Kuvertüre 43

Spritztüte formen 38
– füllen 39
– handhaben 40
– verschließen 39
Sprüheffekte 162
Sprühschokolade 353
Stabile und instabile Kakaobutter-
  kristalle 120
Starker Ballen 211
Starker Bruch 211
Starker Faden 210
Starker Flug 210
Struktureffekte 163
Strukturfolien und Strukturmatten 241

T

Tablieren 122, 354
Tabliermethode 122
Tellerdekor, Gebackenes 304
–, Gespritztes 66
–, Marzipan 114
–, Schokolade 202
–, Zucker 274
Temperieren im Wasserbad 121
Temperieren in der Schmelz- und Warm-
  haltewanne 121
Temperiermethoden 121
Tiefziehformen 132
Tonkabohnen 354
Torten, Eindecken 267
Tortendekor aus dick gezogenen
  Früchten 25
Tragantzucker 268
–, Blätter 272
–, Blumen 269
–, Heckenrosen 269
–, Hibiskus 272
–, Lilien 272
–, Orchideen 270
–, Phalaenopsis 269
–, Seerosen 269
–, Sonnenblumen & Co 272
Tragantzuckermodel, antiker 22
Tuilles in allen Variationen 283
–, Grundrezept 283
–, Verarbeitung 285

U

Überkristallisation 120

V

Vierteiler 77

W

Weich-PVC-Folien und Weich-PVC-
  Matten 241
Weich-PVC-Formen 240
Weich-PVC-Schläuche 240
Wettbewerbe, das Reglement 333
–, das Training 335
–, die Planung 333
–, Erste Hilfe bei Transportschäden 346
–, Kochkunstausstellungen 336
–, Livewettbewerbe 338
–, Patisserieleistungsschauen 336
–, Schokoladenteile kleben 346
–, Verpackung und Transport 344
–, vor der Teilnahme 332
–, Zuckerteile kleben 346
Windmasse 288
–, Figuren 290
–, Stangen und Ornamente 291
–, zuckerreduzierte 289

Z

Zucker blasen 232
– –, Birne 238
– –, Kugel 233
– –, Obst 238
– –, Schwan 236
– –, Vogel 234
Zucker gießen, abstrakte Objekte 244
– –, Arbeitsutensilien 239
– –, Elemente mit eingearbeitetem
    Motiv 246
– –, Gießformen 239
– –, in Eis gießen 248
– –, in Zucker gießen 248
– –, Kugel 242
– –, Relief 242
– –, spezielle Gießtechniken 248
– –, Stränge 244
– –, Unterlagen 241
Zucker kochen, Handprobe 210, 211
– –, Zutaten 209
Zucker spinnen 252
– –, Fächer 253
Zucker ziehen 217
– –, Blumen 217
Zucker zum Gießen 216
Zucker zum Ziehen und Blasen 212
Zucker, Arbeitsutensilien 207
Zucker, Tellerdekor 274
Zuckerdrusen 256
Zuckerkochtabelle 210
Zuckerkristalle 255, 302
Zuckerkunst im Barock 20
Zuckermodelliermasse 266
Zuckerschaustücke, Farbkomposi-
  tionen 321
–, Kleben von gegossenen Elemen-
  ten 326
–, Kleben von gezogenen Elementen 325
–, Lagerung und Transport 326
–, philosophische Überlegungen 321
–, Planung 324
–, Statik 324
–, theoretisches Kunstwissen 321
Zusammenwaschen 354
Zweiteiler 76
Zwieback 296

REZEPTVERZEICHNIS

B

Brandmasse 286
Butterhippenmasse 280

E

Eisattrappenmasse 342
Eiweiß-Nuss-Masse 298
Eiweißspritzglasur 44

F

Florentiner Tuilles 285
Fondant zum Einlassen 47

G

Garnierpaste 47
Gelatinezucker 258
–, kristalliner 264
Geleepaste 47

H

Himbeertuilles 284

K

Kristalliner Gelatinezucker 264

L

Lebkuchenteig 296
Lebkuchenzwieback 296

M

Makronenmasse 295
Mandelhippenmasse 279
Mandeltuilles 284
Mandelzwieback 298
Modelliermarzipan 72
Modellierschokolade aus dunkler Kuvertüre 200
– aus Kakaobutter 201
– aus Kuvertüredrops 201
– aus weißer Kuvertüre 200

N

Nusszwieback 298

P

Pastillage 258

R

Royal Icing 44

S

Schokoladentuilles 284
Schwammbiskuit 301
Sckoladenhippenmasse 280
Seidenzucker aus Isomalt 216
Seidenzucker aus Kristallzucker 212
Spritzglasur 44
Spritzglasur für Figuren und Lebkuchen 45
Spritzschokolade aus dunkler Kuvertüre 43
– aus Fettglasurmasse 44
– aus weißer Kuvertüre 43

T

Tragantzucker 268
Tuilles, Grundrezept 283

W

Windmasse 288
–, zuckerreduzierte 289

Z

Zucker zum Gießen 216
Zuckerkristalle 302
Zuckermodelliermasse 266
zuckerreduzierte Windmasse 289

BILDVERZEICHNIS

Mag. Bernhard Bergmann, Hartberg (www.reportagefotografie.com)

Alle Bilder mit Ausnahme der nachfolgend angeführten Abbildungen. Diese Bilder sind Eigentum des Verlages, weitere Bilder wurden von den Bildagenturen Fotolia (Seite 37) und i-stock (Seiten 41, 121, 289) zugekauft.

Leo Forsthofer: Seiten 18, 19, 81, 310, 314, 316, 318, 324, 332, 334, 335, 336, 337, 338, 339 (oben, links unten), 340, 341, 342, 343, 344, 345, 347

Stefan Lubinger: Seiten 320, 323

Anton Schober: Seiten 328, 330

Thomas Baumgartner: Seite 331

Werner Oberhuber: Seite 339 (rechts unten)

Tafelaufsatz aus „Der Praktische Konditor" von 1911, Seite 21

Arnaldus de Villanova (https://de.wikipedia.org), Seite 23

Makronenaufsatz aus „Praktische Konditorei-Kunst" von 1913, Seite 32